CHINA'S ECONOMIC SECURITY OUTLOOK

中国经济安全展望报告

2023

后疫情时期的
中国经济运行与安全形势分析

苏剑 戚自科◎主编
邵宇佳◎副主编

中国经济出版社
CHINA ECONOMIC PUBLISHING HOUSE
·北京·

图书在版编目（CIP）数据

中国经济安全展望报告．2023／苏剑，戚自科主编；邵宇佳副主编．--北京：中国经济出版社，2023．5

ISBN 978－7－5136－6649－7

Ⅰ．①中…　Ⅱ．①苏…②戚…③邵…　Ⅲ．①中国经济－经济安全－研究报告－2023　Ⅳ．①F125．7

中国国家版本馆 CIP 数据核字（2023）第 047125 号

责任编辑　严　莉
责任印制　马小宾
封面设计　任燕飞

出版发行　中国经济出版社
印 刷 者　北京柏力行彩印有限公司
经 销 者　各地新华书店
开　　本　710mm×1000mm　1/16
印　　张　17．75
字　　数　237 千字
版　　次　2023 年 5 月第 1 版
印　　次　2023 年 5 月第 1 次
定　　价　78．00 元
广告经营许可证　京西工商广字第 8179 号

中国经济出版社　**网址** www．economyph．com　**社址** 北京市东城区安定门外大街 58 号　**邮编** 100011
本版图书如存在印装质量问题，请与本社销售中心联系调换（联系电话：010－57512564）

编委会

目　录

下篇　专题报告

绪 言

伴随国内诸如北京、上海等重要一线城市相继出现大面积疫情，2022 年中国宏观经济运行出现波动，整体恢复态势受到挑战。官方数据显示，2022 年中国 GDP 同比增长 3%，经济运行呈现 V 形态势，且低于年初制定的增速目标 2.5 个百分点。展望 2023 年，中国宏观经济运行的自然走势将是供给、需求双恢复的格局，并且需求端恢复程度要大于供给端，但仍低于潜在增长率。在未来的经济恢复周期中，中国经济可能还将面临国内外诸多风险和挑战，从影响因素看，全国总人口减少、劳动力人口急剧下滑、新冠疫情走向、市场预期转变、前期政策影响、国际政治和经济形势变化等仍将是影响中国经济发展的重要因素；从经济风险点来看，房地产危机风险、地方政府债务风险、汇率及货币危机风险、外部经济环境风险等将成为未来掣肘中国经济稳定发展的潜在因素。下一步中国宏观经济恢复路径如何？应该采取什么经济政策？本报告将对此进行详细的解读和分析。本报告分为上下两篇，上篇为 2023 年中国经济展望，由北京大学国民经济研究中心宏观组撰写；下篇为专题报告，由外部专家撰写。

第一章从实体经济和货币金融两个方面详细回顾了 2022 年中国经济形势。实体经济方面，2022 年中国经济形势较为严峻，四季度 GDP 同比分别增长 4.8%、0.4%、3.9%、2.9%，整体呈现 V 形走势，低于年度目标 2.5 个百分点。价格方面，2022 年中国价格形势整体呈现出明显的结构性分化特征，CPI 同比增速中枢表现出明显上移，呈现低开高走、逐月抬升的走势特征，PPI 同比增速中枢表现出明显下移，呈现高开低走、持续下行的走势特征。货币金融方面，信贷规模同比多增，但部门结构差异显著且季节性波动加剧；M2 总量高位运行，流动性较为充裕，资金利用率不足；人民币汇率走势呈现整体回落态势，但仍维持相对稳定。

第二章分别从全国总人口减少、劳动力人口急剧下滑、新冠疫情走向、市场预期转变、前期政策影响、国际政治形势变化、国际经济形势变化七个方面对影响 2023 年中国经济的主要因素进行了总结。全国总人口减少会从供需两端拖累中国的经济增长，劳动力人口下滑会制约潜在增长率，疫情防控的放开以及市场预期的转变有利于供需两端的扩张，前期政策具有滞后效应因而有待进一步关注，国际政治形势和经济形势仍充斥着不确定性，对未来中国经济的发展有利有弊。

第三章主要从消费、投资和进出口三个方面研判 2023 年中国总需求的自然走势。在疫情防控政策逐步优化的背景下，中国经济在总需求方面将得到有力支撑，预计 2023 年消费同比增速会逐步提升并趋于平稳，预计全国固定资产投资同比增速会略微下降但总体保持平稳，预计进口总额同比增速将渐进回升，但全球经济衰退风险可能导致 2023 年出口总额同比增速有所下降。

第四章主要从人口因素、新冠疫情、市场预期、汇率波动、国际环境五个方面对 2023 年中国总供给的自然走势进行分析与预测。预计 2023 年总供给的自然增速表现出一定程度的恢复态势，但仍低于潜在产出水平。人口出生率下降、老龄化加剧、国际政治经济环境持续恶化将制约总供给的自然走势，但疫情防控政策放开引致不确定性降低以及市场预期转好均促进投资、消费和就业的改善从而抬升总供给的自然走势。

第五章对 2023 年中国宏观经济总供求格局的自然走势（即没有政策进一步干预）进行了研判，认为 2023 年中国宏观经济将是供给、需求双恢复的格局，但仍低于潜在增长率，而且预计自然走势下 2023 年 GDP 增速可能为 5.5% 左右，CPI 同比上涨 1.8% 左右，PPI 同比上涨 0.5% 左右。此外，考虑到风险因素对宏观经济的扰动，我们又从房地产危机风险、地方政府债务风险、汇率及货币危机风险、外部经济环境风险四个方面进行了论述。

第六章对 2023 年中国宏观经济政策目标进行了研判，我们判断 2023 年中国经济增长目标为 6% 左右，CPI 同比增速目标在 3.5% 左右，新增就业目标为 1100 万人。之后基于此增速目标，我们在新型中国宏观经济政策体系框架下对 2023 年中国宏观经济政策进行了展望，认为 2023 年中国应采取扩张性需求管理和扩张性供给管理相结合的政策，并辅之以扩张性市场环境管理政策。

第七章对 2023 年中国宏观经济进行展望。综合 2023 年宏观经济的自然走势和政府政策的影响，我们预计 2023 年 GDP 同比增长 6.0%，CPI 同比增长 2.6%，PPI 同比增长 0.5%。供给端，预计 2023 年工业增加值同比增长 6.7%。需求端，预计 2023 年社会消费品零售总额累计同比增长 6.1%，固定资产投资累计同比增长 5.2%，出口累计同比增长 1.5%，进口累计同比增长 3.5%，全年实现贸易差额 8204 亿美元。货币金融方面，预计 2023 年 M2 同比增长 11.9%，新增人民币贷款 21.66 万亿元。

第八章主要探讨了 2023 年中国房地产市场的发展前景。2022 年以来，中国房地产市场在内外压力共同作用下，经历了前所未有的挑战，房地产市场供需两端均比较低迷，房企违约增多，“稳地产”对“稳经济”意义重大。中央和各部委频繁释放积极信号，各地全面优化“因城施策”措施，房地产市场下行趋势逐步减缓。但疫情带来居民收入预期变化，减弱房地产需求，市场下行压力依然较大，仍需关注房地产企业风险和土地财政急剧下滑的地方债务风险。2023 年，只要疫情得到有效遏制，房地产市场在政策持续宽松和 2022 年较低的基数下，将会在中期有明显筑底可能。房地产市场调控需在“房住不炒”定位下加强调控的精准性，守住不发生风险底线，完善住房市场和保障两个体系，加快健全住房基础性制度和长效机制。

第九章主要探讨了 2023 年中国股市的走势、特征及风险。基于 2022 年中国股市的波动性表现，2023 年股市业绩名义增长率所对应的水平应在 3.2% 附近，利润水平与 2022 年相仿；股市的估值预计会稳定在 12.5 倍左右，如果后续金融周期持续向上的话，股市的估值还是存在强大的支撑力量；股票市场的指数不会出现太明显的变化，上证指数应会在 3100 点至 3300 点的空间内窄幅波动。在业绩逐步变平但流动性撑住估值之后，股票指数会摆脱过去那种大幅往复波动的状态，贝塔层面的机会会逐步减少。

第十章主要探讨了 2023 年中国商业银行面临的主要风险及其防范措施。2022 年以来，受地缘政治冲突加剧、主要经济体货币政策转向、全球经济增长动能减弱以及国内疫情和管控措施变化等因素影响，中国经济面临的不稳定、不确定因素明显增多，下行压力显著增大，银行业经营环境更趋复杂多变。但整体看，银行业仍然保持了相对稳健的经营形势，资产负债规模稳步扩大，风险抵补能力继续夯实，资产质量保持基本稳定，净利润增速有所放缓。当前，中国银行业发生严重风险事件的概率较小，但考虑到国内经济恢复依然存在较大的不确定性、企业经营压力不减、中小银行风险事件增多等因素，中国商业银行仍然面临许多值得关注的风险，需要积极采取措施加以应对。

第十一章主要探讨了 2023 年中国城投行业的信用风险。2023 年，中国疫情变化仍存不确定性，消费修复需要关注一些重点领域。中共中央政治局召开会议，总基调是重启经济。作为全面贯彻落实党的二十大精神的开局之年，宏观调控目标仍将是“稳增长”与“防风险”，宏观调控政策或将继续督促专项债加快使用、金融机构加强配套融资支持；隐性债务严监管下，高风险地区化债力度或进一步加大，多项试点等工作有望逐步落实。

第十二章主要对中国构建绿色与科技导向新型债券市场安全体系进行了研究。金融是国家重要的核心竞争力，金融安全是国家安全的重要组成部分，保障包括债券市场在内的金融市场总体风险可控，是金融安全重要的任务之一。当前需要更加注重顶层设计和系统化思维，牢牢把握金融安全的主动权。债券市场作为直接融资变革的重要试验田和中国最大的直接融资市场，是推动科技与绿色发展的先行旗帜，承载着高质量发展的“粮草先行”重任，同时系统外溢风险大，当下更加需要强化风险意识，确保系统安全性整体可控。

第十三章主要探讨了后疫情时期人民币汇率的走势。2022 年，全球通胀高企，美联储紧缩货币政策加码，美元单边走强，人民币汇率总体呈现贬值走势，全年经历了微升、走贬、震荡、再走贬、回弹五个阶段。展望 2023 年，疫情及其管控措施影响大概率会消减，经济基本面将持续改善，导致人民币汇率走弱的因素的影响趋于减弱，预计人民币将保持常态化双向波动态势。下一步，要持续促进国内经济稳步回升，同时要密切关注国际经济金融形势变化及其外溢效应影响，不断加强跨境资本流动管理，维护国际收支基本平衡。

第十四章主要对中国种业安全问题与战略保障路径进行了研究。粮食安全始终是事关国家宏观经济稳定运行与社会可持续发展的治国理政首要任务，而种业作为农业产业链的源头产业，其安全是推动农业稳定可持续发展的前提条件与实现国家粮食安全的战略性基础保障。近年来，我国粮食安全总体有保障，粮食生产连年丰收、库存充实、市场稳定，但粮食供需形势仍处于紧平衡状态，潜在的风险与隐患不容忽视，其中尤以作为粮食产业核心与源头的种业安全问题为重。

第十五章主要探讨了俄乌冲突对世界能源市场的影响。俄乌冲突爆发以后，世界各国更加关注能源安全问题，这对世界能源体系转型有着多重意义。从长期来说，对于大部分国家而言，重视能源安全实质上意味着要大力发展非化石能源的生产和消费，从而逐步摆脱对于化石能源的进口依赖。由于石油在中国乃至全球的能源结构中处于重要的地位，如果 2023 年国际油价进一步走高，将对全球经济增长造成下行压力，进而恶化中国所处的外部经济环境，弱化中国出口增长的动力。

第十六章主要分析了 2022 年我国经济和电力供需形势，对影响 2023 年电力供需的主要因素进行了研判。综合考虑经济、重点行业、节能减排、气候气温、一次能源供应等因素，预计 2023 年全年全社会用电量比上年增长 5.5% 左右，全国新增发电装机容量 3.2 亿千瓦，截至 2023 年年底，预计全国装机容量将达到 29.6 亿千瓦左右。预计 2023 年全国电力供需呈平衡偏紧态势，局地用电高峰时段可能出现电力供需紧张。

第十七章主要探讨了 2023 年美国经济是否会衰退的问题。相比于 2019 年年末，2022 年年末美国的绝对失业人数有较大变化，管理和执业相关行业中的建筑与工程行业、教育培训图书馆行业以及艺术、设计、娱乐和文体媒体这三个细分行业的下降程度非常惊人；另外，销售和办公行业也出现了非常明显的下降。前者说明美国经济周期的长度和韧性在增加；后者则是美国整体非农部门的劳动生产率在 2019—2021 年有 3.4% 的年增长率的原因：服务业和制造业的日益融合，使得以批发和零售为代表的销售和办公行业的劳动生产率在大幅度提升的同时带动了经济整体全要素劳动生产率出现健康的增长态势。目前美国进口出现锐减的异动，很可能是 2017 年特朗普上台以来资本围绕美国进进出出重新布局全球价值链的结果。综合来看，我们判断 2023 年美国经济不会衰退。

本报告是第七本关于中国宏观经济运行和宏观经济安全问题的年度系列报告。本系列报告的第一本是《中国经济金融形势展望报告（2016）：寻求突破的中国经济》，该报告由中国人民大学出版社出版，并已经出版了俄文、韩文、英文、蒙古文、乌兹别克文、日文、哈萨克文、西班牙文 8 个文版，还有希伯来文、印地语、荷兰文、塞尔维亚语、阿拉伯文五个文版已签约，正在翻译出版过程中。本系列报告的第二本是《中国经济展望报告（2017）：供给侧改革与经济波动》，由社会科学文献出版社出版。本系列报告的第三本是《中国经济安全展望报告（2018—2019）：世界格局变动中的中国经济安全形势分析》，由中国经济出版社出版，自该报告起，本系列报告定名为《中国经济安全展望报告》，集中关注中国宏观经济安全问题。本系列报告的第四本是《中国经济安全展望报告（2020）：供求双萎缩下的经济形势与政策》，由中国经济出版社出版。本系列报告的第五本是《中国经济安全展望报告（2021）：疫情冲击下的中国经济安全形势分析》，由中国经济出版社出版。本系列报告的第六本是《中国经济安全展望报告（2022）：人口拐点、多重压力与宏观经济安全》，由中国经济出版社出版。本报告是该系列报告的第七本。

上篇作者：北京大学国民经济研究中心课题组所有成员（陈丽娜、黄昱程、邵宇佳、杨盈竹）。下篇作者：第八章作者为邹士年，第九章作者为杨为敩和孟子君，第十章作者为周景彤和梁斯，第十一章作者为邢军、彭澎、冀洋、孙晨童和钱建源，第十二章作者为盛军和盛洁，第十三章作者为周景彤和吴丹，第十四章作者为张欣桐和田惠敏，第十五章作者为陈巧玲，第十六章作者为吴姗姗、汲国强、张莉莉、冀星沛、吴陈锐、刘小聪、许传龙、姚力和冯刚，第十七章作者为戚自科。

上篇

2023年中国经济展望

第一章　2022 年中国经济形势回顾

2022 年，中国国内疫情出现局部地区如北京、上海等重要一线城市反复暴发现象，导致宏观经济出现波动。中国为应对疫情实施了一系列稳增长政策，包括大规模的留抵退税、政府专项债、降息降准等，支撑宏观经济稳步恢复，尽可能达到全年经济增速最好结果。本章将从实体经济和货币金融两个方面对 2022 年中国宏观经济的运行进行回顾和解读。

一、实体经济

（一）国内生产总值

2022 年中国经济实现稳定增长，GDP 同比增长 3%，虽然与 5.5% 的年度目标存在一定差距，但稳中向好的基本趋势没有变。总体来看，第一季度中国经济开端良好，第二季度中国经济达到 2022 年度底部，随着疫情逐渐好转和稳增长政策持续发力，经济越过谷底，第三季度经济增长相对于第二季度实现大幅回升，第四季度受国内疫情高峰影响经济增速再度放缓。

具体来看，2022 年第一季度中国经济平稳开局，国民经济稳定增长，同比增长 4.8%。第二季度受国内疫情反复的影响，国际、国内经济环境严峻，经济受冲击较大，但随着疫情好转，叠加国内稳增长措施密集出台，稳增长政策作用持续显现，经济基本面逐渐得到修复，第二季度经济实现正增长。第三季度国内疫情对宏观经济的扰动再现，国内外需求偏弱，为了应对经济下行压力，各项稳增长政策密集出台，政策效果持续显现，助力国内经济基本面持续修复。第四季度随着国内疫情政策完全放开，国内各地疫情陆续迎来一轮高峰，感染人数大幅增加，国内消费和生产受到较大影响，疫情对宏观经济的扰动加剧。

官方数据显示，2022 年第一季度国内生产总值 270178 亿元，同比增长 4.8%，环比上涨 1.3%；第二季度国内生产总值 292464 亿元，同比增长 0.4%，较第一季度下降 4.4 个百分点；第三季度国内生产总值 307627 亿元，同比增长 3.9%，较第二季度提高 3.5 个百分点；第四季度国内生产总值 335508 亿元，同比增长 2.9%，较第三季度下降 1 个百分点（见图 1－1）。国家财政货币政策逐渐发力，推动 2022 年 1—2 月经济各方面指标稳中向好，为第一季度经济增长奠定了有利基础。3 月和 4 月，国内疫情散点式暴发，防疫形势相对严峻，防疫措施加强、升级，对国内供需两端均产生较大影响；同时，地缘冲突持续，大宗商品市场波动频繁，全球经济衰退预期、海外需求不确定性加大，对经济产生不利影响。但 5 月和 6 月，随着国内疫情得到控制，多地陆续解除全域静态管理，实行常态化核酸检测，同时稳经济政策继续加码，国内生产和消费需求逐渐修复，主要经济指标呈现逐步回暖的态势。第三季度经济受疫情散点多发、高温限电政策以及海外需求持续收缩等不利因素的影响，为了应对经济下行压力，一揽子稳经济政策陆续出台，8 月以来各项稳经济措施效果显现，经济增速稳步回暖。第四季度以来，中国面临的外部环境更为复杂多变，全球经济下行压力显现，海外需求总额持续收缩，11 月、12 月国务院防疫二十条新规和“新十条”规定陆续颁布以后，国内各地疫情处于快速上升阶段，对宏观经济的影响加剧。

从三大产业来看，第三产业同比增速受疫情影响较大。如图 1－2 所示。2022 年第一产业增加值 88345 亿元，同比增长 4.1%；第二产业增加值 483164 亿元，同比增长 3.8%；第三产业增加值 638698 亿元，

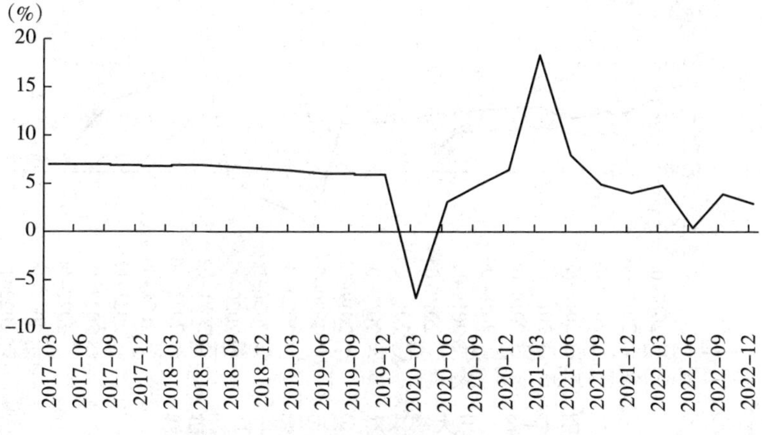

图 1 −1　中国 GDP 当季同比增速

数据来源：Wind，北京大学国民经济研究中心。

同比增长 2.3%。

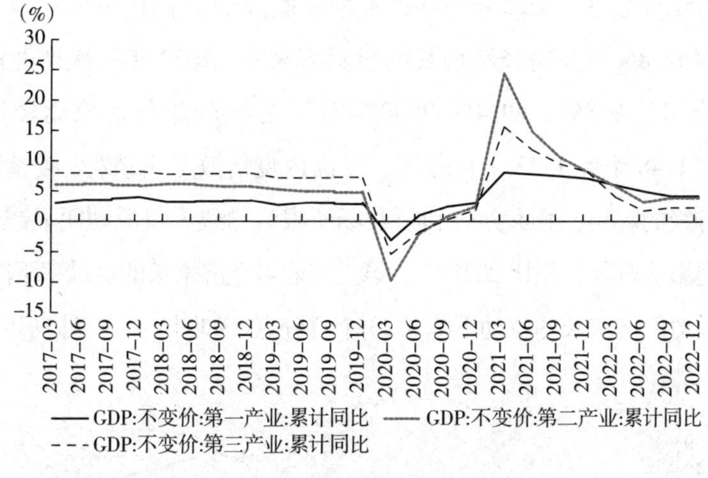

图 1 −2　三大产业累计增速

数据来源：Wind，北京大学国民经济研究中心。

如图 1 −3 所示，从三大需求来看，2022 年最终消费支出拉动国内生产总值累计增长 0.98%，资本形成总额拉动 1.50%，货物和服务净出口拉动 0.51%，全年经济增速主要是靠投资拉动，相比较而言，出口对 GDP 累计同比的拉动作用较小。

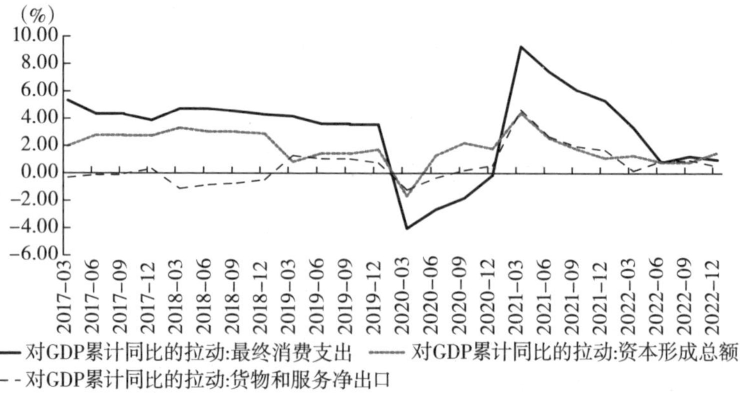

图 1－3　三大需求对 GDP 累计同比拉动

数据来源：Wind，北京大学国民经济研究中心。

疫情对服务业影响显著，导致第三产业贡献度和拉动比例显著降低。按照官方统计数据，2022 年三次产业增加值占 GDP 的比重分别为 7.3%、39.9% 和 52.8%。从对经济增长的贡献率来看，2022 年三次产业的累计贡献率分别为 9.8%、49.4% 和 40.70%，三次产业分别拉动经济增长 0.29 个、1.48 个和 1.22 个百分点。受国内疫情散点式暴发、疫情防控措施强化升级的影响，居家办公和公共场所限流导致人口流动明显减少，第三产业受影响较大，相比 2021 年，第三产业对经济增长的贡献率下降 14 个百分点，对经济增长的拉动下降 3.23 个百分点。如图 1－4、图 1－5 所示。

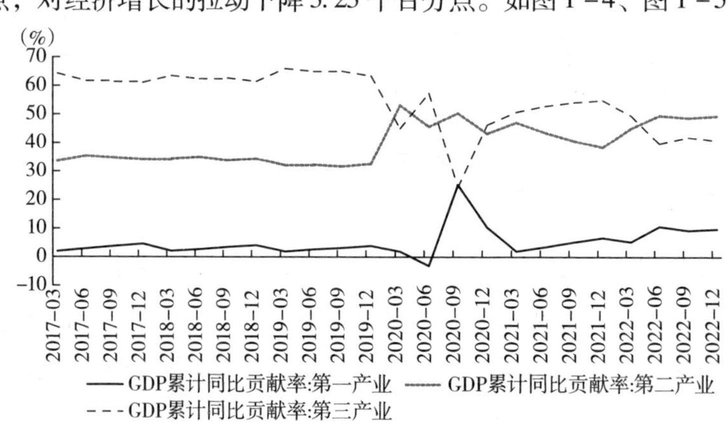

图 1－4　三大产业贡献率

数据来源：Wind，北京大学国民经济研究中心。

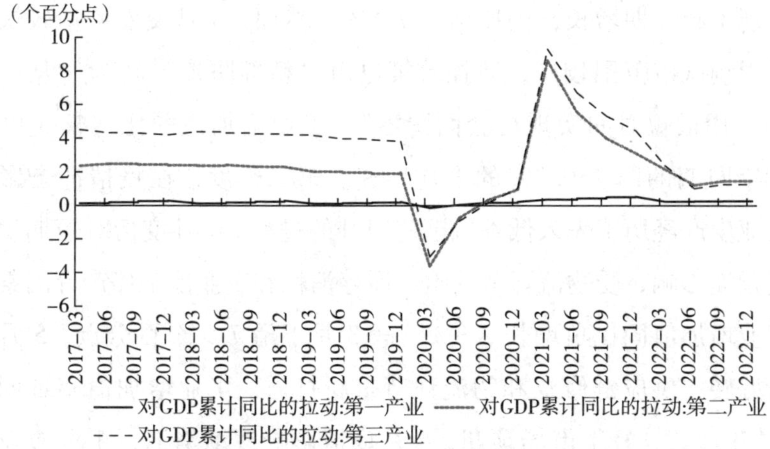

图 1－5　三大产业对 GDP 累计同比拉动

数据来源：Wind，北京大学国民经济研究中心。

（二）供给端

2022 年全国规模以上工业增加值第一季度累计同比增长 6.5%，前二季度累计同比增长 3.4%，前三季度累计同比增长 3.9%，全年累计同比增长 3.6%，三年复合增长 5.3%，工业产出持续增长。可以看出，在新冠疫情、美元加息和俄乌冲突三大利空因素共振影响下，叠加内部需求收缩、供给冲击、预期转弱“三重压力”，中国通过落实稳增长一揽子政策给予税收优惠、加大财政支持，支撑企业生产稳步恢复，促进工业经济平稳运行，全国规模以上工业增加值累计同比增速在第一季度稳中有升，之后呈现平稳增长的趋势。1—11 月，全国规模以上工业企业实现利润总额 77179.6 亿元，同比下降 3.6%，企业效益有所下滑，但结构继续改善，部分中下游行业利润回升明显。

综合而言，2022 年全国工业生产表现出以下几方面特点：

第一，疫情扰动频繁，稳增长纾困措施持续发力，工业生产剧烈波动。第一季度，工业生产在前期稳增长政策发力下实现超预期增长。2022 年 1—2 月尽管疫情多点散发以及存在高基数效应，但在稳增长政策推动下，叠加务工人员就地过年和精准有效的疫情防控措施，工业增加值实现了超预期增长，同比增长 7.5%。然而，3 月突发疫情较快传播，受影响城市范围较广，防控政策也由“精准防控”转为“从严从紧”和“用最短时间实现社会面清零”，工业增加值同比增长 5.0%，低于上年同期的两年 6.2% 的平均增速。第二季度，在疫情冲击影响下，工业生产经历了先入低谷后迅速回升的过程。4 月疫情对短期供给造成超预期影响，受物流环节受阻、库存消耗和企业停工停产等因素影响，工业增加值同比负增长 2.9%，较 3 月下滑 7.9 个百分点。5 月随着疫情好转、供应链修复和物流环节重新打通，工业增加值实现同比 0.7% 的正增长，好于市场预期。6 月疫情影响逐渐消退，工业企业复工复产进度好于2020 年可比时期，工业增加值同比增长3.9%。第三季度，政策支撑下工业生产恢复明显。7 月，尽管存在上年洪水、疫情、限电限产等造成的低基数，但受地产行业超预期下行和保交楼风波的影响，工业同比增长 3.8%，较上月有所放缓。8 月，尽管受高温、限电等因素的扰动，但稳增长力度加大，工业增加值同比增长 4.2%，较上月上升。9 月，受前期高温限电环节后赶工的提振，叠加上年同期限电限产造成的低基数影响，工业增加值同比增长 6.3%，较上月继续改善。第四季度，疫情再起，地产行业持续低迷，因此拖累工业生产。10 月，尽管财政政策发力支撑工业生产，但受高基数、疫情再起和地产低迷等因素影响，工业增加值同比增长 5%，较上月回落较大。11 月，受疫情扩散影响，叠加地产、出口继续下行，工业生产压力增大，工业增加值同比增长 2.2%，较上月继续回落。12 月，疫情冲击叠加节前返乡前置造成劳动供给减少，生产活动因此受到影响，但整体可控，工业增加值同比增长 1.3%，其中制造业受到影响显著大于采矿业、公用事业、高技术制造业等相对资本密集的行业。2022 年前三季度中国工业增加值累计增速分别为 6.5%、3.4% 和 3.9%，如图 1 -6 所示。

第二，制造业增加值贡献持续回落，致使工业产出增长放缓。从工业产出的三大部门来看，处于主导地位的制造业增加值在 2022 年年初

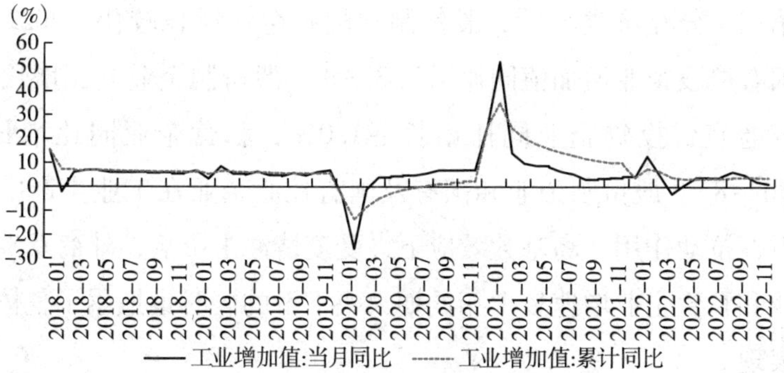

图 1－6　工业增加值增速

数据来源：Wind，北京大学国民经济研究中心。

贡献最大，其中高技术产业更是亮点，但随着疫情反复冲击叠加地产行业下行，其贡献逐渐回落，也致使整体工业增加值增长放缓。2021 年，在中国国内宏观经济政策的作用下，供需关系逐步改善，工业产出增速已基本恢复至高位，因此 2022 年在高基数效应、疫情反复、地产下行和高温限电限产等多重因素的影响下，制造业生产受到冲击。2022 年，中国制造业增加值同比增长 3.0%，拖累工业增加值同比表现（3.6%），电力、燃气及水的生产和供应业增加值同比增长 5.0%，采矿业增加值同比增长 7.3%，拉动工业增加值同比表现，如图 1－7 所示。

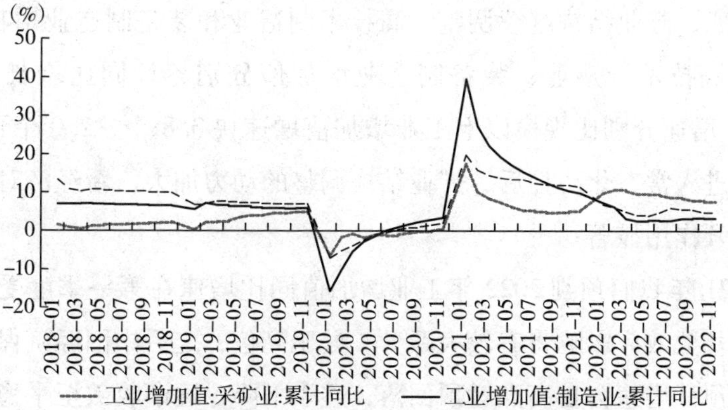

图 1－7　三大门类工业增加值累计同比增速

数据来源：Wind，北京大学国民经济研究中心。

第三，分经济类型看，股份制和国有企业增长较快。2022年，国有及国有控股企业增加值同比增长3.3%，股份制企业同比增长4.8%，外商及港澳台投资企业同比增长-1.0%，私营企业同比增长2.9%（见图1-8）。股份制企业和国有及国有控股企业在工业生产中依旧发挥了引领拉动作用。高基数效应下，受疫情冲击影响，外商及港澳台投资企业和私营企业增速较上年同期大幅下滑的同时也拖累了整体工业增加值表现。

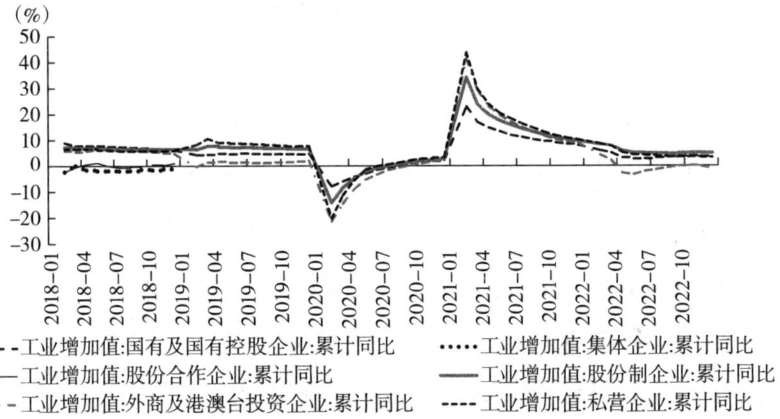

图1-8 中国分经济类型工业增加值累计同比增速

数据来源：Wind，北京大学国民经济研究中心。

第四，产业结构继续调整，高技术制造业和装备制造业增长稳健。2022年高技术制造业、装备制造业增加值分别累计同比增长7.4%、5.6%，增速分别比规模以上工业增加值增速快3.8个、2.0个百分点，在疫情进入常态化防控后，产业结构调整的动力加大，新经济对整体经济的引领作用显著。

2021年我们预判2022年工业增加值同比增速在第一季度受春节效应和低基数效应影响将有较大跃升，处于高位，之后中国经济保持平稳增长，预计增速会自高点触顶回落，逐季下降，逐渐收敛至平稳增长状态，预计全年工业增加值同比增速为3.3%。从趋势上看，与2022年实际情况基本一致，数值上略低于实际增速，造成误差的主要原因是在估计时较为保守，对第一季度工业实现超预期增长估计不足，同时对于突发因素“俄乌冲突”的预判不足。

（三）需求端

1. 消费

2022 年全年社会消费品零售总额累计同比下降 0.2%，低于 2021 年 12.7 个百分点，增速在 5 月到达最低点后缓慢回升，10 月又开始了第二轮下滑，整体呈现急降缓升趋于平稳的走势。其中，第一季度社会消费品零售总额同比增长 3.3%，上半年同比下降 0.7%，前三个季度同比增长 0.7%。从单月增速来看，3—5 月同比增速处在负数区间，4 月到达最低点后逐步回升，10 月增速再次由正转负，整体呈现先降后升再小幅下降的走势。如图 1－9 所示。

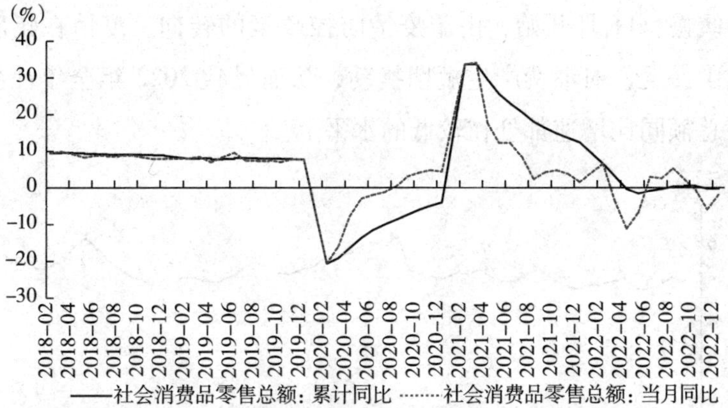

图 1－9　社会消费品零售总额累计同比增速

数据来源：Wind，北京大学国民经济研究中心。

综合而言，2022 年社会消费品零售总额总体表现出以下几方面特点：

第一，受新冠疫情多点散发、局部规模性反弹的影响，全年消费增速表现出急降缓升的走势特征。2022 年年初由于疫情好转，各地疫情防控措施相对宽松推动了餐饮等服务类消费回暖，同时居民出行受限减少提升了购车需求，使得消费恢复有所加快，形成了年内最高点。从 3 月开始，新一轮疫情持续蔓延，直至 6 月才有所好转，其间波及了上海、北京、广州等一线城市，最严重的时候整个 4 月上海都处于封禁状态。这一方面导致餐饮、旅游等服务类消费继续承压，且严格防疫政策下对交通、物流的管制也抑制了线上消费；另一方面，疫情扩散导致失业率上升，城镇调查失业率在 4 月达到近两年内峰值 6.1%（见图 1－10），同时疫情反复降低了消费者对就业、收入及消费意愿的信心，消费者信心指数从 4 月开始急剧下降后至今仍处在相对较低的水平（见图 1－11），居民收入下滑以及消费预期转弱致使消费需求减少，从而拉低了消费增速；另外叠加 2021 年同期高基数效应使得 2022 年 3—5 月消费增速大幅下滑。从 6 月开始，疫情总体有所好转但局部地区反弹接连发生，伴随密集促消费政策的出台，消费增速虽有所回升但恢复速度较为缓慢，11 月开始，由于疫情防控政策的转向，疫情在年底迎来一次集中暴发，对消费产生短期扰动，从而导致 2022 年全年社会消费品零售总额同比增速都处在较低的水平上。

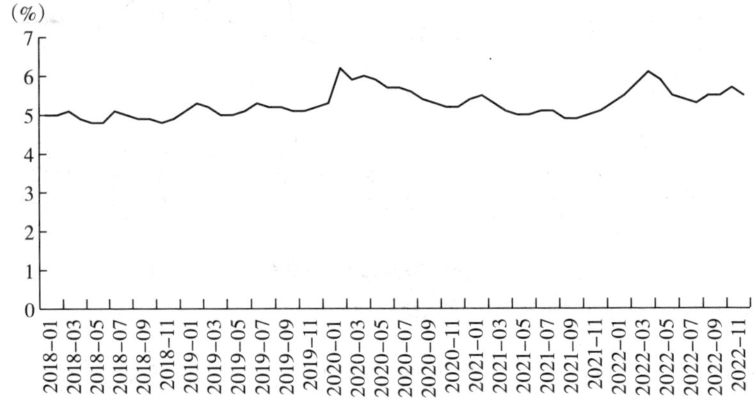

图 1－10　城镇调查失业率

数据来源：Wind，北京大学国民经济研究中心。

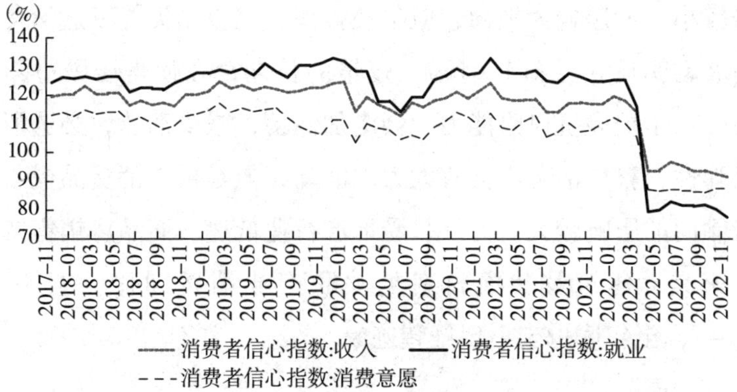

图 1－11　消费者信心指数

数据来源：Wind，北京大学国民经济研究中心。

第二，消费呈现明显分化。从整体来看，限额以上和限额以下消费呈现明显分化。如图 1－12 所示，截至 2022 年 10 月，限额以上企业消费品零售额同比增速高于社会消费品零售总额 2.0 个百分点，这一差值自 3 月疫情再次扩散以来有明显扩大的趋势，主要原因在于疫情对灵活就业的、聚集在中低技能服务业的中低收入群体冲击更大，使其收入大幅下降，从而导致消费领域出现明显分化。从细分品类来看，不同商品的消费也存在明显的分化。粮油食品类、中西药品类等必选消费品受疫

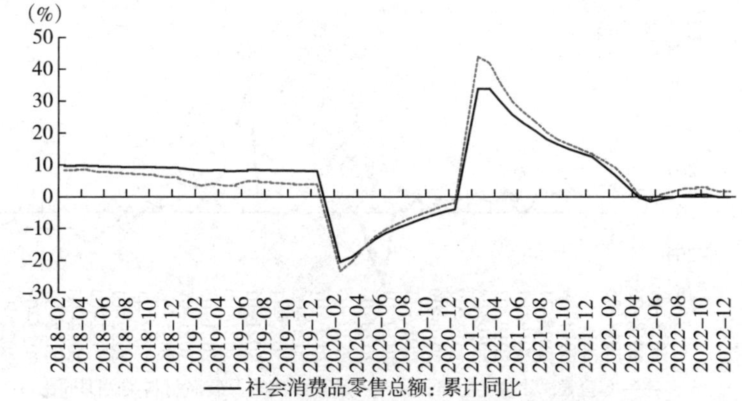

图 1－12　社会消费品及限额以上企业消费品零售总额累计同比增速

数据来源：Wind，北京大学国民经济研究中心。

情冲击较小，增速较为平稳，但服装鞋帽、化妆品类等可选消费品增速随疫情波动明显（见图 1－13）。疫情的长期存在使得居民边际消费倾向下降，为了提高抗风险能力，会增加储蓄，减少消费，必选消费品由于缺乏弹性，整体消费不会有太大的波动，但是可选消费品受收入、边际消费倾向的影响较大。另外，受地产行业低迷、商品房销售持续下降拖累，家具、建筑及装潢材料类关联产业消费同比一直下滑（见图 1－14），至年底也未出现好转迹象。

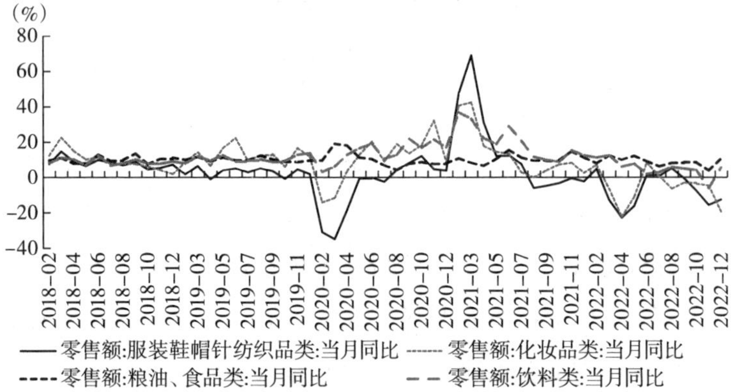

图 1－13　代表性必选消费品和可选消费品零售额当月同比增速

数据来源：Wind，北京大学国民经济研究中心。

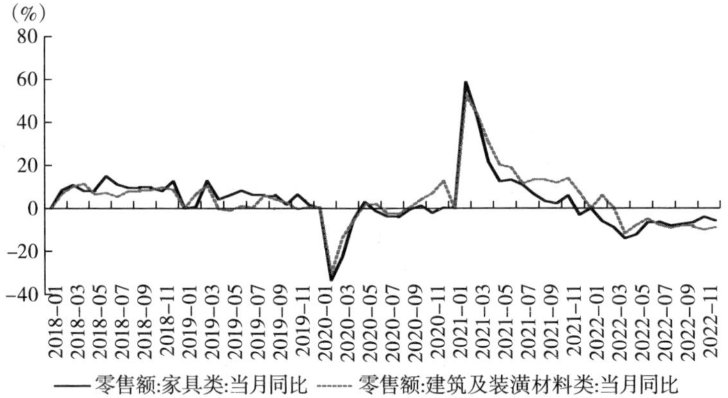

图 1－14　家具、建筑及装潢材料类零售额当月同比增速

数据来源：Wind，北京大学国民经济研究中心。

第三，汽车消费成为影响消费恢复的主要原因之一。汽车消费增速在 2022 年 2 月短暂回暖之后，又呈现大幅下滑趋势。严峻的疫情形势导致部分车企停工停产，汽车行业产业链、供应链受到冲击，叠加物流阻碍使得供给端承压，同时油价、车价上涨和许多企业裁员等多重因素叠加导致需求端不振，汽车类零售额大幅下滑，进一步压低了消费。6 月以后，在减半征收车辆购置税、开展新一轮新能源汽车下乡等密集促进汽车消费政策出台后，汽车消费大幅上升，带动消费超预期回升，但随着前期被抑制的消费需求得到释放，持续的促进汽车消费措施对消费的拉动作用也在边际减弱，表现在数据上就是随着汽车消费增速的放缓，消费恢复也进一步放缓（见图 1－15）。

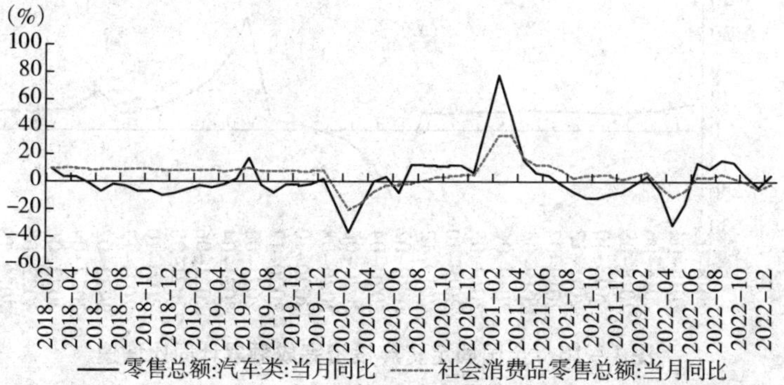

图 1－15　汽车类零售总额与社会消费品零售总额当月同比增速

数据来源：Wind，北京大学国民经济研究中心。

在《中国经济安全展望报告（2022）》中，我们预测 2022 年第一季度社会消费品零售总额同比增长 8.5%，上半年同比增长 8.0%，前三季度同比增长 8.2%，全年同比增长 7.8%。从目前公布的数据来看，预测还是存在一定的误差，普遍偏高，主要原因在于低估了疫情反复对消费的抑制作用。我们预想到疫情持续可能对服务类消费产生不利的影响，但没有预料到疫情会再一次大规模扩散，低估了居民可支配收入增长放缓、消费信心转弱对消费需求的抑制作用。总的来说，2021 年对 2022 年各个季度消费增速的预测与实际情况存在一定的出入。

2. 投资

2022年全年固定资产投资同比增长5.1%，高于2021年0.2个百分点，增速整体呈现逐步下滑最后企稳的趋势，如图1-16所示。分产业来看（见图1-17），2022年全年制造业投资累计同比增长9.1%，较2021年下降4.4个百分点；基础设施建设投资（不含电力）累计同比增长9.4%，较2021年上升9.0个百分点；房地产开发投资累计同比下降10.0%，较2021年下降14.4个百分点。分季度来看，第一季度全国固定资产投资额（不含农户）为104872亿元，累计同比上涨9.3%；上半年为271430亿元，累计同比上涨6.1%；前三季度为421412亿元，累计同比上涨5.8%。

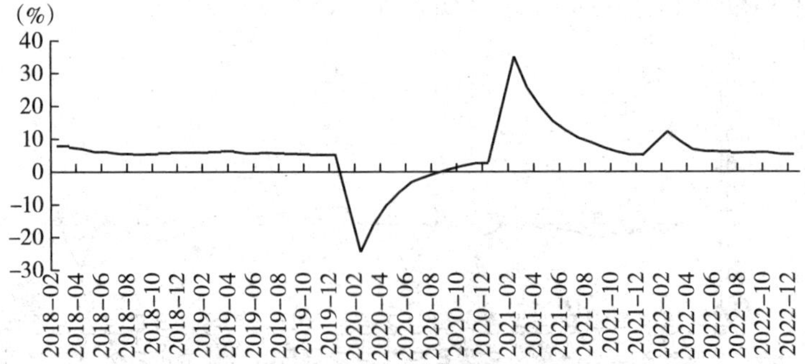

图1-16　全国固定资产投资完成额累计同比增速

数据来源：Wind，北京大学国民经济研究中心。

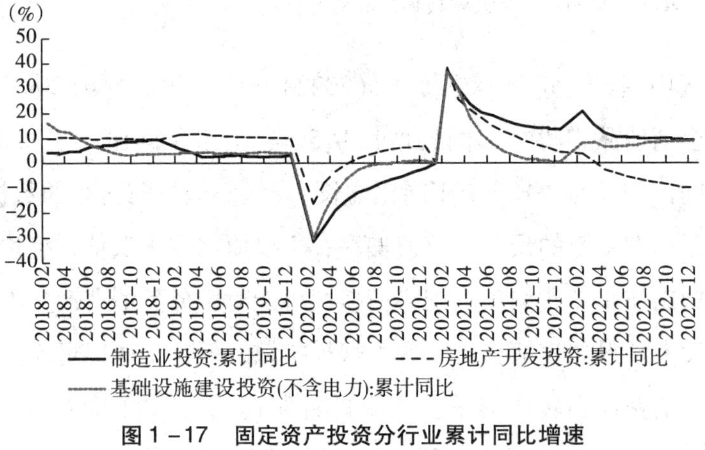

图1-17　固定资产投资分行业累计同比增速

数据来源：Wind，北京大学国民经济研究中心。

2022 年固定资产投资累计同比增速表现出以下几方面特点：

第一，受 2021 年同期高基数效应的影响，投资增速呈现逐步下滑企稳的趋势。2021 年第一季度在新冠疫情基本稳定以及 2020 年同期低基数效应的共同作用下，固定资产投资累计同比增速处于高位，对 2022 年第一季度形成了高基数效应。随着高基数效应消退，从 4 月开始，投资保持平稳增长，增速围绕 6% 上下波动。

第二，投资结构出现分化。基建投资持续改善和制造业投资继续保持在较高水平上是推动固定资产投资平稳增长的主要原因，而房地产开发投资持续走弱一定程度上压低了投资增速。

一方面，2022 年政府工作报告提出要增强制造业核心竞争力，引导金融机构增加制造业中长期贷款，加快发展先进制造业集群，着力培育“专精特新”企业，为此政府加大对高新技术企业关于科技创新的税前扣除力度，央行为制造业企业设立设备更新改造专项再贷款，同时监管部门鼓励银行进一步加大对制造业中长期贷款等，这些都支撑了制造业尤其是高技术制造业投资维持高增长。

另一方面，在财政前置、新增专项债券发行进度明显加快，以及在新增 6000 亿元的政策性开发性金融工具额度基础上依法用好 2019 年以来结存的 5000 多亿元专项债结存限额等多重政策作用下，基建投资增速不断加快。

然而，尽管 2022 年房地产市场持续释放了一些宽松的信号，比如因城施策、合理确定商业性个人住房贷款的最低首付款比例、最低贷款利率，阶段性调整差别化住房信贷政策，下调首套个人住房公积金贷款利率等，但受“停贷潮”事件的影响，房地产市场供需两端承压，商品房销售面积、商品房销售额、房屋新开工面积及本年购置土地面积同比持续下降，导致房地产市场长期走弱，压低了投资增速。

第三，民间投资增速整体较低。如图 1 – 18 所示，2022 年民间固定资产投资累计同比增速一直低于全国固定资产投资累计同比增速，且增速差距呈现持续扩大态势，这一情况与 2021 年截然相反。由于民间投资占全部投资的比重维持在 55% 以上，民间投资缺乏活力较大程度上压低了整体投资增速。而影响民间投资最根本的因素还是民间投资者的信心，疫情反复导致经济修复放缓、需求不振都是造成投资信心不足的重要因素。

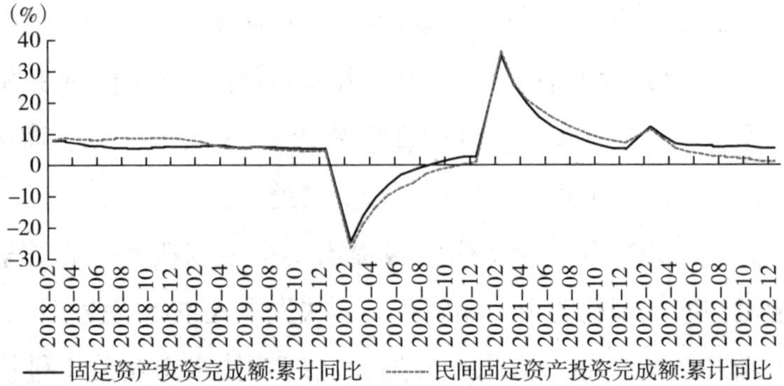

图 1－18　固定资产投资及民间固定资产投资完成额累计值同比增速

数据来源：Wind，北京大学国民经济研究中心。

在《中国经济安全展望报告（2022）》中，我们预测 2022 年第一季度固定资产投资累计同比增长 6.2%，上半年同比增长 5.6%，前三季度同比增长 4.3%，全年同比增长 5.1%。从目前公布的数据来看，对 2022 年前三个季度投资增速的预测都偏低，分别低 3.1 个、0.5 个、1.6 个百分点，考虑到新冠疫情反复会压低投资增速，但低估了基建投资持续发力对投资的拉动作用，对 2022 年全年投资增速的预测较为准确，与实际值一致。总的来说，对 2022 年前三个季度投资增速的预测略低于实际情况，但对全年的预测比较准确。

3. 进出口

如图 1－19 和图 1－20 所示，2022 年中国进出口总额为 63096 亿美元，同比增长 4.4%，低于 2021 年 25.4 个百分点，增速整体呈现逐步下滑的趋势。其中，出口总额 35936 亿美元，同比增长 7.0%；进口总额 27160 亿美元，同比增长 1.1%；贸易顺差 8776 亿美元，扩大

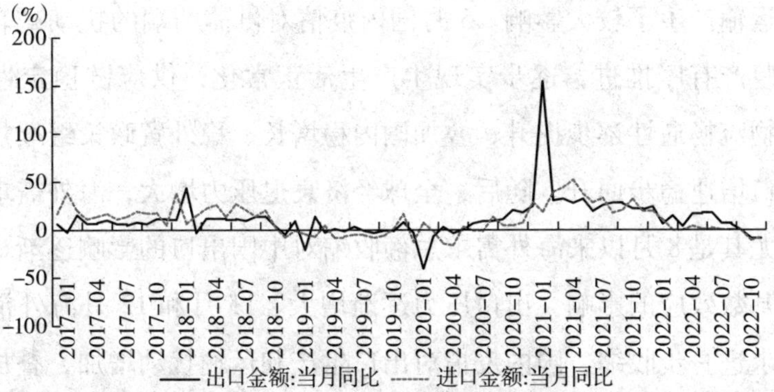

图 1－19　进出口额增速：当月同比

数据来源：Wind，北京大学国民经济研究中心。

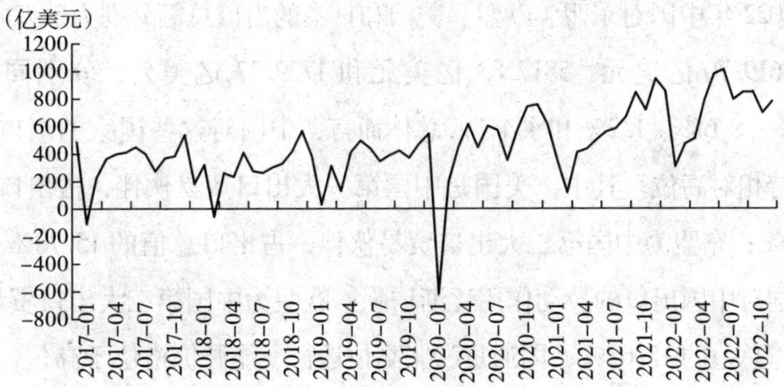

图 1－20　中国贸易差额：当月值

数据来源：Wind，北京大学国民经济研究中心。

30.90%。总体来看，2022 年数据显示中国进出口总值保持韧性，对中国经济形成一定支撑，并表现出以下几方面特点：

（1）出口方面

第一，出口增速整体呈现前高后低的态势，增长速度逐季降低。分季度看，2022 年四个季度中国出口增速分别为 15.8%、12.9% 和 9.99% 和 −6.81%。整体来看，2022 年度中国对外贸易平稳开局，对经济增长形成有力支撑，但国内疫情扰动频发，疫情成为影响上半年出口的重要因素，随着疫情得到控制进出口稳步回升。3 月和 4 月受国内新一轮疫情的影响，各地疫情防控措施加强、升级，对国内供应链和进出口运输产生了较大影响。5 月国内疫情对供需两端的扰动减轻，社会复工复产有序推进，逐步实现生产生活正常化，供应链稳定性得到恢复，物流畅通性逐步提升，叠加国内稳增长、稳外贸政策继续加码，助力出口增速稳步回升。随后，全球经济衰退压力增大，海外需求逐渐收紧，尤其是 8 月以来海外需求总额收缩对中国出口的影响逐渐显现，叠加高基数效应的影响，出口压力逐渐增大。11 月和 12 月海外消费和生产需求进一步收缩，国内疫情对出口生产和运输扰动增加，叠加上年同期高基数效应的压制作用，出口增速大幅回落。

第二，对主要贸易伙伴出口保持增长，美国是中国第一大出口贸易伙伴。2022 年中国对东盟、欧盟、美国和日本的出口总额分别为 5672.87 亿美元、5619.70 亿美元、5817.83 亿美元和 1729.27 亿美元，分别同比增长 17.7%、8.6%、1.2%和 4.4%。总体而言，中国对这些国家的出口增速仍旧保持相对高位。其中，美国是中国第一大出口贸易伙伴，占出口总值的 16.19%；东盟为中国第二大出口贸易伙伴，占出口总值的 15.78%，RCEP 成员国对中国出口的拉动作用逐渐增强；欧盟为中国第三大出口贸易伙伴，占出口总值的 15.63%，因通货膨胀高位运行、能源价格位于高位，欧洲经济下行压力增大，对中国出口的拉动作用削弱。如图 1－21 所示。

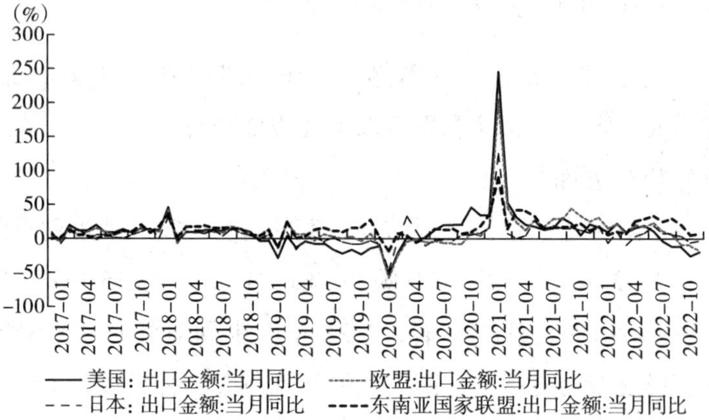

图 1－21　中国对主要经济体出口同比增速

数据来源：Wind，北京大学国民经济研究中心。

第三，机电产品在中国出口中起主导作用。2022 年中国出口机电产品 20527.66 亿美元，占中国出口总额的 57.1%，在中国出口中起主导作用，同比增长 3.6%。其中，集成电路和汽车包括底盘表现较好，出口额分别为 1539.18 亿美元和 601.56 亿美元，同比增长 0.3% 和 74.7%。高新技术产品出口为 9513.30 亿美元，同比增长 -2.8%。劳动密集品中，箱包及类似容器和鞋靴表现较好，出口金额分别为 355.71 亿美元和 575.77 亿美元，同比增长 28.2% 和 20.4%。如图 1-22所示。

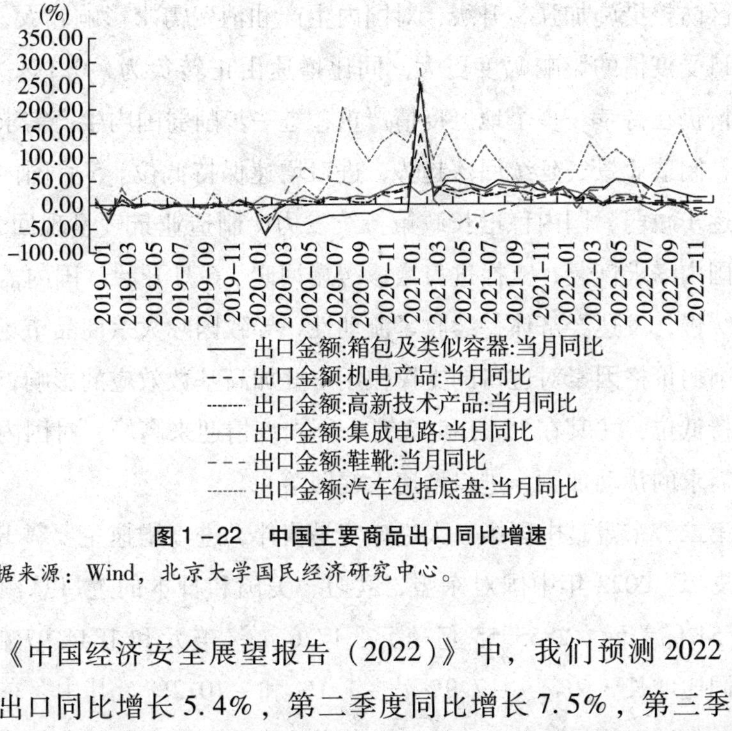

图 1-22　中国主要商品出口同比增速

数据来源：Wind，北京大学国民经济研究中心。

在《中国经济安全展望报告（2022）》中，我们预测 2022 年第一季度出口同比增长 5.4%，第二季度同比增长 7.5%，第三季度同比增长 5.6%，第四季度同比增长 3.1%，全年同比增长 5.3%。从公布的数据来看，除第四季度预测值比实际值高 9.91 个百分点以外，对 2022 年第一、第二和第三季度出口增速的预测均较实际值偏低，分别低 10.4 个、5.4 个和 4.39 个百分点，在对 2022 年预测时低估了前三季度海外需求基本面和中国产业链、物流链优势对中国出口的支撑作用。总的来说，除第四季度外，对 2022 年各个季度出口增速的预测低于实际情况。

（2）进口方面

第一，进口整体呈现前高后低的态势，增长速度逐季降低，尤其是 6 月以来进口增速持续位于低位。分季度看，2022 年四个季度进口增速分别是 9.6%、1.73%、0.59% 和 -6.73%。国内疫情对进口产生的影响较大，随着国内疫情好转，国内复产复工推进，港口物流恢复，进口稳步回升。3 月国内新一轮疫情暴发，多个地区疫情严重，深圳、上海等地区防控措施加强、升级，对国内生产和消费需求影响较大，其中 3 月进口受疫情的影响幅度更大，同比增速由正转负为 -0.1%；4 月国内疫情仍在持续，多个地区疫情严重，进一步削弱国内生产需求和消费需求，制造业景气延续回落趋势，进口增速保持低位。5 月国内疫情的扰动逐步减弱，国内稳增长政策持续发力，制造业景气呈现回升趋势，助力国内需求恢复，支撑进口增速缓慢回暖。6 月开始，国内需求修复进程缓慢，发达经济体持续收紧流动性，导致国际大宗商品市场价格回落，削弱价格因素对进口的支撑作用，叠加高基数效应的影响，进口增速维持低位，尤其在 11 月和 12 月，国内疫情迎来高峰，对国内生产和消费需求的扰动加剧，进口增速大幅回落。

第二，东盟是中国第一大进口贸易伙伴，进口增速主要靠 RCEP 成员国支撑。2022 年中国对东盟、欧盟、美国和日本的进口总额分别为 4080.54 亿美元、2853.55 亿美元、1776.4 亿美元和 1844.97 亿美元，分别同比增长 3.3%、-7.9%、-1.1% 和 -10.2%。其中，东盟是中国第一大进口贸易伙伴，占进口总值的 15.02%；欧盟是中国第二大进口贸易伙伴，占进口总值的 10.50%。同时，对东盟的进口增速优于对其他国家的进口增速，RCEP 协议显著促进成员国间贸易，东盟国家对中国进口的拉动作用持续显现。如图 1-23 所示。

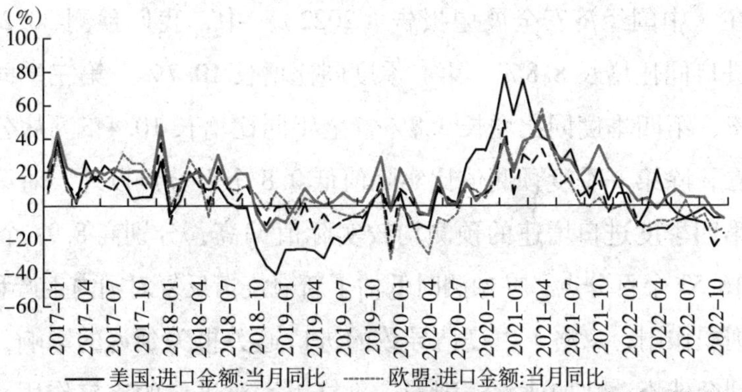

图 1-23　中国从主要经济体进口同比增速

数据来源：Wind，北京大学国民经济研究中心。

第三，大宗商品进口数量对进口增速形成拖累，价格因素对进口增速的支撑作用逐渐减弱。全球经济下行压力增大，各发达国家流动性持续收紧，大宗商品市场价格回落，进一步削弱价格因素对进口增速的拉动。2022 年铁矿砂及其精矿、原油、煤及褐煤、天然气、钢材的进口量累计同比增速分别为 -2.1%、-1.4%、-10.1%、-9.7% 和 -25.6%；农产品方面，粮食进口同比增速为 -10.70%，肉类进口同比增速为 -21.0%。如图 1-24 所示。

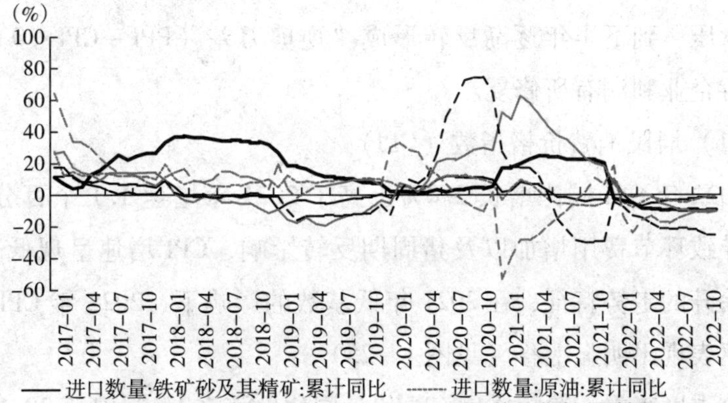

图 1-24　中国主要商品进口同比增速

数据来源：Wind，北京大学国民经济研究中心。

在《中国经济安全展望报告（2022）》中，我们预测 2022 年第一季度进口同比增长 8.8%，第二季度同比增长 10.7%，第三季同比增长 10.9%，第四季度同比增长 9.8%，全年同比增长 10.4%。从公布的数据来看，除第一季度预测值比实际值低 0.8 个百分点以外，对第二、第三和第四季度进口增速的预测均较实际值偏高，分别高 8.97 个、10.31 个和 16.53 个百分点，在预测时低估了新冠疫情反复对国内生产和消费需求的削弱作用，忽略了由疫情导致的进口通关报关延迟的影响，同时没考虑到全球流动性加速紧缩削弱了价格因素对进口的支撑作用。总的来说，除第一季度外，对 2022 年各个季度进口增速的预测高于实际情况。

（四）价格

2022 年中国价格形势整体呈现明显的结构性分化特征，在猪周期反转、疫情散点式反复和低基数效应等因素的影响下，2022 年 CPI 同比增速中枢表现出明显上移，呈现低开高走、逐月抬升的走势特征；而受全球大宗商品高位回落、疫情带来的供给冲击、市场预期转弱和消费需求相对收缩等因素的影响，2022 年 PPI 同比增速中枢表现出明显下移，呈现高开低走、持续下行的走势特征。总体来看，两者呈现完全相反态势，从上半年的“剪刀差（PPI - CPI > 0）”使得中下游企业利润整体承压，到下半年逐渐反转形成“逆剪刀差（PPI - CPI < 0）”使得中下游企业利润有所修复。

（1）居民消费价格指数（CPI）

2022 年 CPI 同比增长 2.0%，高于 2021 年增速 1.1 个百分点。受疫情导致环节费用增加以及猪周期反转影响，CPI 增速呈现低开高走、逐月抬升的走势特征，在 2021 年低基数的影响下，2022 年 CPI 同比增速中枢表现出明显上移（见图 1 - 25）。

分季度来看，第一季度 CPI 累计同比上涨 1.1%，高于 2021 年同期增速 1.1 个百分点，上半年累计同比上涨 1.7%，高于 2021 年同期增速 1.2 个百分点，前三季度累计同比上涨 2.0%，高于 2021 年同期增速

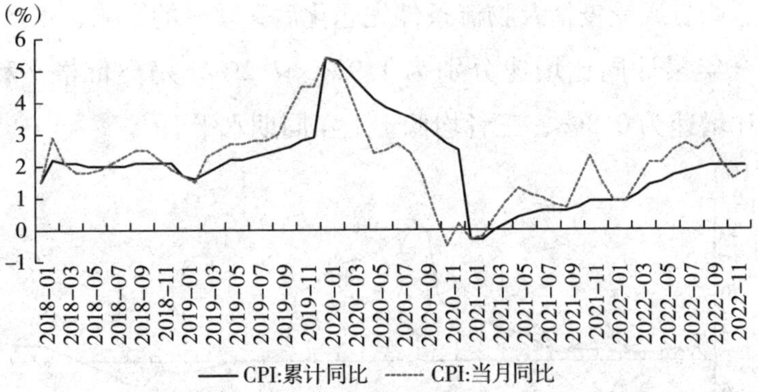

图 1-25　CPI 累计同比和当月同比

数据来源：Wind，北京大学国民经济研究中心。

1.4 个百分点。

2022 年居民消费价格数据表现出以下两方面特点：

第一，CPI 增速在前三季度受到食品项的压制，而食品项主要受猪肉价格的压制，但压制力度逐月放松，第四季度则与之前相反。如图 1-26 所示，食品项价格全年累计同比增长 2.8%，其中第一季度累计同比增长 -3.1%，上半年累计同比增长 -0.4%，前三季度累计同比增长 2.0%。从猪价看，上半年中国生猪存栏量惯性增长，市场供应宽松充裕，但猪周期在第二季度开始向上反转，受前期压栏惜售和疫情趋稳消费需求回温等影响，猪肉价格反弹较大，中央猪肉收放储政策保障了猪肉市场的平稳运行。从粮油看，受俄乌冲突导致国际粮食危机和持续高温天气影响，国际小麦和玉米价格有所上行，边际支撑国内粮价，使得粮价始终是 CPI 拉升项，粮价小幅抬升但总体平稳，全年累计同比增长 2.8%，高于上年同期 1.7 个百分点；食用油在高基数下价格增长有所下行，但整体仍偏高，前三季度累计同比增长 5.8%，低于上年同期水平 1.1 个百分点。从鲜菜、鲜果看，受运输条件恶化和极端高温天气带来成本上升影响，前三季度鲜菜累计同比增长 8.7%，鲜果累计同比增长 13.5%，均大幅高于上年同期水平，但随着第四季度供应改善，鲜菜鲜果价格全年累计同比增速回落，分别为 2.8%、12.9%。从水产品、蛋、奶看，受疫情及物流条件先恶化后又转好的影响，水产品和蛋类价格全年累计同比增速分别为 1.9%、7.2%，奶类价格平稳增长，累计同比增速为 0.8%，三者均低于上年同期水平。

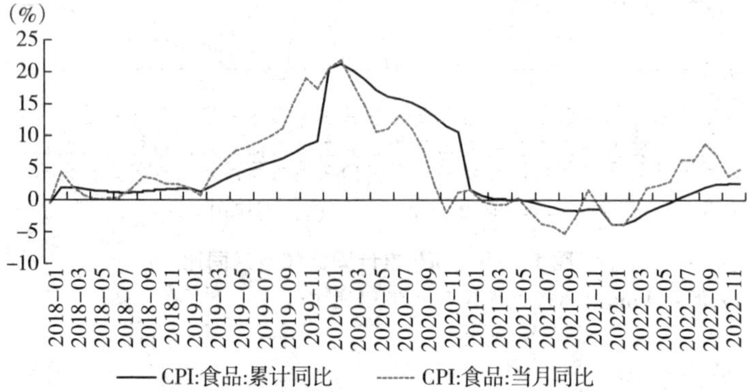

图 1－26　CPI：食品累计同比和当月同比

数据来源：Wind，北京大学国民经济研究中心。

第二，CPI 增速在上半年主要受到非食品项的拉升，国际大宗商品价格高位震荡带动工业消费品价格，而疫情压制整体服务业需求。如图 1－27 所示，非食品项价格全年累计同比增长 1.8%，其中第一季度累计同比增长 2.1%，上半年累计同比增长 2.2%，前三季度累计同比增长 2.0%。2022 年上半年防控境外疫情输入的形势严峻，线下服务业难以快速恢复，核心通胀表现低迷，但随着常态化疫情管控持续，学习效应凸显，出行需求边际回暖，带动服务业相关价格上行，衣着、居住、医疗、生活用品、其他用品等五项价格全年增长平稳，累计同比增速分别为 0.5%、0.7%、0.6%、1.2%、1.6%，压低非食品项价格；受大宗商品价格持续高涨特别是燃油价格居高不下的影响，交通和通信项价格上半年快速上扬到第二季度后有所回落，全年累计同比增长 5.2%，拉升了非食品项价格；与此同时，教育文化和娱乐项价格保持平稳增长，全年累计同比增长 1.8%。

在《中国经济安全展望报告（2022）》中，我们预测的 CPI 累计同比增速与 2022 年的第一、第二季度表现基本符合，这主要是因为 2021 年较

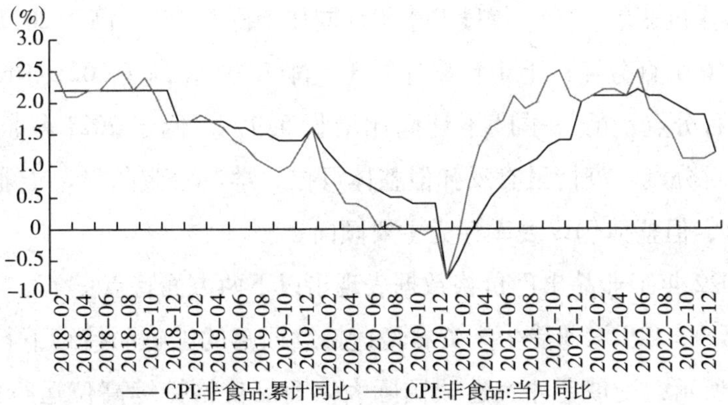

图 1－27 CPI：非食品累计同比和当月同比

数据来源：Wind，北京大学国民经济研究中心。

低的基数效应影响以及未预期冲击较少，但之后在疫情反复、美元加息和俄乌冲突三大利空因素共振影响下，叠加供给冲击和预期转弱，极大地压制了消费需求，同时低估了中央收放储等政策对平抑猪周期波动的影响力度，造成预测值高于实际值，这是导致预测误差存在的主要原因。

（2）工业品出厂价格指数（PPI）

2022 年 PPI 同比增长 4.1%，低于 2021 年增速 4.0 个百分点。受全球大宗商品高位震荡回落的影响，PPI 同比增速呈现高开低走、持续下行的走势特征（见图 1－28）。

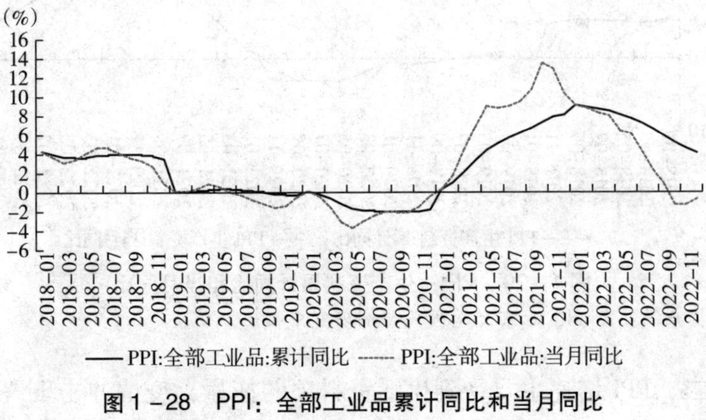

图 1－28 PPI：全部工业品累计同比和当月同比

数据来源：Wind，北京大学国民经济研究中心。

分季度来看，第一季度 PPI 累计同比上涨 8.7%，高于 2021 年同期增速 6.6 个百分点；上半年累计同比上涨 7.7%，高于 2021 年同期增速 2.6 个百分点；前三季度累计同比增长 5.9%，低于 2021 年同期增速 0.8 个百分点。疫情虽有反弹但整体可控，学习效应凸显，工业需求恢复尚可，但整体仍以去库存为主要倾向。

2022 年工业品出厂价格数据表现出以下两方面特点：

第一，PPI 增速受生产资料增速持续回落的影响而持续下行。如图 1－29 所示，受俄乌冲突造成国际大宗商品价格持续高位运行的影响，2022 年第一季度生产资料价格累计同比上涨 11.3%，但之后随着疫情反复影响终端需求加之高基数，生产资料价格增速持续回落，上半年累计同比上涨 9.9%，前三季度累计同比上涨 7.4%，全年累计同比上涨 4.9%。2022 年以来外部俄乌冲突引起大宗商品价格高位运行，内部疫情冲击造成供应链瓶颈，两大因素引发工业生产资料价格增速的高位运行，下行慢于预期。具体来看，全年采掘工业生产资料价格累计同比上涨 16.5%，原材料工业生产资料价格累计同比上涨 10.3%，加工工业生产资料价格累计同比上涨 1.5%。

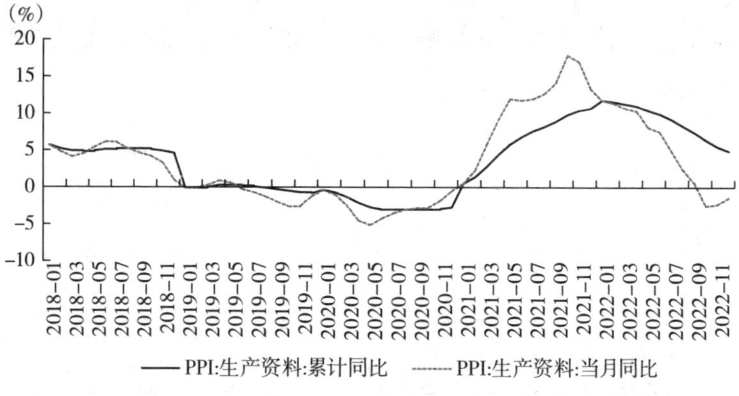

图 1－29　PPI：生产资料累计同比和当月同比

数据来源：Wind，北京大学国民经济研究中心。

第二，PPI 增速主要受到生活资料项的拖累，疫情冲击下终端需求受限，生活资料价格整体增长平稳。受国内保供稳价等政策和下游需求偏温和影响，工业生产在疫情进入常态化防控后持续恢复，保持内生动能，生活资料价格增长平稳，第一季度生活资料价格累计同比上涨 0.9%，上半年累计同比上涨 1.1%，前三季度累计同比上涨 1.3%，全年累计同比上涨 1.5%，如图 1-30 所示。生活资料价格增速有所抬头，主要归因于从能源传导而来的中下游工业成本上升和下游需求逐步恢复，进而导致下游生活资料价格的同比增速上行，全年食品类生活资料价格累计同比上涨 2.7%，而衣着类生活资料价格累计同比上涨 1.8%，一般日用品类价格累计同比上涨 1.6%，耐用消费品类价格累计同比上涨 0.1%（受地产下行影响）。

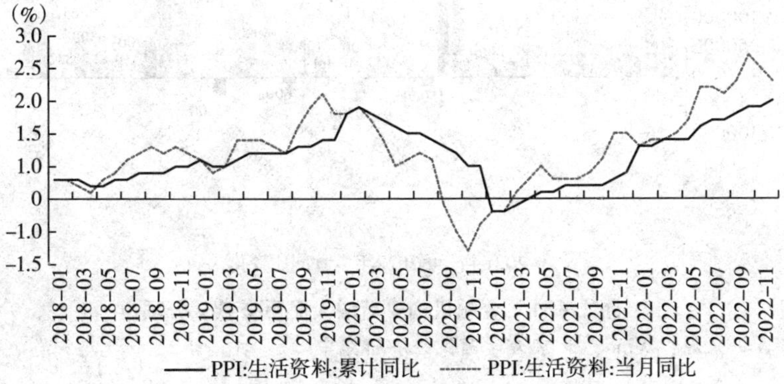

图 1-30　PPI：生活资料累计同比和当月同比

数据来源：Wind，北京大学国民经济研究中心。

在《中国经济安全展望报告（2022）》中，我们预测的 PPI 累计同比增速低于实际结果，主要是未能预期到俄乌冲突等超预期事件对全球大宗商品产生了显著影响，这是预测误差的主要来源。

二、货币金融

（一）人民币贷款

2022 年，全国新增人民币贷款 213096 亿元，同比多增 13634 亿元。其中，短期贷款 41100 亿元，同比多增 13232 亿元；中长期贷款 138100

亿元，同比少增 15000 亿元；票据融资 29600 亿元，同比多增 14600 亿元。分部门看，2022 年，居民户新增人民币贷款 38300 亿元，同比少增 40900 亿元，其中短期贷款 10800 亿元，中长期贷款 27500 亿元，分别同比少增 7600 亿元和 33300 亿元；企事业单位新增人民币贷款 170900 亿元，同比多增 50700 亿元，其中短期贷款 30300 亿元，中长期贷款 110600 亿元，分别同比多增 20832 亿元和 18300 亿元。如图 1－31 所示。

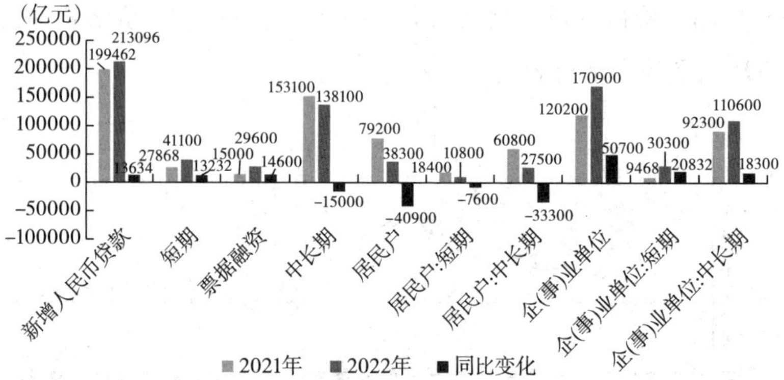

图 1－31　金融机构：新增人民币贷款：分项

数据来源：Wind，北京大学国民经济研究中心。

1. 人民币贷款总量多增，但结构有待进一步改善

2022 年以来，央行进一步加强和完善货币政策调控，一方面通过降准或降利率的方式加大稳健的货币政策实施力度，合理增加流动性，推动企业综合融资成本稳中有降；另一方面发挥结构性货币政策工具作用，如精准设计并用好支农支小再贷款、普惠小微贷款支持工具、碳减排支持工具、煤炭清洁高效利用专项再贷款等结构性工具，创设科技创新、普惠养老、交通物流、设备更新改造四项专项再贷款等，同时用好央行结存利润支持经济的稳增长，共同维持全年信贷规模稳步扩大。

然而，尽管 2022 年信贷规模总量维持正增长，但内部结构并未得到进一步改善。从短期和中长期贷款结构来看，2022 年短期贷款同比

多增 13232 亿元，而中长期贷款却同比少增 15000 亿元，意味着中长期贷款对全年信贷规模总量形成拖累，表明经济长期发展的预期偏弱，内生增长动力不足，如图 1－32、图 1－33 所示。这主要是因为 2022 年第二季度以来国内疫情出现了较大面积的扩散，疫情防控形势进一步升温，相关防控措施导致经济运行减缓，投资需求减弱，同时疫情的发生具有较强的不确定性，导致市场对未来的预期不稳，减少了对长期信贷的需求，转而增加对短期信贷的替代。

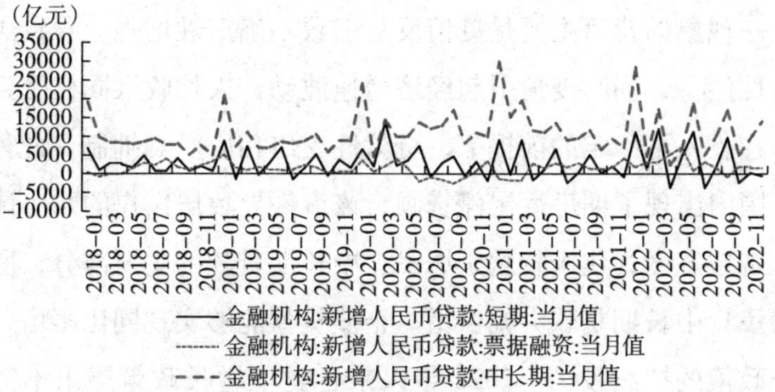

图 1－32　新增人民币贷款：分项：当月值

数据来源：Wind，北京大学国民经济研究中心。

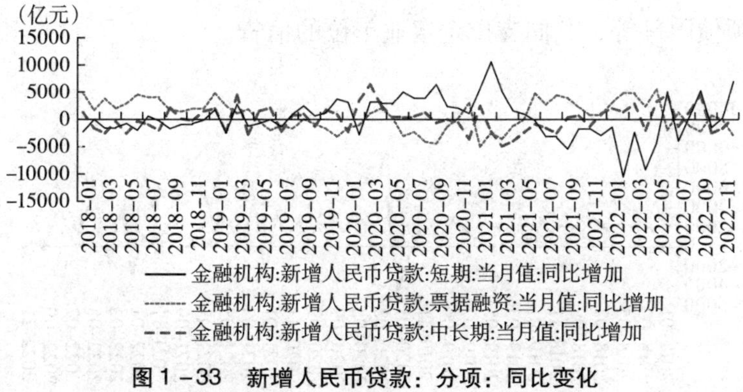

图 1－33　新增人民币贷款：分项：同比变化

数据来源：Wind，北京大学国民经济研究中心。

2. 部门结构差异显著，居民户和企事业单位形成鲜明反差

如图 1－34、图 1－35 所示，2022 年，居民户新增人民币贷款

38300 亿元，同比少增 40900 亿元。企事业单位新增人民币贷款 170900 亿元，同比多增 50700 亿元，表明企事业单位对本年度信贷规模形成支撑，而居民户造成拖累，两者形成鲜明反差。进一步从两者的分项来看，居民户不管是短期贷款还是中长期贷款，均出现了少增，尤其是中长期贷款大幅少增 333000 亿元，超过了上年水平的一半，而企事业单位正好相反，由此显示出居民户信贷在 2022 年全面偏弱，企事业单位仍有支撑。

这一现象的背后主要是疫情反复引致不确定性增强，导致居民户扩大预防性储蓄，同时疫情引起经济增速波动，人均收入同样受到了不利冲击，在收入不稳定的前提下，贷款性支出相应受到抑制。此外，2022 年 7 月国内出现了期房烂尾停贷潮，该事件导致居民户的购房计划推迟或是持观望态度，住房贷款是居民户中长期贷款的主要部分，所以直接导致居民户中长期贷款大幅少增。企业贷款能够实现同比多增，主要是稳增长政策的持续发力。2022 年以来各类稳增长政策层出不穷，例如大规模的留抵退税、上半年的 3.45 万亿元政府专项债、6000 亿元的政策性开放性金融工具、2000 亿元设备更新改造专项再贷款、5000 多亿元专项债限额等，共同支撑企事业单位的信贷。

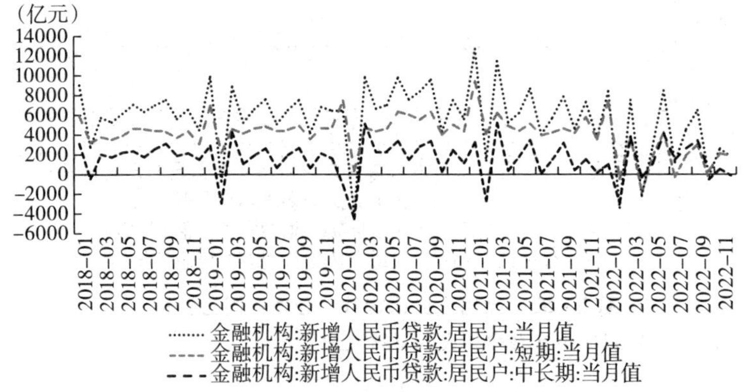

图 1－34　新增人民币贷款：居民户分项：当月值

数据来源：Wind，北京大学国民经济研究中心。

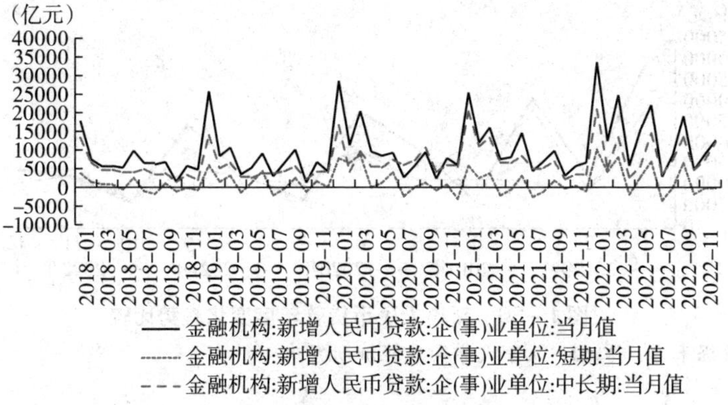

图 1－35　新增人民币贷款：企（事）业单位分项：当月值

数据来源：Wind，北京大学国民经济研究中心。

3. 新增人民币贷款季节性波动显著加剧，超过往年同期水平

2022 年以来，由于整体市场预期偏弱，信贷需求较往年普遍不足，在各类稳增长政策的作用下，季末信贷冲量效应显著，大幅高于往年同期水平，如 3 月、6 月和 9 月，但季初又因上月的透支效应大幅低于往年同期水平，如 4 月、7 月、10 月，如图 1－36 所示。通过计算近 5 年新增人民币贷款的标准差，可以发现新增人民币贷款的标准差呈现逐年扩大的趋势，2022 年是 2018 年的 2 倍多，接近 2019 年的 2 倍，且较 2021 年大幅扩大 49.73%，表明新增人民币贷款月度波动幅度明显逐渐扩大，2022 年已达到近 5 年最高值。这种现象也正好印证了中长期贷款需求的持续偏弱、短期贷款和票据融资成为支撑整体信贷主要分项的情况，如图 1－37 所示。

在《中国经济安全展望报告（2022）》中，我们预测了新增人民币贷款的季度情况，2022 年的实际表现基本符合我们的预期，尽管每个季度的误差基本均在 3000 亿元至 4000 亿元，但整体趋势变化预测一致，这主要是因为 2022 年遭遇了较严峻的疫情冲击，加之市场预期转弱，新增信贷规模受到较大冲击，尤其是房地产市场萎靡，信贷需求偏弱，导致预测值高于实际值。

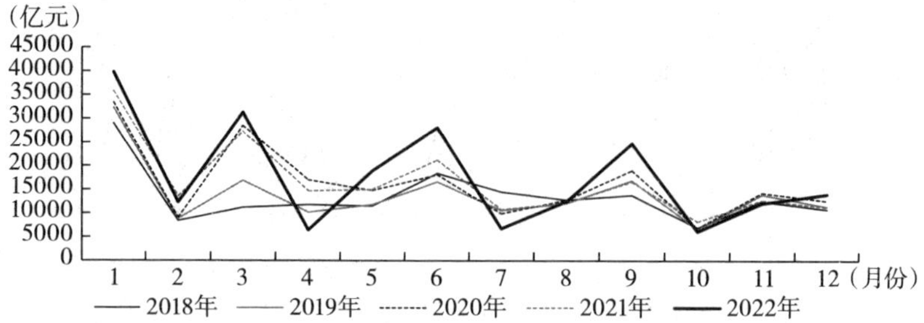

图 1－36　新增人民币贷款年度变化趋势比较

数据来源：Wind，北京大学国民经济研究中心。

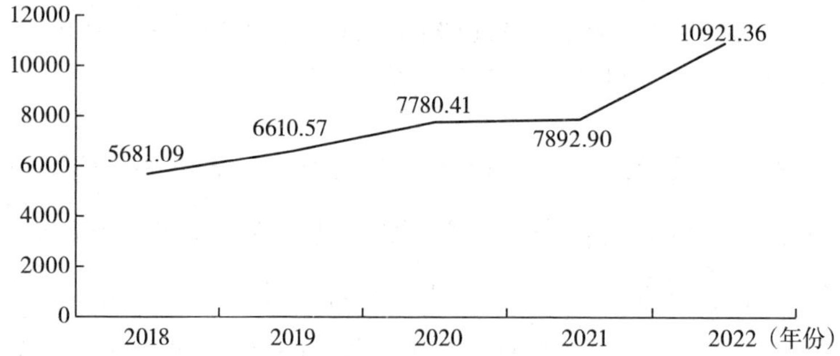

图 1－37　新增人民币贷款标准差

数据来源：Wind，北京大学国民经济研究中心。

（二）M2

2022 年，广义货币（M2）余额 266.43 万亿元，同比增长 11.8%，较上期提高 2.8 个百分点；狭义货币（M1）余额 67.17 万亿元，同比增长 3.7%，较上期提高 0.2 个百分点；流通中的货币（M0）余额 10.47 万亿元，同比增长 15.3%，较上期提高 7.6 个百分点，如图 1－38 所示。

1. 存款活期化平稳波动，M2－M1 增速差显著高于往年

如图 1－39 所示，2022 年，M2 同比增速与 M1 同比增速的差为 8.1%，增速剪刀差较 2021 年提高 2.6 个百分点，表明 2022 年货币存款活期化较 2021 年下降。从 2022 年的整体情况来看，M2 同比增速高位运行的同时 M1 同比增速相对较低，两者之差基本维持在 6% 左右的水平，表明 2022 年以来 M2 的高位增长并没有大幅带来存款的活期化，

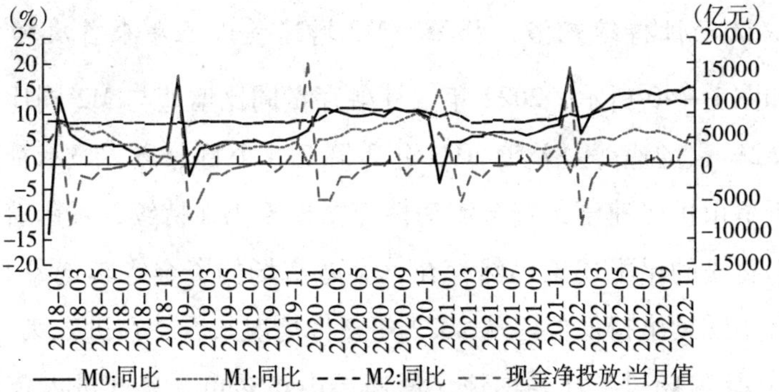

图 1 −38　货币供应量

数据来源：Wind，北京大学国民经济研究中心。

由此反映出不确定性对需求端的影响依然较大。此外，从全年的走势来看，2021 年增速差呈现明显的上升态势，而 2022 年增速差在基数效应下走出了平稳波动态势，表明 2022 年的货币政策较为宽松。例如 2022 年 4 月 25 日央行下调金融机构存款准备金率 0.25 个百分点；1 月 20 日、5 月 20 日、8 月 20 日央行分别对一年期 LPR 和五年期 LPR 进行了不同程度的降息，而且降息步伐明显加快；9 月 30 日央行降低公积金贷款利率，共同推动房贷利率下降，推动实体经济融资成本下行。

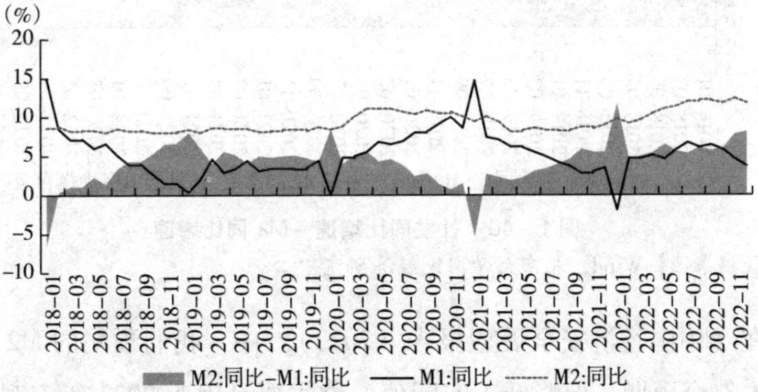

图 1 −39　M2 同比增速 −M1 同比增速

数据来源：Wind，北京大学国民经济研究中心。

2. 流动性持续充裕，社融－M2 增速差近五年来首次转负

如图 1－40 所示，2022 年，社融存量同比增速与 M2 同比增速的差为－2.2%，增速剪刀差较 2021 年下降 3.5 个百分点，显示社融扩张速度弱于货币扩张速度，资金流动性充裕现象仍在持续，预示着信贷需求和货币宽松的错配现象仍然存在，金融市场的资金空转现象并未好转，利率有望继续维持低位。从 2022 年整体情况来看，在进入第二季度后，M2 同比增速超过了社融增速，增速差由正转负，从此进入负值区域并持续到现在，这是两者增速差近 5 年来首次转负。从增速差转负的时间点来看，正好是 2022 年上海大规模暴发疫情的时候。相较于 2021 年，2022 年疫情的影响出现了一定程度的加剧，长期以来的不确定性导致市场预期普遍偏弱，市场融资需求由此下行，在宽松的货币政策背景下，增速差出现了负值。

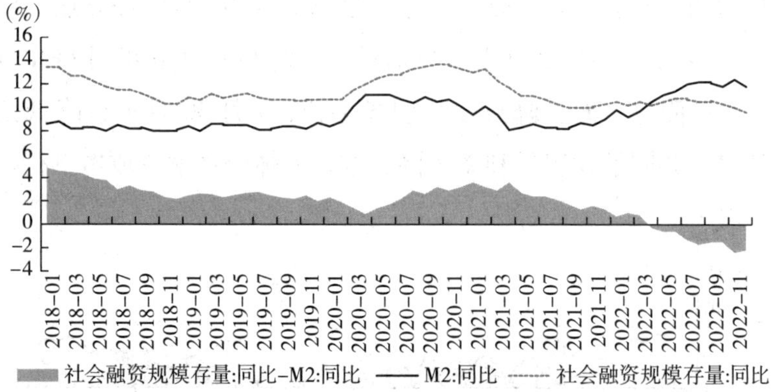

图 1－40　社融同比增速－M2 同比增速

数据来源：Wind，北京大学国民经济研究中心。

在《中国经济安全展望报告（2022）》中，我们预测的 M2 同比增速基本符合预期，但略低于实际值。这主要是因为 2022 年宏观经济受到国内疫情大面积反复、美元加息等国内外不利因素影响，稳增长政策持续加码，超出了上年的预期，导致预测值略低于实际值。

（三）人民币汇率

2022年人民币汇率的整体走势主要受美元持续走强的影响，呈现整体回落态势，国内疫情扰动、美联储持续加息和国内坚持稳健货币政策，形成对人民币汇率的压制，中国人民银行陆续出台相关政策，稳定汇率市场信心，防止人民币暴涨暴跌，整体来看在美元持续强势、主要货币持续走弱的情况下，人民币仍能维持相对稳定，但后续人民币的下行压力将继续存在。

2022年1月和2月，中国出口数据超市场预期，贸易顺差以及年底和春节假期带来较高结汇需求，同时中国经济发展韧性持续，在经济基本面上为人民币提供支撑。国内货币政策稳中趋松；中美关系延续紧张状态，美国宣布对北京冬奥会“外交抵制”，美国商务部将33家中国实体列入出口管制“未经验证清单”；美联储年内首次议息会议释放“鹰派”信号，表示加息空间很大，2月美国通胀指标再度超出市场预期，美联储启动加息变得刻不容缓，叠加俄乌地缘冲突升级，市场避险情绪提升，美元指数震荡走强，对人民币产生一定压制。在这些因素的共同作用下，人民币汇率整体呈现震荡走势，波动幅度不大。

2022年3月，受到中概股普跌、外资对人民币资产信心衰退、美联储加息靴子落地、1—2月经济数据超预期、奥密克戎变种病毒蔓延等主要因素的接连影响，人民币汇率月初一度险些跌破6.40关口，月中小幅上涨，月末下跌，振幅进一步扩大。

2022年4月，奥密克戎变种病毒持续蔓延，上海、北京、广州等经济中心疫情防控承受不同程度的压力，出口和汇率下行压力较大，人民币总体呈现下跌趋势，离岸人民币汇率和在岸人民币中间价跌破6.6关口。为防止汇率进一步大跌，4月25日，中国人民银行发布消息，为提升金融机构外汇资金运用能力，决定自2022年5月15日起，下调金融机构外汇存款准备金率1个百分点，即外汇存款准备金率由现行的9%下调至8%。这是央行首次下调外汇存款准备金率。

2022年5月，受到国内多地疫情出现反复、中美利差倒挂、出口继续回落、经济下行压力较大、国际地缘冲突持续等因素影响，人民币汇率在上中旬呈现震荡下跌，下旬国务院常务会议、稳住经济大盘电视电话会陆续召开，政策端继续发力，支出和发债速度提升，扩投资与稳主体并重，稳增长政策继续升温，助力国内经济基本面恢复，人民币汇率在该月下旬有所回升，整体还是呈现下跌趋势。

进入6月后，国内疫情得到控制，复工复产稳步推进，叠加稳增长、稳外贸政策持续发力，经济基本面持续修复，国内疫情扰动减轻，出口保持景气增长，对6月汇率形成支撑；同时外资对人民币资产信心走弱、中美利差倒挂、国际地缘冲突持续等因素引致人民币总体呈现双向宽幅波动态势。

7月主要受美元指数走强影响，人民币汇率整体走弱。在加息预期下美元指数持续走强，7月中旬美元创下历史新高，下旬受美联储加息靴子落地和美国经济数据不好的影响，美元指数触顶后有所回落，但整体维持在高位震荡，人民币仍然承压。国内经济基本面持续稳中向好，复工复产稳步推进，叠加一系列促消费、稳投资、保外贸政策加码发力，产业链完整性和物流链畅通性彰显韧性，出口预期保持良好，对7月汇率形成支撑，在美元强势的情况下，人民币仍保持稳定。

8月主要受美元指数走强和国内超预期降息的影响，人民币汇率整体走弱。8月5日央行超预期调降LPR利率，8月26日美联储主席鲍威尔在欧洲央行年会上发表讲话，表达抑制高通胀的坚定决心，美联储后续加息预期增强，叠加欧元疲软，美元指数保持强势，人民币贬值压力增大，致使8月中下旬起人民币走弱幅度增大。

9月受美元指数走强和避险需求上升的影响，人民币汇率整体走弱。其中，离岸和在岸人民币汇率分别于9月15日、9月16日突破7.0关口，均于9月22日突破7.1关口，在岸人民币于9月28日突破7.2关口、9月30日收复7.1关口。9月中下旬起人民币走弱幅度增大，主要原因在于 9 月美国经济整体表现不弱，CPI 数据超市场预期，使得美联储强势加息 75 个基点，并增强美联储后续加息预期，叠加国内外需求偏弱、美元指数持续走强创历史新高，人民币贬值压力增大。而 9 月 30 日人民币汇率大涨主要得益于一系列稳汇率政策发挥作用以及日本、英国等国政府对汇率进行“干预”。

10 月人民币汇率整体走弱，其中离岸和在岸人民币汇率分别于 10 月 16 日、10 月 17 日突破 7.2 关口，分别于 10 月 24 日和 10 月 25 日接连突破 7.3 关口，并均于 10 月 26 日收复 7.3 关口。10 月公布的 9 月美国 CPI 数据超出市场预期，推高美联储未来连续大幅加息的预期，叠加国内和国外需求均偏弱、美元指数保持高位震荡，人民币仍存在较大贬值压力。但中国人民银行及时出手对外汇市场进行干预，10 月 25 日，中国人民银行和外汇管理局宣布将企业和金融机构的跨境融资宏观审慎调节参数从 1 上调至 1.25，一定程度上稳定了人民币汇率。

受疫情政策优化和美联储加息预期放缓影响，11 月和 12 月人民币汇率稳中有升。其中 11 月 11 日人民币汇率大幅反弹，在岸人民币收复 7.2 关口，离岸人民币分别于 10 日和 11 日收复 7.2 和 7.1 关口；在岸人民币于 12 月 5 日短暂收复 7.0 关口，于 6 日跌破 7.0 关口，并于 12 月 7 日再度收复 7.0 关口，离岸人民币于 12 月 5 日收复 7.0 关口。美国 10 月和 11 月 CPI 均有所回落，低于市场预期，10 月 CPI 同比上涨 7.7%，低于预期的 7.9%，较 9 月回落 0.5 个百分点；11 月 CPI 同比上涨 7.1%，低于预期的 7.3%，较 10 月回落 0.6 个百分点。美国通胀压力处于下行通道，这使得市场加强美联储放缓加息节奏的预期，导致 11 月和 12 月美元指数稳中有降，从而减轻对人民币相应的压制。国内疫情防控政策逐渐优化，大幅强化资本市场信心。11 月 11 日，国务院发布了《关于进一步优化新冠肺炎疫情防控措施，科学精准做好防控工作的通知》，提出二十条防疫措施新规定，强化国内外投资者对中国未来经济复苏的信心。12 月 7 日，国务院联防联控机制综合组发布

《关于进一步优化落实新冠肺炎疫情防控措施的通知》，“新十条”在部分关键问题上进行了新的改进，极大提振市场信心，促使北向资金持续流入，对人民币形成支撑。

图 1－41 为人民币三大汇率走势图。

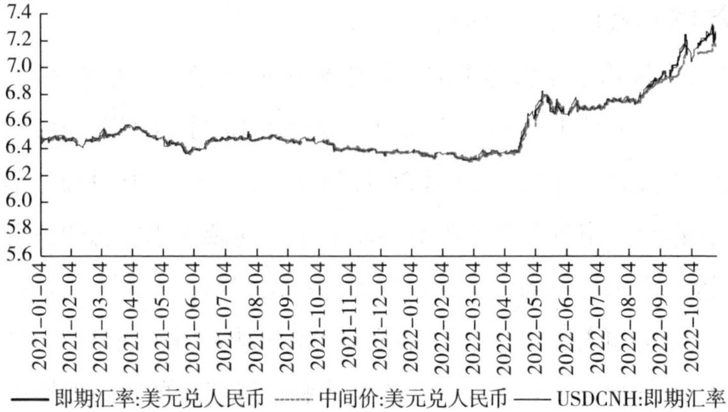

图 1－41　人民币三大汇率走势图

数据来源：Wind，北京大学国民经济研究中心。

三、总结

本章从实体经济和货币金融两个方面回顾了 2022 年中国宏观经济运行情况，并对《中国经济安全展望报告（2022）》中的预测结果进行了误差分析。实体经济方面，尽管国内疫情反复扰动及国际环境面临挑战对宏观经济造成较大冲击，但密集出台的稳增长政策效果持续显现，经济基本面在第二季度跌入低谷后开始稳步恢复。价格方面，CPI 在猪周期反转、疫情散点式反复和低基数效应等因素的影响下同比增速中枢表现出明显上移，呈现低开高走、逐月抬升的走势特征；PPI 受全球大宗商品价格高位回落、疫情带来的供给冲击、市场预期转弱和消费需求相对收缩等因素的影响同比增速中枢表现出明显下移，呈现高开低走、持续下行的走势特征。货币金融方面，人民币贷款总量稳步多增，但贷款结构和部门结构差异显著，并表现出季节性波动加剧的特征；M2 总量平稳增长，存款活期化平稳波动但显著高于往年，而且资金流动性持续充裕；汇率方面，在美元持续强势、主要货币保持走弱的情况下，人民币也有所贬值。

第二章　2023 年影响中国经济的因素

2023 年，中国宏观经济将面临多方面因素的影响。随着人口峰值的到来，全国总人口步入下降阶段，人口结构发生重大变化，劳动力人口下滑和老龄化问题日益凸显俨然成为影响未来经济发展的重要因素。与此同时，为应对长达三年之久的疫情，中国积极落实了一系列稳增长政策，这些政策措施的后续影响以及 2023 年疫情的走向仍需重点关注，尤其是市场对未来预期的转变，一定程度影响 2023 年经济的内生增长动力。此外，国际政治形势和经济形势变化仍存在较大的不确定性，未来地缘政治冲突和全球经济复苏乏力也都将对中国经济造成扰动。为此，本章将详细阐述全国总人口减少、劳动力人口下滑、新冠疫情走向、市场预期转变、前期政策的影响、国际政治形势变化以及国际经济形势变化七个因素对 2023 年中国经济的影响。

一、全国总人口减少

根据国家统计局公布的数据，自 2000 年以来中国总人口的年增长数量持续低于 1000 万人，人口增长趋势显著放缓，尤其是在 2016 年之后人口增长急剧下滑。从 2021 年的数据来看，中国全国人口为 141260 万人，比 2020 年末增加 48 万人；全年出生人口 1062 万人，比 2020 年减少 140 万人；死亡人口 1014 万人，比 2020 年增加 16 万人。人口出生率为 7. 52‰，比 2020 年下降 1. 00 个千分点；人口死亡率为 7. 18‰，同比微升 0. 11 个千分点。2022 年，中国全国人口为 141175 万人，比

2021 年减少 85 万人，数据表明人口峰值已现。如图 2－1 所示。

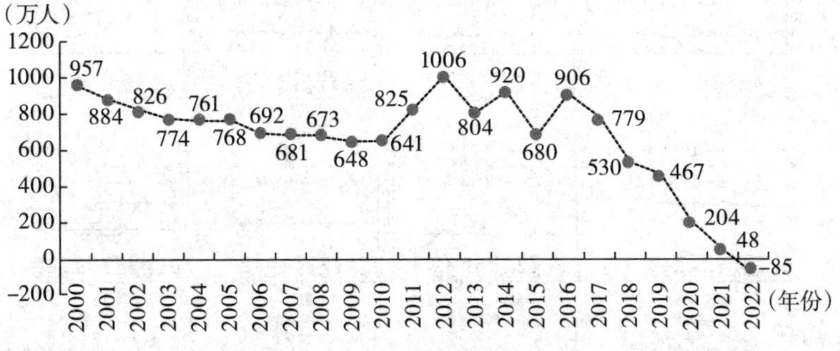

图 2－1　2000—2022 年全国总人口增量变化趋势

数据来源：Wind，北京大学国民经济研究中心。

进一步从各省份的情况来看，在人口出生率方面，2021 年共有 4 个省份超过了 1% 即千分之十，分别是西藏、贵州、宁夏和青海，均来自西部地区；有 5 个省份人口出生率超过了 9‰，分别是海南、广西、甘肃、广东和云南；江西、福建、安徽和河南出生率达到或超过 8‰；此外，陕西出生率也超过 7.52‰的全国平均水平。换言之，2021 年共有 14 个省份出生率高于全国平均水平。

从人口自然增长率来看，全国共有 13 个省份 2021 年人口自然增长率为负，分别是黑龙江、辽宁、吉林、四川、重庆、内蒙古、湖南、江苏、天津、上海、湖北、河北、山西。从区域分布来看，主要来自东北、华北、中部、西南的川渝地区。此外，山东和安徽这两个省份也在人口自然负增长的边缘。在人口自然增长率为负的 13 个省份中，至少江苏、湖北、湖南、内蒙古、山西、天津近几十年来人口自然增长率为首次转负。

图 2－2 为 2021 年全国 31 个省份人口增长情况。

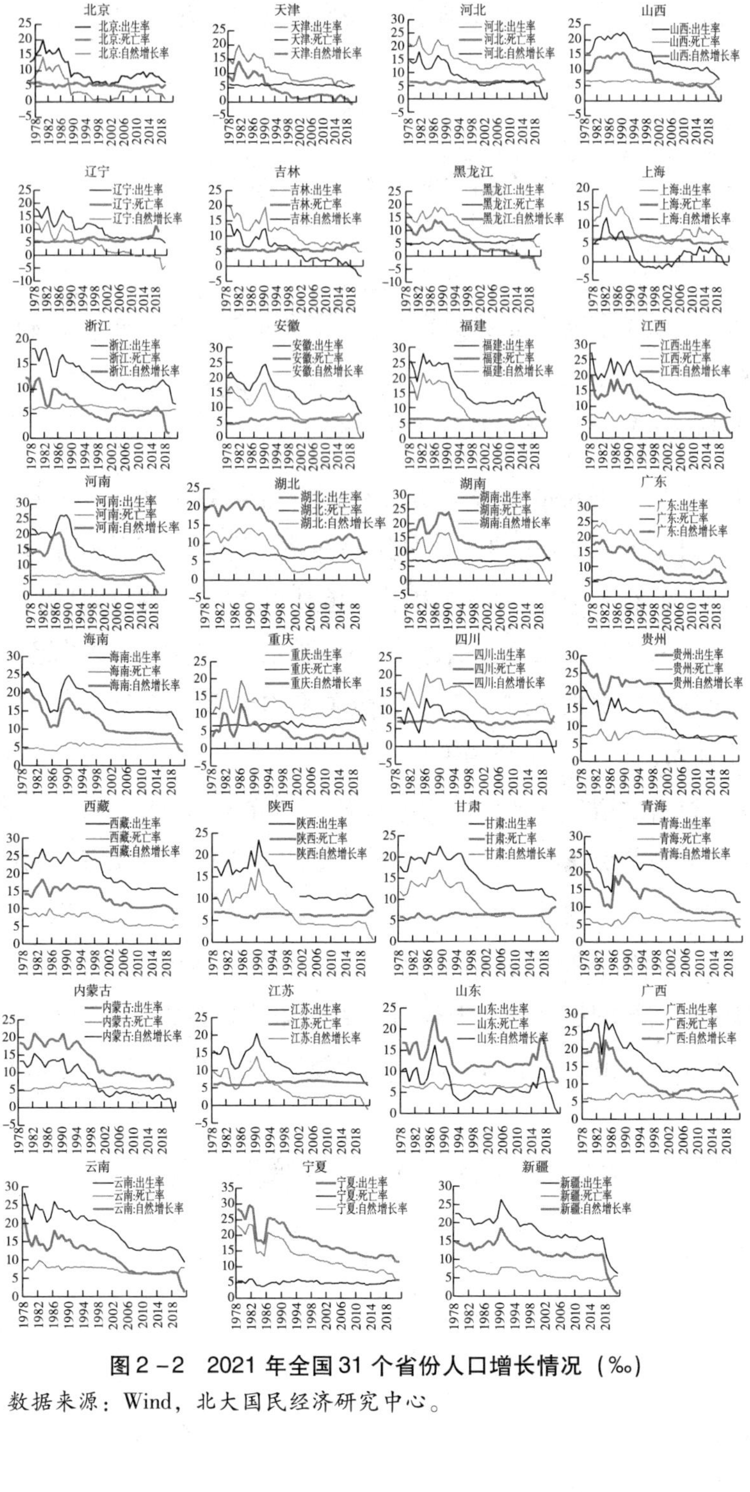

图2-2　2021年全国31个省份人口增长情况（‰）

数据来源：Wind，北大国民经济研究中心。

可见，不管是从国家层面还是地区层面，人口自然增长率均面临严峻的形势，全国总人口减少趋势已然形成。

二、劳动力人口下滑

改革开放以来，中国人口红利释放，经济实现了高速增长，充足的劳动力始终是中国经济增长的重要源泉，但随着人口出生率的持续下滑，中国的人口年龄结构发生了深刻改变：一是随着退休高峰的到来和新增劳动力的逐渐减少，劳动年龄人口将持续加速减少；二是人口年龄结构将逐渐深度老龄化。

人口峰值的到来也将伴随着日益严重的人口老龄化，随之而来的是劳动力年龄老化。中国自 2000 年初步入老龄化社会以来，人口老龄化程度日益加深，中国的老年抚养比从 2000 的 9.9% 上升到了 2021 年的 20.8%，与此相伴随的便是劳动力数量的下滑。此外，1962 年是中国三年自然灾害结束后历史上出生人口最多的年份，出现了一大波婴儿潮，对后续的经济影响也是巨大的。随着 20 世纪 60 年代出生的人逐渐步入老龄，老龄化程度将进一步加深，与之相对的则是劳动力占比将进一步下滑。根据中国的实际情况，我们将 20 ~ 59 岁年龄人口作为劳动人口进行分析，2020 年以后的数据由推算得出，比如 2020 年时 20 ~ 24 岁人口数约等于 2015 年时 15 ~ 19 岁人口数，以此类推，推算出 2020—2039 年的劳动力人口数量（部分数据缺失是因为 2010 年统计数据缺失）。从数据可以看出，2023 年比 2022 年劳动力数量减少 1700 万左右，未来也将延续缩减趋势。人口峰值的到来将直接导致劳动力供给减少与人口老龄化的程度加深并存，中国劳动力供给不足和养老负担日益加重已经是一个不争的事实。因此，人口老龄化及劳动力急剧下滑势必会影响中国中长期经济增长。图 2 - 3 为全国劳动力人口数量。

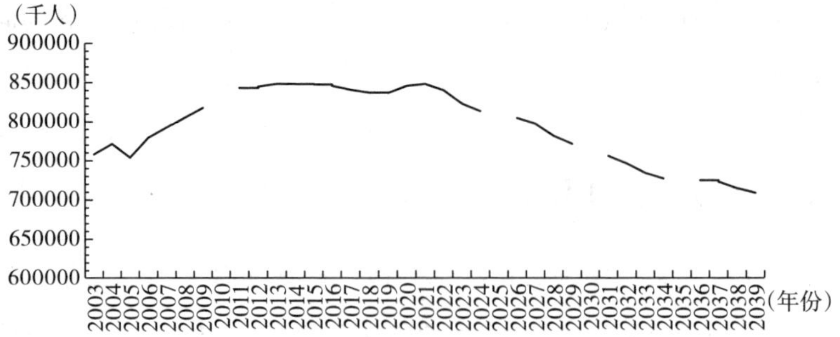

图 2－3　全国劳动力人口数量

注：图中 2010 年数据缺失是因为当年统计数据缺失，而 2025 年及以后部分数据缺失是因为该部分数据是基于 2010 年数据推算得出的。

数据来源：根据国家统计局数据计算得出。

三、新冠疫情走向

2022 年 11 月以来，疫情防控政策逐步转向。2022 年 12 月 8 日，国务院联防联控机制进一步出台了十条疫情防控优化措施，包括制定具体的落实举措、精准划定高风险区、优化核酸检测、调整隔离方式、按规定取消查验核酸阴性证明、取消健康码和行程码等；2022 年中央经济工作会议再次提出要优化调整疫情防控政策，加强统筹衔接，有序组织实施，顺利度过流行期，确保平稳过渡和社会秩序稳定。短期来看，宽松的防疫政策会使新冠疫情迎来一次集中暴发，对消费产生一定的扰动，从而给经济增长带来负面冲击。长期来看，消费复苏是大势所趋，经济有望加速恢复。

具体来看，随着疫情逐渐常态化，大众会理性地面对病毒、科学地预防和治疗病毒，居民恐惧心理的消失叠加疫情防控政策的全面放开，前期由于接触风险和社交半径缩小抑制的消费需求将会迅速释放，以旅游、餐饮、娱乐为主的服务类消费将逐步回归常态，促使消费迅速恢复。另外，一方面，疫情的不确定性下降会使居民逐步恢复对就业、收入及消费意愿的信心，促使居民边际消费倾向回升，同时此前 3 年积累的超额储蓄或将转化为消费，进一步加快消费复苏，助力经济增长。另一方面，市场预期将转好，有利于加快民间投资增速，经济不确定性显著下降，企业投资观望情绪或将大幅减退，有利于财政、货币政策效应的提高，支撑经济增长。

四、市场预期转变

2022 年以来，国内疫情反复，分别在第二季度和第四季度对经济产生了较大影响，尽管疫情冲击对实体经济的影响相较于 2020 年可比时期已经大幅减弱，但是开发商融资收紧导致房地产行业整体下行超出市场预期，也使得中国宏观经济恢复运行依然普遍低于市场预期。官方数据显示，2022 年前三季度，按不变价格计算，中国 GDP 同比增长 3.0%，两年平均增长 6.3%。分季度看，第一季度同比增长 4.8%，两年平均增长 11.3%；第二季度同比增长 0.4%，两年平均增长 4.1%；第三季度同比增长 3.9%，两年平均增长 4.4%。可见，经济增速整体逐季回落明显，并在第二季度受疫情影响较大。而且从两年平均增速来看，也低于 2019 年的季度增速，预示着中国经济自进入新常态以来的下行趋势并未得到显著改变，长期的这种经济运行态势已经在市场上达成共识，导致 2022 年市场对中国经济增长的整体预期较弱。

然而 2023 年随着国内疫情逐渐转好，国外欧美经济衰退的可能支撑加息放缓的预期以及德国率先访华反映外部环境转好的可能，市场主体对 2023 年的经济预期或将从低谷回升，逐渐转好。从中长期经济发展目标看，第十九届五中全会通过了《中共中央关于制定国民经济和社会发展第十四个五年规划和二〇三五年远景目标的建议》，建议中对 2035 年远景目标作了定性描述：到 2035 年，我国“人均国内生产总值达到中等发达国家水平”。中共中央总书记习近平在《关于〈中共中央关于制定国民经济和社会发展第十四个五年规划和二〇三五年远景目标的建议〉的说明》中指出，“十四五”末达到现行的高收入国家标准、到2035年实现经济总量或人均收入翻一番是完全有可能的。在这样的一个经济发展目标下，到2035年人均GDP翻一番，要求未来15年GDP实际增速年均达到4.8%以上，这可以作为一个基准考虑未来15年保障经济在合理区间的底线速度。考虑到一般的经济运行普遍规律——在基数抬高的过程中，速度的重心会往下落，因此"十四五"的速度重心比"十五五""十六五"高，因而"十四五"政府经济发展目标的速度重心在5.5%～6%，"十五五"落到5%～5.5%，"十六五"落到4.5%～5.0%，这样15年算总账，年均增长速度即可接近5%。但是目前"十四五"开局，2020年和2021年两年复合增长率较2019年增长了5.2%，2022年前三季度是3.0%，因而政府为了将经济运行维护在合理区间，在2023年需要加大财政货币政策的支持力度，助力经济复苏，以利于改善市场预期。

预期转好对宏观经济的影响主要表现为投资、消费和就业的改善。从企业角度而言，随着经济复苏信心向好，企业会逐渐提升对未来投资的支出并增加劳动雇佣。从个人角度而言，由于疫情转好和个人可支配收入预期的改善，个人可能会逐渐减少预防性储蓄并增加可选消费支出。因此预期转好对实体经济的影响主要表现为投资、消费和就业的改善，从而在供给和需求两端同时出现扩张的状态。

五、前期政策的影响

2022年在稳增长要求下，财政政策持续发力。2022年专项债券发行起步较早，新增专项债券额度在3月已经全部下达，截至2022年6月，各地发行用于项目建设的新增专项债券3.41万亿元，占新增专项债券总额（3.65万亿元）的93%左右，相比往年提前了2～5个月；为了支持地方政府用足用好专项债务限额，中央要求依法用好5000多亿元专项债地方结存限额，并在10月底前发行完毕，截至10月末，全国发行新增地方政府债券4.7万亿元，其中专项债券约4万亿元，发行规模创历史新高，导致地方政府债务率或突破 120% 的警戒线，债务付息压力不断增大，2023 年地方政府加杠杆空间受限。除专项债和专项债限额的使用外，2022 年 6—8 月政策性、开发性金融工具等增量财政政策接连落地，先后有 8000 亿元政策性银行信贷额度、3000 亿元政策性金融工具、接续 3000 多亿元政策性金融工具。另外，为了支撑制造业投资高速增长，2022 年还实施了大规模留抵退税政策，退税规模在 2 万亿元以上，超过前三年总和，叠加房地产市场下行、土地出让收入大幅下降，导致财政收入下降。财政支出压力不断加大，收入却在下降，收支矛盾进一步加剧，2023 年财政结余资金较往年有限，然而 2023 年中央经济工作会议提出积极的财政政策要加力提效，重点强调了“积极、加力”，这意味着要保障财政政策力度，2023 年政府赤字率有可能进一步提高，同时政府又强调在有效支持高质量发展中保障财政可持续和地方政府债务风险可控，表明财政政策将更加注重精准提效。

在国内疫情扰动、美联储持续加息的背景下，为了稳增长，2022 年中国始终实施稳健偏松的货币政策，先后实施了 3 次降息、2 次降准。2022 年 1 月 17 日，中期借贷便利（MLF）操作和公开市场逆回购操作的中标利率均下降 10 个基点；5 月 20 日，5 年期贷款市场报价利率（LPR）下调 15 个基点至 4.45%，1 年期 LPR 维持不变在 3.70%；8 月 22 日，同时下调 1 年期和 5 年期 LPR，1 年期 LPR 为 3.65%，较之前下调 5 个基点，5 年期 LPR 降至 4.30%，较之前下调 15 个基点。2022 年 4 月 15 日，央行决定于 2022 年 4 月 25 日下调金融机构存款准备金率 0.25 个百分点（不含已执行 5% 存款准备金率的金融机构）；2022 年 11 月 25 日，央行再次决定于 2022 年 12 月 5 日下调金融机构存款准备金率 0.25 个百分点。一方面，货币宽松和信贷需求的错配使得金融市场资金空转现象一直存在；另一方面，降准降息空间进一步压缩，2023 年中央经济工作会议强调货币政策要稳健、精准有力，保持流动性合理充裕，大水漫灌的概率大幅降低，预计 2023 年央行会有一定幅度的降准降息，但在频率和幅度上会更加谨慎，且针对行业定向降准降息的可能性较大。

六、国际政治形势变化

2018 年以来，中美两国关系持续处于紧张状态，金融摩擦不断，未来有可能在局部达成缓和，但无法从根本上改变两国间战略分歧。自 2021 年年末起，美国、澳大利亚、加拿大等国陆续宣布“外交抵制”北京冬奥会。2022 年 3 月 11 日，美国证监会发布消息，依据《外国公司问责法》认定五家在美上市的中概股公司为有退市风险的“相关发行人”；此后，美国监管部门多次分批将多家中概股公司列入“预摘牌”名单。8 月 4 日，佩洛西访台对中美关系造成巨大冲击，中美关系进入紧张时刻。9 月 14 日，美国国会参议院外交委员会以 17：5 的投票结果初审通过了所谓“2022 年台湾政策法案”，旨在改变过去 40 年对华政策，中美关系紧张延续。10 月 7 日，以维护国家安全为由，美国商务部工业和安全局（BIS）公布一系列管制措施，从多个方面严格对中国的半导体出口管制，旨在加强对中国高端芯片产业发展的限制。预计 2023 年中美关系仍面临严峻挑战，这将对中国经济产生一定的负面影响，由于美国是中国主要贸易合作国之一，两者关系恶化对中国对外贸易负面影响尤其大。

俄乌冲突的逐渐扩大或将影响世界格局的重塑。俄罗斯和乌克兰都是全球粮食生产和出口大国，俄乌冲突导致粮食减产、海运受到限制以及粮食贸易成本提高，最终将降低粮食供给，推高全球粮食价格。同时，俄罗斯是全球第二大原油出口国，是欧洲最大的天然气供应国，俄乌冲突和美欧制裁持续推高全球能源价格。俄乌冲突可能对中国的能源安全和粮食安全带来一定隐患；在目前的国际政治格局下，也可能对中国的油气供应产生正面影响。同时，俄乌冲突也使得中欧班列受阻，影响中欧贸易和“一带一路”合作，给中国对外贸易带来不利影响。

七、国际经济形势变化

全球经济复苏乏力，中国主要合作伙伴的经济发展前景偏弱，根据 IMF 于 2022 年 10 月发布的《世界经济展望报告》，IMF 下调了 2023 年全球 GDP 增长预期，预计 2023 年全球 GDP 将增长 2.7%，相比于 7 月预测值下调 0.2 个百分点，其中 IMF 下调了欧元区、英国和拉美 2023 年 GDP 预期。报告指出全球经济前景面临巨大下行风险，未来会出现更多的经济冲击，2023 年的情况会显著恶化。同时，持续高位运行的通胀压力促使各国央行不断收紧货币政策，居民消费需求持续受到抑制，从而给经济带来较大负面影响，中国对外贸易可能将在未来很长一段时间内持续受到全球需求收紧的影响。

美国方面，2022 年 11 月美国 Markit 制造业 PMI 初值录得 47.6%，前值为 50.4%，首次降至枯荣线以下；美国服务业 PMI 初值录得 46.1%，前值为 47.8%，自 7 月起连续 5 个月位于荣枯线以下。美国密歇根大学公布的数据显示，美国消费者信心大幅下降，美国 11 月消费者信心指数终值为 56.8，低于前值 59.9；消费者预期指数为 55.6，低于前值 56.2。11 月 16 日，摩根大通的经济学家 Michael Feroli 和 Daniel Silver 预计，美联储将在 2024 年开始降息，在此之前可能超过 100 万美国人由于加息而失业，而美国 2023 年也将进入“温和”衰退。

欧洲方面，未完全解决的能源问题和高位运行的通货膨胀是影响未来欧洲经济的重要不利因素，11 月欧元区制造业 PMI 初值录得 47.3%，前值为 46.4%，自 7 月起连续 5 个月位于荣枯线以下；欧元区服务业 PMI 初值录得 48.6%，前值为 48.6%，自 8 月起连续 4 个月低于荣枯线；10 月，欧元区 CPI 为 10.6%，高于前值 9.9%。根据欧盟统计局公布的数据，第三季度欧元区国家 GDP 同比增长 2.1%，较前值 4.3% 大幅回落；环比增长 0.2%，较前值 0.8% 大幅下降。11 月 11 日，欧盟委员会发布 2022 年秋季经济预测报告，预计 2023 年欧盟和欧元区 GDP 均增长 0.3%，报告指出在不确定性增加、能源价格高企、家庭购买力受压、信贷条件收缩等因素的影响下，欧盟经济预计在 2022 年第四季度陷入衰退，2023 年第一季度经济活动将继续萎缩。

东盟方面，东盟国家或将是 2023 年全球经济增长的亮点，作为中国外贸第一大伙伴，未来将对中国进出口贸易形成支撑。10 月东盟国家制造业 PMI 为 51.6，低于前值 53.5，连续 13 个月位于荣枯线之上。2022 年 10 月，东盟与中日韩宏观经济研究办公室（AMRO）发布最新的《东盟与中日韩区域经济展望季度更新报告》，报告指出东盟国内需求持续复苏，经济重新开放的势头进一步增强，但未来经济增长所面临的不确定性风险增强，包括全球主要经济体增长速度放缓、美联储持续加息、能源危机加剧、新冠疫情不确定性增加等，因而将 2023 年东盟经济增长率由 7 月预测值 5.2% 下调至 4.9%。

八、总结

综合以上七大因素的影响分析，本章认为全国总人口减少会从供需两端拖累中国的经济增长，劳动力人口下滑会制约潜在增长率，疫情放开势必有利于经济发展，但若长期存在则经济仍将面临较大压力，市场预期的转变有利于供需两端的扩张，国际政治形势和经济形势仍旧充满着不确定性，对未来中国经济的发展有利有弊。

第三章　2023 年中国总需求的自然走势

2022 年中国总需求的恢复进程在疫情反复的扰动下整体偏弱，消费、投资和进出口同比增速均呈现下降的趋势，个别月份甚至出现了负增长，其中消费受疫情多点散发、局部规模性反弹的影响表现出急降缓升的走势，投资在高基数效应的影响下呈现逐步下滑企稳的趋势，进出口在国内疫情扰动、全球经济复苏乏力等因素影响下同比增速逐季降低，低位运行。那么，结合第二章对 2023 年影响中国经济主要因素的详细阐述，2023 年中国总需求的自然走势将会如何？是否会恢复至潜在增长率水平，抑或是长期处于恢复状态而低位徘徊？本章将分别从消费、投资和进出口三个方面做出预判。

一、消费

综合拉升和压低因素，与 2022 年社会消费品零售总额同比增速相比，预计 2023 年社会消费品零售总额的自然同比增速会逐步走高，然后趋于平稳。

从拉升因素看：

第一，低基数效应。伴随着新一轮疫情的扩散，2022 年全年社会消费品零售总额增速一直处于低位，对 2023 年形成了低基数效应。预计 2023 年社会消费品零售总额增速将明显高于 2022 年同期值，其中低基数效应对拉高消费增速的贡献率大概为 40%。

第二，以餐饮、旅游、娱乐为主的服务业消费加快恢复。随着疫情防控进一步优化落实，疫情将逐步得到有效控制，大众会理性地面对病毒，科学地预防和治疗病毒，随着居民恐惧心理的消失叠加疫情防控政策的全面放开，前期由于接触风险和社交半径缩小抑制的消费需求将会迅速释放，服务类消费将逐步回归常态。此外疫情好转为进一步人口流动创造了条件，未来国际旅游有望逐步恢复，从而对消费加快恢复起到较好的支撑作用。

第三，随着商品零售渠道多样化发展以及县乡基础设施不断完善，线上消费对消费增长的贡献率不断提升。随着直播带货等零售新业态日益壮大，县乡物流体系等新型消费基础设施和服务保障能力建设不断完善，疫情冲击倒逼零售及餐饮企业不断开拓线上业务，加快发展网络销售、外卖送餐等无接触服务，使得线上消费市场的深度和广度不断得到拓展，其对消费增长的贡献率将逐步提升。

第四，政策推动因素。2022 年 3 月，政府工作报告提出要推动消费持续恢复，具体包括多渠道促进居民增收，完善收入分配制度，提升消费能力；推动线上线下消费深度融合，促进生活服务消费恢复，发展消费新业态新模式；继续支持新能源汽车消费，鼓励地方开展绿色智能家电下乡和以旧换新等。2022 年 4 月 25 日，国务院办公厅发布《关于进一步释放消费潜力促进消费持续恢复的意见》，提出五大方面 20 项重点举措，协同发力、远近兼顾，综合施策释放消费潜力，着力稳住消费基本盘。2022 年 7 月 7 日，商务部等 17 部门从 6 方面推出 12 条举措，进一步搞活汽车流通、扩大汽车消费，助力稳定经济基本盘和保障改善民生。2022 年 9 月 26 日，财政部、税务总局、工业和信息化部发布《关于延续新能源汽车免征车辆购置税政策的公告》，延长新能源汽车免征购置税期限至 2023 年年底，这是新能源汽车免征购置税第三次延期。另外，党的二十大报告提出要着力扩大内需，增强消费对经济发展的基础性作用。随着疫情管控措施进一步放开、密集促消费政策的出台，预计未来消费增速将进一步提升。

从压低因素看：

第一，人口因素。据我们测算，中国人口峰值在 2017 年，中国总人口在 2018 年开始出现负增长；即使按照官方公布的数据，2021 年全国人口净增长仅 48 万，人口最晚也将在 2022 年出现负增长，这意味着中国的人口总数正在或即将逐年减少。一个国家总的市场规模取决于人口总量和人均消费，人口就是市场，就是总需求。当总人口开始减少时，一定程度上反映了市场存在收缩的风险。同时，随着人口老龄化的加速，经济活力也将不断地减弱。尽管三孩生育政策落地，相关政策配套支持措施也相继发布，但是要改善中国现有的人口结构、提高总和生育率仍需要很长时间。总人口减少、老龄化进程加快都抑制了消费需求的增长。

第二，居民人均收入增速降低，边际消费倾向下降。短期来看，由于疫情反复且持续时间过长，消费者对就业、收入及消费意愿的信心大幅下降，为了提高抗风险能力，会增加储蓄、减少消费。央行公布的 2022 年住户存款数据显示，居民储蓄意愿显著增强，在疫情没有实质好转前很难改变这一现状。同时疫情冲击对低收入人群的影响远大于高收入人群，而低收入人群的边际消费力更强，收入增速降低会导致其消费增速出现明显下滑。长期来看，总人口减少伴随着老龄化加剧导致劳动力数量急剧下降，整个社会总产出减少使得人均收入增速下降，进而拉低消费增速。

第三，消费恢复不均衡，可选消费需求继续承压。服装鞋帽、金银珠宝等消费受收入的影响较大，在居民收入未如预期好转之前，此类消费需求将持续受到压制；而家用电器和音像器材、家具、建筑及装潢材料类消费还受地产周期下行拖累，商品房销售恢复正增长还需一定的时间，因此这类可选消费可能会继续承压。

第四，新冠疫情短期内可能存在一定扰动，抑制服务类消费。疫情防控政策的转向会使新冠疫情在全国范围内迎来一次集中暴发，短期内会对消费产生一定的扰动，但随着疫情逐步常态化，大众能够科学预防和治疗病毒，这种影响将逐步减弱。

二、投资

综合拉升和压低因素，与 2022 年全国固定资产投资同比增速相比，预计 2023 年全国固定资产投资同比增速会略微下降，总体保持平稳。

从拉升因素看：

第一，制造业投资增速稳中有降，继续维持在相对较高的水平上。一方面，党的二十大报告指出制造业是立国之本、强国之基，发展经济的着力点是实体经济，必须加快建设制造强国，实施产业基础再造工程和重大技术装备攻关工程，支持专精特新企业发展，推动制造业高端化、智能化、绿色化发展，这有利于推动制造业投资尤其是高技术制造业稳步增长。11 月央行降准有助于降低企业融资成本、稳定市场主体的信心和预期，而此前央行为制造业企业设立了设备更新改造专项再贷款，监管部门鼓励银行进一步加大对制造业中长期贷款，这些政策都有望支撑制造业投资继续维持较高增长。另一方面，2022 年的高基数效应、出口回落叠加规模以上工业企业利润同比仍在下滑，都将对制造业投资形成下行压力。总的来说，在打造制造强国的政策支持下，制造业投资将保持较快增长，但增速较 2022 年略有放缓。

第二，基础设施建设投资或继续保持中高速增长。能源、交通、水利和新型基础设施建设仍是基建投资的重点领域。2022 年下半年在专项债不断扩容、政策性金融工具持续加量的支持下，实物工作量加快形成，或迎来一批新项目开工小高峰，对 2023 年基建投资形成支撑。此外，由于 2022 年基建支持力度较大，2023 年财政增量工具更加紧缺，可用结余资金与往年相比略显不足，预算内资金对基建的支持力度将有所减弱，同时叠加高基数效应，预计基建投资难以长期保持高增长。总的来说，预计 2023 年基建投资依然强劲，但增速较 2022 年也有所放缓。

第三，民间投资增速有望加快。随着疫情防控政策的优化调整，市场需求将逐步恢复，有利于提振民间投资者信心，从而推动民间投资恢复。2022 年 11 月 7 日，国家发展改革委发布《关于进一步完善政策环境加大力度支持民间投资发展的意见》，明确了六方面 21 条重点任务，提出支持民间投资参与 102 项重大工程等项目建设，鼓励民间资本参与新型基础设施及相关领域投资建设和运营等。另外，政府提出推进并扩大民营企业债券融资支持工具，支持包括房地产企业在内的民营企业发债融资，大大提振了民营房地产企业投资信心，增强了投资者拿地欲望，由于房地产投资是民间投资的重要组成部分，这一举措将直接推动民间投资加快恢复。

第四，新冠疫情不确定性消失或将拉高投资增速。从当前情况来看，新冠疫情将得到有效控制，市场预期转好，经济不确定性显著下降，中小微制造业企业、劳动密集型制造业企业预期利润上涨将会扩大投资需求。

从压低因素看：

第一，房地产开发投资有望企稳回升，但时点可能较为靠后。2022 年受“停贷潮”事件的影响，政府对房地产企业预售资金监管趋严，同时疫情持续使得房地产市场需求不足，最终导致房地产企业投资信心不足，房地产开发投资同比增速从 4 月开始由正转负，且降幅不断扩大。进入第四季度后，房地产利好政策不断加码。2022 年 11 月 8 日，银行间市场交易商协会发文称，支持民营企业健康发展，在中国人民银行的支持和指导下，交易商协会将继续推进并扩大民营企业债券融资支持工具，支持包括房地产企业在内的民营企业发债融资，从供给端发力促进房地产市场平稳健康发展。2022 年 11 月 11 日，人民银行、银保监会发布《关于做好当前金融支持房地产市场平稳健康发展工作的通知》，出台十六条措施支持房地产市场平稳健康发展，具体包括稳定房地产开发贷款投放、支持个人住房贷款合理需求、稳定建筑企业信贷投放以及支持开发贷款和信托贷款等存量融资合理展期等。2022 年 11 月 25 日，中国人民银行决定于 2022 年 12 月 5 日降低金融机构存款准备金率 0.25 个百分点（不含已执行 5% 存款准备金率的金融机构），可以有效地降低房地产企业的融资成本。此外，针对房地产融资“三支箭”齐发，从“贷款、债券、股权”三个方面支持民营房企融资。这些政策可以有效提振房地产企业信心，从而加快房地产行业修复速度。然而房地产市场从底部企稳回升需要一定的时间，经济增长乏力，房地产市场复苏亦将延迟，预计 2023 年房地产开发投资对整体投资的拉动作用有限，前期可能还会继续压低投资增速。

第二，劳动力成本上升导致投资需求减少。长期来看，随着中国总人口减少、老龄化加剧，劳动力短缺现象日益加剧，进而导致劳动力成本日益上升。作为企业生产成本的重要组成部分，在其他条件不变的情况下，劳动力成本上升会压低企业利润，导致投资需求减少。

三、进出口

（一）出口方面

综合拉升和压低因素，与 2022 年出口总额同比增速相比，预计 2023 年出口总额的自然同比增速会有所下降。

从拉升因素看：

第一，随着国内疫情逐渐好转，疫情管控措施进一步放松，社会复工复产持续推进，物流运输链进一步修复，出口生产和运输得到保证。2022 年 11 月 11 日，国务院联防联控机制公布了《关于进一步优化新冠肺炎疫情防控措施　科学精准做好防控工作的通知》，提出二十条优化防疫工作的新规定；继“二十条”后，12 月 7 日国务院联防联控机制综合组发布《关于进一步优化落实新冠肺炎疫情防控措施的通知》，提高防疫工作的科学性和精准性，全面助力复工复产进程。虽然短期内疫情形势比较严峻，对于出口的扰动增加，但长期来看随着疫情高峰逐渐消退，新冠疫情防控政策全面放开有利于保障中国出口的生产和运输环节，预计未来出口企业生产稳定性和港口物流运输通畅性将得到更强有力的保证，能够避免 2022 年 3 月和 4 月因国内疫情和疫情防控措施加强、升级，对国内出口供应链和运输影响较大从而造成出口大幅下滑的情况出现，预计对 2023 年出口起到拉升作用。

第二，为应对新冠疫情和海外需求收缩的负面冲击，克服对外贸易环境不确定性增加的风险，国内已陆续密集出台一揽子稳外贸稳经济政策，促进中国外贸保稳提质，政策效力将逐步显现，助力中国出口保持韧性。商务部 2022 年 9 月 27 日印发《支持外贸稳定发展若干政策措施》，提出一系列稳外贸新举措，旨在增强外贸履约能力，进一步开拓国际市场，强化保障能力，促进贸易畅通。11 月 21 日，工业和信息化部、国家发展改革委、国务院国资委联合印发《关于巩固回升向好趋势加力振作工业经济的通知》，指出要确保外贸产业链稳定，落实好稳外贸政策措施，进一步加大出口信用保险支持力度，推动各地积极利用外经贸发展专项资金等现有渠道，支持中小微企业参加境外展会从而扩大订单。11 月 22 日召开的国务院常务会议指出，要抓实抓好稳经济一揽子政策和接续措施全面落地见效，巩固经济回稳向上基础。随着外贸保稳提质政策陆续出台，政策效果逐渐显现，预计未来将对出口增速形成拉升作用。

第三，《区域全面经济伙伴关系协定》（RCEP）对中国出口的拉动作用持续显现，东盟已经成为中国第一大贸易伙伴，未来东盟对中国出口仍将继续形成支撑。2022 年 1 月 1 日起 RCEP 协议正式生效，中国与东盟、新西兰、澳大利亚等成员国之间的关税大幅减免，90% 的商品实现零关税；4 月 1 日，日本第二次下调其在《区域全面经济伙伴关系协定》（RCEP）项下进口关税；5 月 1 日起，RCEP 协定对缅甸生效。

2022年前10个月，中国对东盟出口4639.18亿美元，同比增长20.5%，占中国出口总值的15.50%，东盟已成为中国第三大出口伙伴，中国对东盟出口增速也显著高于对其他国家增速，这既是中国与东盟经贸合作的硕果，也是RCEP协定交出的亮眼“成绩单”。未来随着RCEP成员国逐年降低关税，RCEP协定将继续促进区域各国加强外贸合作，持续利好中国出口。

从压低因素看：

第一，全球通货膨胀高位运行，全球经济衰退风险增强，全球贸易不确定性增强，海外需求总额逐渐减少，同时海外主要经济体货币收紧或将延续至第二年上半年，其对需求的影响也将持续显现，是不利于中国出口的最主要因素。根据世界贸易组织2022年10月5日最新发布的预测数据，将2023年全球货物贸易增速预期下调至1%，相比于4月预测值下调2.4个百分点；根据IMF发布的最新《世界经济展望报告》，下调2023年全球贸易量增速至2.5%，相比于4月预测值下调1.9个百分点。

第二，高基数效应。2022年整体来看出口增速位于相对高位，前三季度出口增长12.5%，尤其是9月以前，出口增速基本保持两位数快速增长，在高基数效应的压制下，2023年出口增速压力较大。

（二）进口方面

综合拉升和压低因素，与2022年进口总额同比增速相比，预计2023年进口总额的自然同比增速将渐进回升。

从拉升因素看：

第一，RCEP协议持续发挥作用，多地因地施策出台助力RCEP关税减让政策红利充分释放的相关政策文件并设立相关商务区，畅通中国与其他成员国统一大市场，降低中国进口成本，后续一定程度对进口增速形成拉升。2022年1月1日，《区域全面经济伙伴关系协定》（RCEP）正式生效实施，5月1日起，中国对从缅甸进口的适用RCEP

原产地标准的货物给予优惠协定税率。5 月 30 日，中国（辽宁）自由贸易试验区大连片区正式对外发布《高质量实施 RCEP 三年行动方案（2022—2024）》《全面对接 RCEP 加快推动外向型经济高质量发展的若干政策措施》，RCEP（大连）国际商务区揭牌启动；11 月 16 日，RCEP（大连）国际商务区在中国（辽宁）自贸区大连片区正式启用。11 月 17 日，海南省商务厅发布海南进出口优势产品“三张清单”，包括《RCEP 项下海南出口优势产品清单》《RCEP 项下海南进口优势产品清单》和《海南自由贸易港“零关税”优势产品清单》，旨在协调发挥 RCEP 与海南自贸港政策的叠加效应。从 2022 年前 10 个月的数据来看，中国进口增速主要靠 RCEP 成员国支撑，其中东盟是中国第一大进口贸易伙伴。2022 年，中国自东盟的进口总额为 4080. 54 亿美元，占进口总值的 15. 02%，同比增长 3. 3%，从东盟的进口增速高于从其他国家的进口增速，尤其在 2022 年 6 月以来中国对美国、欧盟、日本等经济体的进口增速大幅回落的情况下，对东盟进口增速依然保持坚挺，这是 RCEP 协定在进口方面交出的亮眼“成绩单”。

第二，2022 年 11 月 11 日，国务院联防联控机制公布了《关于进一步优化新冠肺炎疫情防控措施　科学精准做好防控工作的通知》，提出进一步优化防控工作的二十条新措施，提高防疫工作科学性和精准性。12 月 7 日，国务院联防联控机制综合组发布《关于进一步优化落实新冠肺炎疫情防控措施的通知》（以下简称“新十条”）。继二十条新措施之后，“新十条”在部分关键问题上进行了新的改进，包括调整隔离方式（无症状和轻症感染者可以自行居家隔离）、优化核酸检测（不再检查跨区域流动人员的核酸结果、取消落地检）、保障居民购药需求等。“新十条”颁布后，虽然疫情对供给和需求两端的影响加剧，但是随着后续疫情扰动逐渐消退，预计在疫情防控新规定的助力下，复工复产进程将继续稳步推进，交通管制和物流管制完全放开，居民生活也将逐渐便利，居民就业和收入情况也随之好转，从而居民的消费意愿可以得到明显改善，被抑制的消费需求预计将逐渐得到释放，畅通经济社会大循环。与此同时企业生产需求也将随着供应链和运输链得到保障而逐渐提高，而国内生产消费需求的修复将带动中国进口需求的提升。

第三，房地产行业利好政策频出，预计未来房地产行业逐渐缓慢修复，在房地产投资渐进回升的情况下，国内对上游原材料的需求随之缓慢回稳，从而对中国进口形成一定支撑。2022 年 11 月以来，“第二支箭”“金融 16 条”和保函置换预售监管资金、三大金融部门就房地产金融政策再表态等一揽子房地产利好政策接连出台，提振房地产市场信心，缓解房地产企业融资压力。11 月 8 日，中国银行间市场交易商协会发布《“第二支箭”延期并扩容　支持民营企业债券融资再加力》，并表示将在人民银行的支持和指导下，继续推进并扩大民营企业债券融资支持工具（“第二支箭”），支持包括房地产企业在内的民营企业发债融资。11 月 11 日，央行、银保监会联合发布《关于做好当前金融支持房地产市场平稳健康发展工作的通知》，共出台包括保持房地产融资平稳有序、积极做好“保交楼”金融服务、积极配合做好受困房地产企业风险处置、依法保障住房金融消费者合法权益、阶段性调整部分金融管理政策、加大住房租赁金融支持力度等六个方面共 16 条具体措施（“金融 16 条”），旨在同时从供给和需求两端促进房地产各行业企稳回暖。11 月 14 日，银保监会、住房和城乡建设部、人民银行联合发布《关于商业银行出具保函置换预售监管资金有关工作的通知》，从政策层面支持优质房企流动性。2022 年 11 月 21 日，人民银行、银保监会联合召开全国性商业银行信贷工作座谈会，研究部署金融支持稳经济大盘的政策措施落实工作。会议强调要全面落实房地产长效机制，因城施策实施好差别化住房信贷政策，保持房地产融资平稳有序，稳定房地产企业开发贷款、建筑企业贷款投放，支持个人住房贷款合理需求，用好民营企业债券融资支持工具（“第二支箭”）支持民营房企发债融资。预计未来在房地产利好政策持续加持下，房地产将逐渐企稳回暖，支撑中国对上游生产原材料和中间品的进口需求。

从压低因素来看：

第一，对全球经济衰退的担忧增强。从目前的情况来看，全球通货膨胀持续高位运行，尤其是欧美发达国家的 CPI 增速较高，因而发达经济体短期内不会停止加息的步伐。2022 年 10 月美国 CPI 同比增长 7.7%，前值为 8.2%，环比增长 0.4%，与前值持平，与美联储的通货膨胀目标仍有较大差距；10 月欧元区 CPI 同比增长 10.6%，前值为 9.9%，再创历史新高。而受欧美发达国家持续加息缩表的影响，未来全球大宗商品市场价格波动增加。10 月 26 日，世界银行预测能源价格在 2022 年（俄乌冲突后）上涨 60% 后，将于 2023 年下降 11%，未来或将继续削弱价格因素对进口增速的支撑。

第二，美联储加息的步伐仍将持续，叠加主要货币走弱以及避险需求上升，美元指数在未来一段时间仍将维持高位震荡，同时中美利差持续倒挂，对人民币汇率形成压力，这将对进口形成一定压制。未来一段时间，国内仍将实施灵活宽松的货币政策，以服务经济基本面修复为主。2022 年 11 月 16 日，人民银行发布的第三季度中国货币政策执行报告中提到，“我国稳健的货币政策灵活适度，保持连续性、稳定性、可持续性”；11 月 23 日，国务院常务会议提出“适时适度运用降准等货币政策工具，保持流动性合理充裕”。同时，在连续加息的情况下，美国 10 月的零售销售额超预期增长，环比上升 1.3%，达到 2022 年 2 月以来的最高水平，多位美联储官员讲话支持继续加息，短期内美联储不会停止加息的步伐，美联储 12 月大概率会加息 50 个基点，货币政策未来仍将保持外紧内松的态势。由于美元指数下行动力不足，预计未来一段时间美元指数仍将维持高位震荡，对人民币形成压制，从而利空中国进口。

第三，新冠病毒变异加快、传染性增强，疫情反复风险增大，中国面临的外部环境的复杂性增加，国内需求修复仍然存在压力。自 2022

年 11 月 11 日国务院联防联控机制公布了《关于进一步优化新冠肺炎疫情防控措施 科学精准做好防控工作的通知》，12 月 7 日接续颁布了《关于进一步优化落实新冠肺炎疫情防控措施的通知》之后，新冠疫情防控政策全面放开，国内各地疫情陆续迎来一波高峰。根据张伯礼院士预测，这波疫情将在 2023 年 1 月和 2 月到达高峰，在春季开始明显好转。从当前情况来看，短期内新冠疫情对国内生产和消费需求复苏的扰动将持续存在，对国内居民以餐饮和旅游为代表的线下服务类消费需求产生一定的影响，大批工人感染停工也会对工业生产运输造成一定影响，短期内疫情仍是不利于中国进口需求恢复的重要因素。

四、总结

本章从拉升因素和压低因素两个角度研判了 2023 年消费、投资和进出口的自然走势，最终结果显示：预计 2023 年社会消费品零售总额的自然同比增速会逐步走高，然后趋于平稳；预计 2023 年全国固定资产投资同比增速会略微下降，总体保持平稳；预计 2023 年出口总额的自然同比增速会有所下降，总体保持韧性；预计 2023 年进口总额的自然同比增速将渐进回升。综合而言，总需求在 2022 年的基础上缓慢恢复，但增长速度整体不高，难以恢复到正常状态。

第四章　2023年中国总供给的自然走势

2022年中国总供给在波动中保持恢复态势，其中第一季度在前期稳增长政策发力下实现超预期增长，第二季度在疫情冲击影响下经历了先入低谷后迅速回升的过程，第三季度在政策支撑下工业生产恢复明显。从工业部门结构来看，在高基数效应、疫情反复、地产下行和高温限电限产等多重因素的影响下，制造业增加值贡献持续回落，但产业结构仍在继续调整，高技术制造业和装备制造业增长稳健。那么，2023年中国总供给的自然走势将会如何？未来能否维持恢复态势？未来的增速水平能否长期处于疫情前水平？本章将从人口因素、新冠疫情、市场预期、汇率波动、国际环境五个方面对总供给的自然走势进行分析与预测。

一、人口因素

20世纪80年代初期，中国开始实行严格的计划生育政策，直到2014年生育政策才有所调整。2014年中国开始实行单独二孩政策，实施两年后，2016年正式实行全面二孩政策，直到2021年开始实施一对夫妻可以生育三个子女政策及配套支持措施。从2014年开始实施二孩政策以来，生育率并没有大规模攀升，而且从2021年的人口增长情况来看，三孩政策也没有带来生育高峰。可见，放开计划生育政策并没有显著带来出生人口的增长，而真正能够促进生育的政策应向生育配套措施和女性就业保障方面倾斜，解决家庭多生育的后顾之忧。

2021年全国总人口增长再创新低，自然增长率为0.34‰，较2020年下降1.11个千分点，实际规模较前一年仅增长48万人。随着2022年人口峰值的到来，劳动力人口数量也呈现出显著的减少趋势。从2011年至2021年，全国劳动人口占总人口的比重从69.8%降至63.6%，累计减少4226万人，可见劳动力人口持续减少情况仍在恶化。与此同时，2021年60岁及以上人口和65岁及以上人口比重分别为18.9%和14.2%，分别较2020年上升0.2个和0.7个百分点，显示老龄化仍在不断加剧。人口老龄化导致全国总人口结构不合理和养老负担过重等问题，造成有效劳动力供给下降。此外，随着高等教育逐年扩招，高等教育入学率逐年上涨，使得低龄劳动参与率逐渐下降，这也在一定程度上制约了劳动力供给。

从供给端来看，随着人口的减少，劳动力数量萎缩，劳动力要素短缺，导致劳动力成本上升，这将会制约中国经济的潜在产出，例如劳动力成本上涨会导致国内低利润或劳动密集型行业面临倒闭的风险，同时人口负增长又会加剧老龄化，迫使大量社会资源用于养老服务，导致社会生产资源紧张，进而影响总产出。此外，年轻劳动力是社会创新的主要驱动力，也是产业升级的关键因素，年轻劳动力的短缺会导致社会整体创新能力下降，不利于宏观经济的长期稳定发展。因此，随着人口峰值的到来，未来中国劳动力市场面临供给规模减小、低龄劳动力参与率持续下降、老龄化加剧等问题，劳动力无限供给的时代已经结束，支撑中国经济高速发展的人口因素逐渐消失，潜在经济增长率面临下行压力。因此，预计2023年人口因素将压低总供给的自然走势。

二、新冠疫情

2022年中国再次陷入新冠疫情从好转到新一轮大规模扩散的循环中，工业生产、生活服务供给也随之波动。疫情防控引发的物流环节受阻、企业停工停产等都给短期供给带来了不利的影响，表现在数据上就是工业增加值经历了从超预期增长到陷入低谷再到逐步回升的过程；防疫政策下禁止人员大规模聚集、间歇性禁止堂食等直接切断了娱乐、餐饮等服务行业供给。然而，随着疫情防控政策不断优化调整，疫情不确定性对 2023 年供给端的扰动将逐步消失。

自国务院联防联控机制出台“新十条”政策以来，各地纷纷开始响应落实，全力推动企业复工复产。其中，以北京为例，一是强调取消，取消跨区流动限制，取消“新十条”要求外的复工复产场所核酸阴性证明查验，取消各类服务行业从业人员定期核酸检测要求；二是强调放开，酒吧、KTV、健身房等场所恢复经营，餐馆恢复堂食，恢复各类宾馆酒店会议、培训、宴会的举办，恢复在京旅游、进出京跨省旅游以及“机票 + 酒店”业务；三是强调优化，要求企业优化生产经营环节，优化人员分类管理，主动加强自身防疫能力；四是强调保障，帮助企业解决问题，确保企业有序运转。在此背景下，2023 年不会再出现疫情暴发导致工厂停工停产、物流管制导致工厂由于原材料供应不足面临停产、劳动力跨地区流动受限导致企业劳动力供给短缺这类直接抑制总供给的局面，加之政府明确表态要帮助企业解决问题、确保企业有序运转，因此 2023 年总供给将恢复到平稳增长状态。另外，随着疫情防控政策进一步优化落实，娱乐、餐饮、酒店、旅行社等场所恢复经营，生活服务类供给也将逐步恢复到疫前水平。

总体而言，随着防疫政策不断优化调整，新冠疫情不确定性逐步消失，其对经济的扰动也将不复存在，自然走势下，新冠疫情得到有效控制一定程度上会拉高 2023 年总供给自然增速。

三、市场预期

2022 年以来，国内疫情反复，分别在第二季度和第四季度对经济产生了较大影响。尽管疫情冲击对实体经济的影响相较于 2020 年可比时期已经大幅减弱，但前三季度，按不变价格计算，中国 GDP 同比增长 3. 0% ，两年平均增长 6. 3% 。分季度看，第一季度同比增长 4. 8% ，两年平均增长 11. 3% ；第二季度同比增长 0. 4% ，两年平均增长 4. 1% ；第三季度同比增长 3. 9% ，两年平均增长 4. 4% 。可见，经济增速整体回落明显，并在第二、第四季度受疫情影响较大，而且从两年平均增速来看，也低于 2019 年的季度增速，预示着中国经济自进入新常态以来的下行趋势并未得到显著改变，长期的这种经济运行态势已经在市场上达成共识，导致 2022 年市场对中国经济增长的整体预期较弱。预期偏弱是经济长期维持下行趋势和新冠疫情短期内难以解决使得市场形成的一种不利共识。由于不利共识形成的预期转弱具有长期性，除非经济增速出现反弹，且具有持续性，彻底改变当前市场的预期，或是对抗疫情取得了较大进展，例如有效疫苗、对症药等研发生效，否则对中国经济增长会产生较大的压力。

2023 年随着国内疫情形势逐渐好转、国外欧美经济衰退的可能支撑加息放缓的预期，市场主体对 2023 年的经济预期或将低谷回升，逐渐转好。另外，宏观调控部门针对房地产行业出台“金融 16 条”，显示政策支持重点更为突出，从资金端合理支持房地产行业恢复信心，预计 2023 年房地产行业有望进一步更快地实现平稳健康发展，这将有力提振市场预期。预期转好对宏观经济的影响主要表现为投资、消费和就业的改善。从企业角度而言，随着经济复苏信心向好，企业会逐渐提升对未来投资的支出并增加劳动雇佣。从个人角度而言，因对疫情转好和个人可支配收入预期的改善，个人可能会逐渐减少预防性储蓄并增加可选消费支出。

综合以上分析，2023 年中国市场预期转好对实体经济的影响主要表现为投资、消费和就业的改善，从而主要从供给端（固定资产投资和增加劳动雇佣）抬升中国总供给的自然走势。

四、汇率波动

2022 年主要受美元持续走强的影响，人民币汇率的整体走势呈现回落态势，尤其在 2022 年 8 月以后人民币汇率大幅走弱，接连失守 6.9、7.0、7.1、7.2 关口。新冠疫情不确定性增强，国内疫情对宏观经济反复扰动，美国目前的通胀水平与政策目标仍有较大差距，因而美联储不会停止加息的步伐，而国内则坚持实施灵活稳健较为宽松的货币政策，旨在为实体经济服务，国内外货币政策保持分化，形成对人民币汇率的压制。中国人民银行陆续出台一系列相关政策，旨在稳定汇率市场信心，防止人民币暴涨暴跌，整体来看在美元持续强势、主要货币保持走弱的情况下，人民币仍维持相对稳定，但后续人民币的下行压力将继续存在，2023 年年中以后随着经济基本面逐渐得到修复，美联储加息进程告一段落，人民币汇率或将逐步企稳。

人民币汇率波动将对中国的经济发展产生一定影响，主要表现在对外贸易和资本流动两个方面。一方面，汇率波动直接影响本国及其他国家商品价格，从而对国家的进口和出口产生显著的影响；人民币贬值意味着中国出口商品和服务的价格更低，有利于出口企业利润改善和承接出口订单，利好中国出口；同时这也表明中国进口商品的价格更高，这在一定程度上增加了通过进口原材料和中间品进行生产的企业的生产成本从而压缩了其利润，对中国进口和企业生产造成不利影响。另一方面，汇率波动会影响国际资本的流动方向，人民币汇率贬值降低了国际资本对中国资本市场的信心，导致市场增加悲观预期，增加了国际资本从中国金融市场流出的动力，对中国金融市场稳定性产生影响。

2023 年中国经济基本面修复状况、美联储政策走向仍是引起汇率波动的主要因素，美国经济复苏和中美摩擦导致两国贸易政策不确定性所带来的美元指数变动也将增加人民币汇率的波动，从而影响中国进出口企业、金融市场和宏观经济基本面，仍然需要继续密切关注。

五、国际环境

当前国际政治形势多变，错综复杂的国际政治经济关系对中国经济的稳定发展构成挑战。对外贸易关系是经济发展的重要影响因素之一，而对外关系在相当程度上能够影响国家间贸易，不仅进口贸易能够从成本端影响总供给的自然走势，出口贸易也能够从需求端拉动或者压低总供给，因而研判国际政治经济环境是必要的。2023 年全球经济发展正面临较大的压力，包括美国、日本、德国、英国、法国、俄罗斯、韩国在内的主要经济体都可能出现不同程度的减速，在一定程度上将给中国外部需求带来新的不确定性因素。

从中美关系看，尽管近年来中美关系陷入建交以来前所未有的不利形势，美国依然是我国对外贸易的核心伙伴。数据显示，2022 年前三季度，中美两国的双边贸易额为 37964 亿元，同比上涨 8%。其中，中国对美国出口 29312.7 亿元，同比增长 10.1%；从美国进口 8651.3 亿元，同比仅增长 1.3%。对美贸易的强劲增长在相当程度上支撑了 2022 年中国总供给，但 2023 年随着美国通胀回落，高息背景下衰退风险渐行渐近，中国对美出口可能面临较大的下行压力。另外，中美关系极为复杂，两国之间的政治制度、意识形态差异也将长期存在。中美元首在 2022 年 11 月 15 日 G20 领导人峰会的前一日进行的会晤是近期中美互动的重要事件，意味着双边关系在危机管控中逐步回暖，但这只是让没有最坏只有更坏的中美关系暂时止损回稳，中美竞争关系依然没有得到根本性缓和。

从中欧关系看，中欧关系正面临极大挑战，2023 年或仍将处于低迷状态，但欧洲内部问题丛生，面对全球治理各种问题，欧盟亦存在跟中国缓和关系的可能。数据显示，2022 年前三季度，中欧双边贸易额 42288.4 亿元，同比上涨 9.0%。其中，中国对欧盟出口 28067.5 亿元，同比增长 18.2%；从欧盟进口 14220.9 亿元，同比下降 5.4%。对欧贸易的强劲增长在相当程度上支撑了 2022 年中国总供给，但 2023 年随着欧盟供应链恢复、需求减弱，中国对欧出口也面临较大的下行压力。另外，短期来看，中欧关系将会处于较大困难期。双方间存在结构性的、体制性的矛盾，俄乌冲突也造成欧洲对中国产生误解。中国欧盟商会的一项调查表示，近 1/4 的欧企考虑将现有或计划中的投资移出中国，这一比例为过去十年来最高。

综合以上分析，2023 年中国与最大的贸易伙伴欧美的关系仍存在较大不确定性，如果国际政治经济环境持续恶化，贸易摩擦以及意识形态领域的争端将可能通过影响关键中间投入品的可得性抑制中国总供给的自然走势。

六、总结

本章总结了影响 2023 年中国总供给自然走势的主要因素，分析结果表明，人口出生率下降导致劳动力供给减少、老龄化加剧，新冠疫情防控政策转变，人民币汇率波动加大，以及国际政治经济环境持续恶化将制约总供给的自然走势，而市场预期转好促进投资、消费和就业的改善，新冠疫情防控政策放开均将抬升总供给的自然走势，预计 2023 年总供给自然走势将表现出缓慢恢复的态势。

第五章　2023年中国宏观经济的自然走势和风险点

基于我们对2023年中国总需求和总供给自然走势的研判，本章将对2023年中国宏观经济总供求格局进行预判，并从经济增长、价格和就业三大领域预测自然增速。然而，以上的判断都是基于中国宏观经济没有其他潜在风险的假设做出的，所以本章也将基于现实情况从房地产危机风险、地方政府债务风险、汇率及货币危机风险、外部经济环境风险四个方面总结未来中国宏观经济运行中可能存在的风险点。

一、2023年总供求格局

综合2023年中国总需求和总供给的自然走势，我们认为2023年中国宏观经济的自然走势将是供给、需求双恢复的格局，但仍低于潜在增长率。

从需求端来看，2022年受国内疫情大面积反复和国际形势不稳定等众多因素影响，整体宏观经济运行表现不及预期，尤其是消费和进出口因国内疫情扰动而整体偏弱；但是2023年在疫情防控政策逐步放开的背景下，市场预期逐渐好转为后续的需求端扩张提供较强的内生动力，加之低基数效应，总需求的增速预计会有所恢复。

从供给端来看，尽管劳动力供给减少、国际环境不确定性增强以及人民币汇率可能步入升值通道不利于总产出扩张，但疫情防控政策放开以及市场预期由此好转将更有利于总供给的扩张，供给端恢复态势同样可期。

进一步从恢复程度来看，由于需求端在 2022 年受各类因素影响整体表现较弱，而供给端在稳增长政策的作用下表现好于需求端，那么对比 2023 年供需两端的恢复程度，我们认为 2023 年需求端的恢复要快于供给端。

二、2023 年中国宏观经济的自然走势

基于上述逻辑判断，我们对中国宏观经济在经济增长、价格和就业三个方面的自然走势做出以下预判。

（一）经济增长

综合 2023 年中国供给、需求双恢复的格局，自然走势下（即没有政策干预下），预计中国 GDP 同比增速可能为 4.5% ~5.2%。助力 2023 年经济增长的主要因素包括：一是低基数效应，2022 年经济增长基数相对较低，这为 2023 年经济增长提供了较大空间；二是随着后续国内疫情形势逐渐好转，供给和需求两端所受到的扰动逐步减轻，叠加国务院最新公布的进一步优化疫情防控工作的新规定全面助力社会复工复产推进，促进生产和消费需求逐步恢复，经济基本面将持续修复；三是 2022 年下半年以来，为了应对经济下行压力，政府陆续出台一揽子稳经济政策，稳增长政策持续加码，政策效果逐渐显现，预计 2023 年政策效果将基本体现在经济基本面上。但整体来看，全球经济衰退预期进一步增强，通货膨胀高位运行，海外需求总额持续收缩，中国经济所面临的不确定性风险增加，经济修复的基础仍不牢靠。

（二）价格

CPI 方面：从食品项看，猪肉方面，在生猪供给见顶、疫后需求边际改善以及中央储备政策干预下，预计 2023 年猪肉价格将会在第一季度继续保持强势，此后震荡回落；鲜菜鲜果方面，受季节性因素影响较大，如极端天气带来产量下降和物流仓储成本上升，因此存在一定程度

波动性，但预计全年整体价格平稳增长。从非食品项看，非食品价格在 2023 年经济进一步回暖的情形下存在上涨的可能性；随着国内重点人群疫苗接种数量的不断增加，疫情防控形势逐渐好转，接触性服务类消费有望进一步恢复；工业消费品价格则随上游大宗商品价格回落继续回落。总的来说，受猪周期探顶回落、服务需求释放和低基数效应影响，CPI 整体处上行通道，消费品价格方面存在一定压力，服务价格方面则主要取决于疫情发展形势，预计 2023 年自然走势下的 CPI 同比增速中枢较 2022 年将会继续小幅上移，大概率呈现先高后低随后平稳的走势，全年 CPI 同比增速约在 1.8% 左右。

PPI 方面：油价方面，受“OPEC +”减产供应政策和地缘政治因素影响较大，但由于“OPEC +”多数成员国 2023 年财政计划对石油价格的预设为 90 美元/桶左右，叠加全球流动性收紧以及欧美发达国家经济衰退带来需求收缩的风险加大，因此预计 2023 年油价中枢将稳中趋降；有色金属行业方面，随着未来有色金属出口国供给逐步回升，需求依旧保持一定韧劲，预计有色金属价格中枢震荡向上；黑色金属行业方面，随着房地产行业复苏，建筑施工领域形势将会改善，但因欧美升息及需求收缩，涨价风险并不高；化学原料制造品行业方面，该类商品的价格受原油影响较大，预计走势与原油价格保持一致，稳中趋降；煤炭行业方面，全球煤炭风险犹存，迎峰度夏时节煤炭价格有阶段性上行压力。总的来说，随着疫情冲击对供应链的影响减弱，全球流动性收紧下欧美发达国家经济面临衰退，全球大宗商品价格整体或将震荡回落，叠加高基数效应，预计 2023 年自然走势下的 PPI 同比增速中枢较 2022 年将会有一定下移，PPP 同比增速大概率呈现先低后高的 V 形走势。

总的来说，2023 年在低基数以及经济回暖叠加猪价回升的影响下，预计 CPI 同比增速中枢较 2022 年将继续上移，大概率呈现先高后低随后平稳的走势；而随着供应紧张状况缓解，美元流动性收紧并伴随着全球大宗商品结构性调整回落，预计 PPI 同比增速中枢较 2022 年将继续下移，PPI 同比增速大概率呈现先低后高的走势。

（三）就业

综合 2023 年中国供给、需求缓慢恢复的格局，以及全球疫情影响减弱、劳动力人口减少、平台经济稳就业作用显现，预计 2023 年按官方统计口径中国失业率将降至 5.0% 左右，低于 2022 年水平，同时预计 2023 年全国城镇新增就业将达到 1100 万人左右，与 2022 年基本持平。

展望 2023 年，前期在新冠疫情持续扰动下，服务业、中小企业将继续承受巨大的生存压力，仍会采取裁员、暂停扩招等自保措施，同时房地产行业恢复对就业的拉动作用也需要一定的时间才能显现，因此失业率或将维持在 2022 年年底的水平（5.5% 左右）。后期随着疫情影响逐渐减弱，经济增长加快复苏，需求推动叠加市场主体信心恢复，企业有望摆脱困境，用工需求恢复正常，尤其是作为经济压舱石的房地产行业，在走出下行周期后，上下游产业链的恢复将带动大量的就业需求，从而使得全年的失业率降至 5.0% 左右。2023 年全国城镇新增就业人数在劳动力人口减少以及失业率下降的共同作用下，或将继续维持在 1100 万人左右。

三、宏观经济风险点

（一）房地产危机风险

2022 年房地产行业超预期下行，新的监管规则下开发商融资收紧，部分高杠杆房地产公司难以适应，致使债务风险逐渐暴露，导致卖地、新开工、投资量快速下行。供给端的调整导致需求端信心不足，造成房地产整体处于疲弱态势，尽管后续房地产市场宏观调控不断放松，但受“停贷风波”、新冠疫情反复等因素的影响，2022 年以来商品房单月销售同比持续下降，房企销售回款遭受重挫，由于销售放缓，现金流无法覆盖所有的开发需求，部分建筑项目烂尾。“停贷风波”还导致对房企预售资金监管收紧，房地产企业现金流严重紧张，房地产投资、新开工面积同比持续下滑，债务违约风险加大。

2023 年，在“房住不炒”前提下稳地产的调控基调不会改变，房地产市场拐点可能会进一步明晰，房企所需的支援力度将极大地取决于房地产销售的复苏状况。尽管当前四大金融监管部门加大顶层支持，针对房地产融资“三支箭”齐发，以需求侧作为发力重点，从“贷款、债券、股权”三个方面支持民营房企融资，促进民营房企融资恢复，有利于缓解房企现金流紧张的局面，在遏制房企存量债务违约风险进一步暴露的同时，对保交楼也产生积极作用，比如信贷融资方面，人民银行面向 6 家商业银行推出 2000 亿元“保交楼”贷款支持计划，为商业银行提供零成本资金，以鼓励其支持“保交楼”工作；债券融资方面，民企债券融资支持工具陆续扩容，将融资额度从 1600 亿元扩容至 2500 亿元，在此之前这一民营企业债券融资支持工具并不适用于房地产开发商；股权融资方面，证监会主席易会满在 2022 年金融街论坛上表示，要支持实施改善优质房企资产负债表计划，支持涉房企业开展并购重组及配套融资，支持有一定比例涉房业务的企业开展股权融资。但目前来看地产行业债务违约风险依然不小，2023 年在岸和离岸房地产到期信用债和供应链及购房尾款 ABS 规模约 1 万亿元（2022 年为 1. 1 万亿元），主要分布在上半年。

借款方面，2023 年房地产境内债券到期 3924 亿元、回售 2922 亿元，合计 6846 亿元，大幅超过 2022 年的 3799 亿元，仅次于 2021 年的 7524 亿元。剔除出险房企后到期 3054 亿元、回售 2060. 8 亿元，民营房企到期 816 亿元、回售 805. 5 亿元。美元债方面，2023 年到期、回售、永续债赎回合计 486 亿美元，小幅低于 2022 年的 559 亿元，其中未出险房企合计 179. 7 亿美元。从负债端看，2023 年房地产境内外偿债压力都比较大。

偿债方面，从融资端看，即使民企债券融资支持工具扩容的 2500

亿元主要用于房地产企业，也仅相当于民营房企 2023 年到期信托与债券总额的 26% 左右；从销售端看，2022 年前三季度，房地产行业前 16 强开发商毛现金流约 1500 亿元，若 2023 年销售无法迅速恢复，开发商将难以偿还超万亿元计的到期债务。因此房企所需的支援力度将极大地取决于房地产销售的复苏状况，但在人口、城镇化速度下降的背景下，受新冠疫情反复冲击、地产供需收缩和信用端不确定性仍在等因素的影响，房地产销售同比增速或较长时间处在底部运行。

另外，疫情冲击叠加地产下行致使居民收入恶化，而居民可支配收入增长放缓或带来居民偿债风险，进而将风险传染至银行金融体系。长期以来的高房价使得居民部门杠杆不断抬升，居民部门债务占 GDP 比重从 2000 年的 12.4% 提高至 2021 年的 62.2%。受国内外经济增长放缓影响，企业整体盈利能力降低，城镇居民可支配工资性收入增长受到显著抑制。可支配收入水平增速显著放缓，无疑会极大增加居民按揭贷款还贷风险，而房地产按揭贷款是居民部门债务中的重要组成部分，一旦居民由于债务负担过重违约，其风险将传导到银行体系。

由以上分析看来，中国房地产市场下行牵连实体产业、抑制居民消费，与此同时，居民杠杆率、房企负债率大幅攀升。随着房地产市场供需趋于平衡和稳地产调控进一步深入，预计房地产市场复苏节奏将极大程度地影响 2023 年中国宏观经济。

（二）地方政府债务风险

自新冠疫情暴发以来，地方政府为了做好“六稳”工作、落实“六保”任务采取了各项积极财政政策用以应对经济下滑风险，例如减税退费、加大政府相关债券发行力度、增加政府相关投资等。这些政策的实施将进一步加剧原本就已经高企的地方政府债务率，从而可能引发债务风险。截至 2022 年 10 月，国内新增发行地方政府债券 4.7 万亿元，整体相较于 2021 年略下降，其中一般债券 7146 亿元，完成下达限额 0.72 万亿元的 99.24%，专项债券 3.97 万亿元，已超出下达限额

3.65 万亿元约 8.77%。2023 年提前批专项债额度在 2022 年 10 月底下达，多省份额度相比 2022 年明显增长。

当前中国地方政府债务主要面临如下风险：

第一，受疫情冲击，中国地方政府性债务余额在 2021 年末已高至 30.47 万亿元，其中地方政府专项债务余额 16.70 万亿元，按照专项债券剩余平均期限 9.0 年测算，年均到期还本规模 1.86 万亿元，尽管按照 2021 年地方政府性基金预算收入 9.47 万亿元测算，专项债务到期还本保障倍数为 5.11，但考虑到地方政府性基金预算收入主要来自土地出让金，而 2022 年地产超预期下行，地方卖地收入大幅下滑，地方政府债务率很有可能接近警戒线，较高的债务率势必带来巨额的还本付息压力。另外，2023 年稳增长的压力依然较大，预计地方政府债务率很难出现明显改善。

第二，不同省份的债务风险出现分化，经济总量越大的地区债务风险越小，而经济总量越小或越是欠发达的地区债务风险越大。具体到区域，中西部地区债务负担较大，东部沿海地区相对较小。部分中西部地区仅靠自身实力还本付息的压力较大，以贵州省为例，2021 年和 2022 年存量地方债的年到期规模均超过 1000 亿元，集中偿付压力较大。这些地区一旦出现不利因素扰动，如果得不到中央层面的支持，就会产生一系列风险。

第三，隐性债务规模庞大，潜在风险更大。尽管 2022 年 10 月财政部再次表态“严禁通过举债储备土地，不得通过国企购地等方式虚增土地出让收入，不得巧立名目虚增财政收入，弥补财政收入缺口。进一步规范地方事业单位债务管控，建立严格的举债审批制度，禁止新增各类隐性债务，切实防范事业单位债务风险”，但近年来随着 PPP 项目的升温导致地方政府隐性债务激增，很可能推动总负债率至警戒线。此外，地方隐性债务的激增离不开与地方融资平台的相互推动作用，在预算软约束下，地方政府可以通过提供隐性担保扩张地方融资平台，而地方融资平台可以给地方政府提供市政建设、公用事业等资金，由此形成相互促进、相互扩张的循环。

（三）汇率及货币危机风险

在美元持续强势、主要货币保持走弱的情况下，因中国经济基本面及央行汇率干预政策的支撑，人民币仍维持相对稳定，但后续人民币的下行压力将继续存在。当前全球经济衰退预期增强，地缘政治冲突持续，未来外部环境将延续紧张，人民币汇率波动或将增加。尽管美联储加息速度或将放缓，但还没到停止加息的时刻，叠加主要货币走弱以及避险需求上升，美元指数在未来一段时间仍将维持高位震荡。而国内坚持实行稳健的货币政策，叠加国内疫情不确定性对经济基本面复苏的影响，尤其是在 2023 年上半年人民币汇率仍然承压的情况下，人民币汇率是否能够保持在合理均衡区间内基本稳定是未来需要关注的重点，这将影响中国进出口企业和金融市场，从而给中国宏观经济带来一定风险。

伴随美元指数持续走强，美国国债收益率保持高位，中美利差持续倒挂且幅度较大，可能会进一步导致国际资本减持中国资产以及外资持续流出，从而增加货币金融市场所面临的风险冲击，加大了对国家经济金融管理能力和防控风险能力的考验，为金融市场带来了更多不稳定冲击。根据中央结算公司数据，截至 2022 年 9 月末，境外机构在中央结算公司的债券托管面额减少 615. 98 亿元至 3. 17 万亿元。其中，境外机构国债托管量减少 358. 40 亿元，累计持有国债 2. 29 万亿元。2022 年 2 月起，北向资金净买入境内人民币债券的趋势连续 8 个月负增长。后续若受疫情反复、美元指数波动或国际局势等影响，汇率波动增加，会加大外资在中国持有资产的波动，从而致使汇率及货币面临危机。同时，人民币汇率与人民币资产之间存在内生性关联，美联储流动性持续紧缩、美元指数高位震荡、地缘冲突导致避险情绪上涨、人民币汇率波动增加等多因素叠加可能会导致金融变量联动形成风险，从而引发金融系统性风险，冲击中国金融稳定性。

（四）外部经济环境风险

2022 年是动荡的一年，2023 年可能更是如此。全球经济衰退可能转化为更多的政治不稳定，俄乌冲突也给多边外交蒙上阴影，即使俄乌双方暂停或停止敌对行动，俄罗斯和西方仍将保持不可预测的关系。外部经济环境风险（俄乌冲突、台海局势等）引发的不确定性风险，会改变经济主体的风险认知和预期，进而影响实体经济（投资、消费和就业）、金融市场（资产价格调整和信贷需求减少）和国际贸易投资（产业链重塑和经济区域化），并提高经济政策不确定性。历史经验表明，地缘政治风险上升时期所对应的全球 GDP 增速往往是大幅下降的，同时金融市场波动性将上升，股票、国债收益率及固定资产投资增速均将下降，劳动力市场也将恶化。

2023 年，后疫情时代，在地缘政治冲突持续、逆全球化趋势加剧和新冠疫情不确定性的背景下，出现全球经济危机的概率进一步加大。美联储货币政策持续紧缩，美国或将陷入“滞胀”的局面，同时地缘政治因素导致能源成本持续攀高，欧洲经济衰退的压力加剧，因而中国这些主要经济伙伴的经济面临衰退风险，主要国家的宏观调控政策将恶化中国面临的外部需求环境，进而重点影响中国经济的整体表现。

第六章　2023 年中国宏观经济政策展望

综合 2023 年影响中国宏观经济的主要因素和未来中国宏观经济可能面临的风险点，以及我们对 2023 年中国自然走势下总供求格局的预判，本章将首先从经济增长、价格和就业三大领域对 2023 年中国宏观经济政策目标进行展望和预判。随后，基于 2023 年总需求和总供给的自然走势，结合 2023 年的宏观经济政策目标，我们在中国宏观经济政策体系框架下对 2023 年中国宏观经济政策进行了展望。

一、宏观经济政策的目标

（一）经济增长

随着疫情逐步得到控制，对宏观经济的扰动将逐渐减弱，2023 年中国经济的自然增速将高于 2022 年。但新冠疫情不确定性的影响仍将持续，国际国内经济环境仍面临严峻挑战，对于经济供需两端的影响或将持续存在，对宏观经济产生的冲击较大；国际上地缘冲突升级，海外需求不确定性加大，中国面临的外部环境更加复杂多变，对未来经济增长仍将构成挑战。由于 2022 年整体经济增速不高，在低基数效应的影响下 2023 年的经济增速会相对较高，结合中国“十四五”规划中提出的“十四五”时期经济增长目标“保持在合理区间、各年度视情提出”，以及 2035 远景目标——“2035 年人均 GDP 达到中等发达国家水平”，预计 2023 年经济增长目标为 5.5% 左右。

（二）价格

CPI 方面：从外部看，美欧增长放缓压制外需驱动的通胀，一定程度减轻输入性通胀压力。从内部看，疫情对内需的压制中短期仍在。从食品项看，疫后需求复苏，但在生猪产能去化接近尾声和政策干预下，预计 2023 年上半年猪肉价格可能仍然偏高，这对食品通胀仍有一定支撑，但在口粮对外依存低、外需走弱、汇率企稳，特别是居民收入和消费仍偏低迷背景下，核心通胀持续较弱（表现为房租价格的下行），核心 CPI 或仍温和，而鲜菜、鲜果受季节性因素影响较大。从非食品项看，工业消费品方面，既受上游工业价格传导，也与下游终端需求有关，但现阶段主要受需求端约束，预计随着疫情好转、下游需求回温，工业消费品价格温和增长；服务业价格方面，主要取决于疫情发展情况，预计随防疫政策优化后续影响逐渐被市场消化，服务业价格将整体上升。总体而言，在低基数以及经济回暖叠加猪价整体抬高的影响下，预计 2023 年政府的 CPI 同比增速目标在 3.5% 左右。

PPI 方面：在高基数效应的影响下，2023 年 PPI 增速预计将继续回落，且大概率呈现先低后高的走势，考虑海外经济衰退预期将对国际原油和铜价形成冲击，全球大宗商品价格将继续回落。国际方面，原油等国际大宗商品价格回落带动国内相关行业价格下降，但对俄制裁仍加大国际原油涨价风险，另外“OPEC +”会议推动原油减产，国际油价有所反弹，工业品价格低位有所企稳。国内方面，随着基建持续发力，保交楼工作推进，建筑施工领域形势有所改善，部分中上游产品价格有所企稳，迎峰度夏背景下煤炭供需偏紧，价格有阶段性上行压力，需要国内保供稳价政策支持以限制其涨幅；随着国内电改趋近尾声，电价涨势或放缓；金属整体无论是内需定价的黑色系还是外需定价的有色系下半年随着欧美升息及需求收缩，涨价风险并不高。尽管部分工业品价格仍偏强，但受高基数影响，PPI 整体处下行通道。

（三）就业

2022 年前三季度全国城镇新增就业达到 1001 万人，完成全年目标任务的 91%，全国城镇调查失业率平均为 5.6%，高于全年调控目标 0.1 个百分点，表明 2022 年宏观经济整体恢复弱于预期。

展望 2023 年，随着疫情防控进一步优化调整，经济增速较 2022 年显著回升，企业用工需求有一定保障，消费需求的释放有助于服务行业吸纳大量劳动力，同时平台经济发展使得灵活就业市场规模不断扩大，整体就业压力有所降低。然而，一方面 2023 年高校毕业人数仍将处于高位，青年就业压力仍然较大，就业市场结构性错配使得制造业企业招工难和大学生就业难现象并存；另一方面中国劳动力人口数量在 2021 年经历了拐点，同时在全球疫情好转的趋势下对外留学可能进一步放开，国内劳动力数量水平较之前将进一步下降。

综合宏观经济恢复态势以及国内劳动力市场供需形势，我们预计 2023 年的新增就业人口目标可能仍为 1100 万人，城镇调查失业率政策目标或在 5.0% 左右，较 2022 年有所下降。

二、中国宏观经济政策体系

苏剑（2017）认为现有的宏观调控体系存在一定的局限性，首先是政策框架的局限性，因为当前宏观经济政策体系的发展严重滞后于宏观经济理论体系的发展；其次是政策效果的局限性，例如现有宏观经济政策体系存在治标不治本、无法同时针对多个政策目标等现象，并且容易导致经济“肥胖症”，由此引发金融或经济危机，这些政策还会产生依赖性以及效果外溢等不利影响。此外，现有宏观经济政策体系并没有考虑到中国特色、经济的健康、经济的结构以及经济发展的质量问题，同时也对创新考虑不足。因此，当前中国经济的发展需要一个新的宏观调控体系。

鉴于以上现有宏观调控体系的弊端，苏剑（2017）提出了一个新的宏观调控体系总框架（见图6－1），其中包含根据总供求模型得出的需求管理、供给管理和价格管理三大类。需求管理就是在价格不变的情况下增加需求的政策，反映在图形上，就是使得总需求曲线的位置或者斜率发生变动的政策，其目的主要是通过扩大需求消除产能过剩和失业。与此类似，供给管理就是在价格不变的情况下增加供给的政策，反映在图形上，就是使得总供给曲线的位置或者斜率发生变动的政策，其目的主要是通过调节生产者的激励和约束影响供给。价格管理就是通过调整价格来稳定经济的政策，其目的主要是消除市场失灵，恢复市场机制的功能，让市场机制充分发挥作用。这个政策在计划经济下被经常用于实现其他经济或非经济目的，所以在中国宏观经济调控中被广泛使用，并由此引申出从价格政策到市场环境管理政策的扩展（苏剑，2017；刘伟、苏剑，2018）。

根据上述的新型宏观调控体系，苏剑（2017）认为，首先，各种政策组合方式应该优先选择市场环境管理，消除市场失灵，恢复市场功能；其次，由于现实经济中往往无法完全消除市场失灵，应该尽量用需求管理政策应对需求冲击，用供给管理政策应对供给冲击；最后，在失衡出现时，往往不能单纯应用某一种政策，可能需要供给管理、需求管理，甚至还有市场环境管理三者的适当组合。

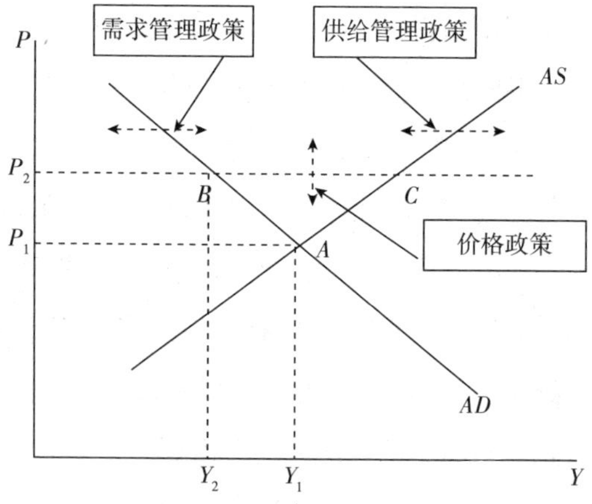

图6－1　基于总供求模型的宏观调控体系

因此，作为发展中国家，中国的宏观调控政策体系应该包括市场环境管理、供给管理、需求管理三大类政策。我们的政策分析和政策建议就依据这一政策体系给出。

三、宏观政策展望

（一）宏观政策组合

2023 年，中国宏观经济运行将处于供给和需求双恢复的态势，但经济增长仍将低于潜在增速。随着国内疫情防控政策的逐步放松，市场预期开始逐渐改善，经济内生增长动力增强，但整体增速恢复至疫情前水平仍需相关宏观政策的支持。经历了长达三年之久的疫情，居民收入水平受到了较大程度的影响，企业扩大投资的意愿仍显偏弱，整体经济恢复的基础并不牢固，所以未来需求端仍将作为政策的发力点，同时对供给端的稳定恢复和市场环境的持续改善提供必要的政策支持。鉴于此，2023 年中国宏观经济调控需采用以扩张性需求管理和扩张性供给管理为主，并辅之以扩张性市场环境管理政策的政策组合。

（二）具体政策

1. 扩张性需求管理

（1）货币政策

2022 年以来，人民银行扎实落实稳经济一揽子政策和接续措施，加大稳健货币政策实施力度，坚决支持稳住经济大盘。下一阶段货币政策要坚持稳字当头、稳中求进，继续实施积极的财政政策和稳健的货币政策，加大宏观政策调控力度，加强各类政策协调配合，形成共促高质量发展合力。同时，深化金融体制改革，建设现代中央银行制度，抓好政策措施落实，着力稳就业、稳物价，发挥有效投资的关键作用，巩固和强化经济回稳向上态势，推动经济实现质的有效提升和量的合理增长。具体来看，对货币政策提出如下建议：

第一，采取稳健偏宽松的货币政策。在全球经济增长放缓的大背景下，国内经济受疫情反复的深度影响，需加大稳健货币政策实施力度，搞好跨周期调节，兼顾短期和长期、经济增长和物价稳定、内部均衡和外部均衡，为实体经济提供更有力、更高质量的支持。因此，中国应该继续坚持稳健的货币政策，坚持和完善应对疫情过程中一些行之有效的结构性金融政策，保持流动性的合理宽裕。

第二，着力防范化解金融风险。受国内疫情反复的长期影响，2023 年地方政府债务风险和房地产市场风险等依然严峻。2022 年地方政府相关债券发行力度加大，同时地方政府支出规模大幅增加，进一步加剧原本就已经高企的地方政府债务率。与此同时，2022 年 7 月国内出现了烂尾楼“停贷潮”，加之房地产市场原本就不振，房地产风险陡然上升。因此，2023 年应进一步加强金融监管，健全金融监管体制，完善中央与地方金融监管职责分工，切实防范化解重大金融风险，同时继续完善宏观审慎评估体系，强化系统性风险监测评估，建立健全金融机构风险处置机制。

（2）财政政策

财政政策跨周期调节需要考虑政策的稳定性、连续性，充分考虑各种情形，及时跟踪国内外经济形势变化，做好预调微调。积极的财政政策要加力提效，保持必要的财政支出强度，在有效支持高质量发展中保障财政可持续和地方政府债务风险可控。同时，财政政策要增强国家重大战略任务的财力保障，在促进科技创新、加快经济结构调整、调节收入分配上主动作为，化解地方政府隐性债务风险。自然走势下 2023 年的中国经济将呈现供给、需求均逐渐恢复的格局。因此，财政政策应采取需求扩张的方式。具体来看，对财政政策提出如下建议：

第一，继续实施积极的财政政策。尽管 2023 年国内疫情影响大概率趋于缓和，同时房地产市场也有望筑底回升，但财政收支矛盾依然较为突出，并且可用结余资金相较于往年略显不足，可以适度扩大中央财政赤字规模，财政赤字率可以略微上调至3.0%左右，加大中央财政对地方政府的转移支付力度。

第二，保收入和保就业。2022年疫情反复较为严重，失业问题成了保民生的阻力，收入下降也成为保民生的障碍，因此，应当采用积极的财政政策保证就业以及居民收入。下一阶段，应该进一步增加社会保障及就业、卫生健康、教育、科学技术和节能环保等方面的支出，既有利于保障人民生计，又有利于经济结构调整和“双碳”目标达成。

（3）需求侧改革

在扩大消费方面，一是要实施更加精准化的财政政策，提高居民收入，改善消费预期。完善收入分配格局，加大税收、转移支付等调节力度，扩大中等收入群体比重，健全公共服务体系，合理减轻中等收入群体负担；增加低收入群体收入，可以直接给低收入群体发放补贴，或利用数字化优势，将发放消费券、数字化红包等向中低收入群体倾斜。

二是提升传统消费。进一步推动汽车消费。大力发展智慧交通，推动汽车电动化、网联化、智能化，加强停车场、充电桩、换电站等配套基础设施建设，加快二手车流通交易。加快建立完善的住房制度，推进居住消费平稳增长。支持居民合理的自住需求，进而促进家庭装修消费，增加家用电器、音像器材等消费。

三是创新多样化供给，以供给带动需求。加强品牌建设，持续提高产品和服务质量，培育和发展中华老字号和特色传统文化品牌。增加中高端消费品的国内供应，满足多样化消费需求，包括推动免税业有序健康发展、培育建设国际消费中心城市。利用数字化技术加强线上线下的深度融合，培育“互联网+社会服务”新模式，不断开拓线上业务，加快发展网络销售、外卖送餐等无接触服务消费，大力发展零售新业态。支持和鼓励发展服务消费供给，采取更加有针对性的措施，给予受疫情影响较大的文化旅游、家用设备、航空交通等行业定向补贴，保证供给的多样性，同时加快培育多样化旅游业态，扩大优质文化产品和服务供给。加快发展新产业新产品，引领、创造新的需求。

四是稳定就业，保障居民收入可持续增长。实施新的减税降费政策，强化对中小微企业、个体工商户、制造业风险化解等的支持力度，力保稳岗就业。通过财税政策鼓励相关人力资源产业发展，提高人力资源市场的要素供给，尤其是在受新冠疫情影响的当下，可以缓解非常规性因素带来的短期就业摩擦。发展现代职业教育，提升劳动者技能素质，缓解结构性就业矛盾。加快乡村产业振兴，促进农民工就业，增加农村居民工资性收入。

在稳定投资方面，一是继续加大财政支持力度，支持重点领域的投资建设。适当加量政策性银行信贷、政策性金融工具，支持能源、交通、水利、物流、生态环保、社会民生基础设施建设，加大重点领域补短板力度。布局新型基础设施建设，加快建设信息基础设施。

二是加大制造业投资支持力度，加快建设制造强国。加大传统制造业优化升级投资力度，扩大先进制造领域投资。进一步加大对高新技术企业关于科技创新的税前扣除力度，降低企业生产经营成本。增加制造业中长期贷款，创新完善制造业企业股权、债券融资工具，助力制造业高质量发展。

三是从供需两端发力促进房地产行业平稳健康发展。适当放松对房地产行业的监管，适度放松贷款限制，提高商业银行房地产贷款集中度指标和房地产企业“三条红线”融资限制，保证房地产行业流动性充足；更加关注融资困难的民营企业，从“贷款、债券、股权”三个方面支持民营房企融资，促进民营房企融资恢复；因城施策实施好差别化住房信贷政策，支持商品房市场更好满足购房者的合理住房需求；推动“保交楼”工作加快落实，维护住房消费者合法权益，促进房地产市场平稳健康发展。

在提振进出口方面，一是加大稳外贸政策的执行力度。外需收紧叠加生产成本上升，出口企业的利润被进一步挤压，在此情况下应该加大稳外贸政策的执行力度，进一步加大对出口企业的支持力度，在出口退税等方面多给予出口企业优惠政策，增强外贸企业活力。

二是进一步加强深层次的国际贸易合作。面对外部环境不确定性增加和贸易摩擦加剧的形势，进一步加强深层次的国际贸易合作，开拓新的国际贸易关系，积极鼓励企业引入新技术、新设备，促进出口商品结构升级，提高出口竞争力，发掘新的出口增长点。深化“一带一路”建设，强化国际产能合作，扩大双向贸易和投资；实施自由贸易区提升战略，推动商签更多高标准自由贸易协定和区域贸易协定，深化中国和周边国家在农业、能源、高新技术等领域的合作。

三是扩大重要产品和服务进口。拓宽先进技术、关键零部件、优质能源资源等优质产品的进口渠道，扩大医药产品、康复服务等与人民生活密切相关的产品或服务进口。持续办好中国国际进口博览会、中国进出口商品交易会等，推动进口规模扩大、结构优化、来源多元化。

2. 扩张性供给管理

（1）供给侧结构性改革

第一，要提高供给体系质量和效率，提升供给结构对有效需求的适配性。当下制约我国经济发展的核心因素在供给侧，需要发挥创新第一动力作用，持续推动科技创新、制度创新，以自主可控、优质有效的供给满足和创造需求。比如在对外依存度高、短期难替代，存在断供断链风险的领域，需要加快补短板；在有需求但未得到有效满足的领域，需要尽快优化供给结构，以新供给创造新需求，形成经济发展的不竭动力。

第二，继续深化改革，化解供给结构错位引发的总量矛盾，依靠改革的办法推进产业结构调整升级。如：深化农业供给侧结构性改革、金融供给侧结构性改革，继续推进国有企业改革，加快政府职能转变，深化价格、财税、金融、社保等领域基础性改革。完善市场在资源配置中起决定性作用的体制机制，深化行政管理体制改革，打破垄断，健全要素市场，使价格机制真正引导资源配置。要加强激励、鼓励创新，增强微观主体内生动力，帮助其提高盈利能力，提高劳动生产率，提高全要素生产率，提高潜在增长率。

第三，需要财政政策和货币政策共同发力，综合统筹逆周期调节和跨周期调节两方面措施，协调宏观经济政策与疫情防控政策。加大一揽子稳经济政策措施的执行力度，保障国内供应链和物流链完整畅通，推进消费和投资持续修复，积极发挥政府政策对投资的引导作用，通过减税降费加大对企业投资的支持力度。保持财税政策的稳定性和连贯性，增强企业对投资收益预期，多措并举加快促进国内需求恢复，积极实施稳外贸、稳外资政策，加强进出口对经济的支撑力度。

（2）降低企业生产经营成本

生产经营成本主要包括两个方面——企业税费负担、企业融资成本。2022 年，为缓解新冠疫情散点式暴发对经济造成的冲击，保证经济政策不急转弯，各级政府继续出台一系列减税降费政策，例如留抵退税等。在“后疫情”时代全球经济增长中枢下滑、中国“六稳”的大背景下，2023 年中国应该继续坚持落实 2022 年已有的减税降费政策，确保制造业、餐饮业、建筑业和交通运输业等主要行业税负明显降低，对受贸易摩擦影响最严重的外贸出口企业施行财政税收优惠等一系列政策，并且将疫情期间出台的针对中小企业信贷支持的措施常态化，从根本上解决中小企业融资困境。下一步，应密切跟踪宏观经济形势，综合考虑财政承受能力和助企纾困的需要，进一步研究完善减税降费政策，支持保市场主体、保就业、保民生，促进经济运行保持在合理区间。

（3）加大对中小微企业的支持力度

2022 年国内疫情反复的深度影响对中小微企业造成了严重的冲击。在统筹推进经济恢复过程中，中小微企业占据了重要地位，尤其在激发社会活力、拉动就业增长方面具有重要作用，但长期以来中小微企业由于实力不够雄厚、可变因素大、可用于抵押的资产较少等原因，抗风险能力较弱，可获得的信贷支持较少。受到疫情冲击的影响后，规模更小、抗风险能力更弱的小微企业面临了更多的困难，因此，政府应出台相关支持政策助力其健康发展。除此之外，应继续推动减税降费等措施助企纾困。2022 年以来，由于国内疫情反复，国内企业遭受了不同程度的影响，尤其是中小微企业，出现经营困难、产出下降等，为了帮助这些企业在 2023 年维持正常经营，减税降费政策需进一步发力，增强市场活力。

（4）鼓励高新技术的自主研发

从 2020 年下半年以来，全球集成电路的制造产能持续紧张，各行各业都陆续出现了“缺芯”问题，对全球产业发展造成了一定影响。在全球“缺芯”的背景下，为了解决关键技术“卡脖子”问题，中国政府应该鼓励企业对高新技术的自主研发，打破海外对高科技的垄断，降低中国企业对国外高新技术的依赖度。工艺创新、资源创新和部分类型的制度创新能够提高企业的生产率，扩大供给。因此，可以从以下四方面促进技术升级：

首先，建立起促进创新的科技金融体系，从金融层面鼓励企业直接投入前沿基础研究和关键技术研发，利用企业较灵活的资金使用方式，激发创新活力；其次，为了保证企业的积极性，制定相关各方在成果转让、股权分配等多种形式下的利益共享和分配机制，充分利用技术市场和资本市场，加快科技成果转化；再次，培育人力资本，加大对技术创新型人才的培育力度，鼓励创新，增加对技术创新人员制度和财政上的激励；最后，鼓励高新技术自主研发的同时必须重视基础研究投入，必须在基础科学方面有一大批国际领先的突出成果，在实施创新驱动发展战略时，不要忽视基础研究。

（5）进一步对外开放

第一，深化共建“一带一路”，协同推进战略互信。“一带一路”

倡议是新时代对外开放的鲜明特征，是中国推进高水平对外开放的关键抓手。倡议提出以来，共建“一带一路”不断从理念转化为行动、从愿景转化为现实，取得了丰硕的成果。未来，应进一步深化战略合作，对接经贸伙伴持续扩容，形成促进全球共同发展的政策合力。特别是在俄乌冲突背景下，需发挥中国大国作用，增进欧亚地区战略互信，构建互信互联互通伙伴关系，开启高质量共建“一带一路”新征程。

第二，抓住 RCEP 生效新机遇，全面对标落实 RCEP 经贸规则。2022 年 1 月 1 日《区域全面经济伙伴关系协定》（RCEP）正式生效，成为全球最大的自由贸易区，为中国全面提升对外开放水平和质量、构建开放型经济新体制带来新的机遇。RCEP 生效为我国与周边国家经贸规则衔接提供了新契机，中国应全面梳理现有法律法规政策，修订不适应 RCEP 规则的条款，制定完善的法律体系和标准体系，持续创新体制机制，为中国加入涵盖更高标准经贸规则的 CPTPP 等区域经济合作组织打下坚实基础。

第三，加大对外资企业的服务力度，营造良好国际经济环境。服务好外资企业才能更好地吸引更多的外资，创建良好的营商环境是高质量对外开放的基石。对重点外资项目可以设立专班制度，协调各方加强服务保障，帮助企业排忧解难，推动重点项目落地建设。与此同时，应妥善处理与美国、欧盟、东盟等贸易伙伴的经济贸易关系，降低关税和非关税壁垒，积极贯彻协同发展、互助共赢的原则，以国际大市场为支撑积极促进中国经济结构调整，深入融合到国际大市场中，畅通国内国际双循环。

3. 扩张性市场环境管理为辅

（1）改善营商环境

第一，加快建设全国统一大市场。优化市场环境，建立完善统一规范的市场制度，消除地方保护主义，打破商品流通壁垒，夯实并畅通国内大循环，将国内潜力巨大的消费市场与完整性较高的供应链和产业链充分有效结合在一起，促进国内要素和国际要素顺利流动，发挥市场在资源配置中的重要作用。

第二，深化“放管服”改革。持续深化行政审批制度改革和商事制度改革，减少和优化涉企经营许可事项，改革完善生产许可制度，简化工业产品生产许可证审批程序。加快建立全方位、多层次、立体化监管体系，实现事前事中事后全链条、全领域监管。提升企业开办标准化、规范化、便利化水平，简化普通注销程序，建立健全企业破产和自然人破产制度。加快推动市场数据跨部门共享，规范商业机构数据公开使用与发布。完善营商环境评价体系。

第三，加强依法治国，进一步完善以知识产权、商业秘密保护为核心的法律法规和运行机制，减少人为干预。企业是市场主体，依法保护企业的合法权益，包括知识产权、财产权等，是营商环境优化的本质。以法律作为保障，可以刺激投资者的创新意识，规范企业行为，优化营商环境。

第四，保持政策的稳定性、连贯性，防止短期内频繁改变政策。政策不确定性是影响企业长期生产抉择的关键因素，稳定的政策预期会促进企业投资、增加库存、扩大再生产，而政策多变则会扰乱企业的生产预期，抑制企业发展。

第五，健全现代产权制度。加强产权保护和激励，完善以公平为原则的产权保护制度，完善产权执法司法保护制度，全面依法平等保护各类产权。强化知识产权全链条保护，提升知识产权审查能力，建立健全知识产权侵权快速反应、惩罚性赔偿等机制。加强数据、知识、环境等领域产权制度建设，完善自然资源资产产权制度和法律法规。完善国有产权交易制度，完善农村集体产权确权和保护制度。

第六，完善社会信用体系。推进信用法治建设，健全社会信用法律法规和政策体系。依法依规加强信用信息归集、共享、公开、应用，建立公共信用信息同金融信息共享整合机制。建立健全以信用为基础的新型监管机制，加强企业信用状况综合评价，推广信用承诺和告知承诺制，依法依规健全守信激励和失信惩戒机制。强化消费信用体系建设。加强诚信文化建设和宣传教育，营造公平诚信的市场环境和社会环境。

（2）改善消费环境

第一，健全和完善社会保障体系，稳定消费者消费信心。面对疫情的反复，人们消费意愿逐渐下降，消费信心不足，因此有必要进一步健全和完善社会保障体系，稳定消费预期。这就需要坚持社会统筹和个人账户相结合，完善城镇职工基本养老保险制度和基本医疗保险制度，健全失业保险制度和城市居民最低生活保障制度。

第二，完善消费，特别是旅游消费基础设施，增加消费供给，扩大消费者选择范围。健全的基础设施可以极大地拓展消费者的选择空间，未来可以以新基建为着力点，加速推进和完善新型消费基础设施建设，优先满足新型消费的产生条件，即足够多的智能手机用户及畅通的互联网通信体系、便利安全的移动支付体系、足够多的支付应用场景以及高效发达的快递物流体系和配送网络。

第三，完善与消费者相关的法律法规，加强执法力度，依法保护消费者合理权益，整顿和规范市场秩序，对假冒伪劣和价格欺骗等行为零容忍。

第四，加强疫情防控措施，采取科学有效的方式应对疫情散点暴发。目前疫情是影响消费环境的主要因素，若能有效控制疫情的反复和蔓延，将极大改善当前的消费环境，促进国内消费的恢复。

第五，稳定消费者消费预期，释放消费潜力。当前中国消费需求具有较大潜力，尽管政府出台了相关刺激消费的政策措施，但消费预期不稳导致消费潜力未能完全转化为消费能力，所以一方面应致力于解决居民的后顾之忧，如养老、医疗等负担，另一方面应提升人力资本水平，稳定居民可支配收入。

第六，加强和完善基础设施建设，提供良好的硬件环境。自 2020

年疫情暴发以来，国内催生了不少例如直播带货、网络购物等新业态新模式并得到快速发展，这些新业态的发展离不开相关基础设施的支持，所以基础设施建设要跟进消费环境变化，促进经济转型，带动高质量消费的发展。

第七，建立健全适应消费新业态新模式发展特点的新型监管机制。建立假冒伪劣产品惩罚性巨额赔偿制度。健全缺陷产品召回、产品伤害监测、产品质量担保等制度，完善多元化消费维权机制和纠纷解决机制。严格食品药品监管，确保安全。强化重点商品和服务领域价格监管，维护市场价格秩序。

第七章　2023年中国宏观经济展望

综合2023年宏观经济的自然走势和政府政策的影响，我们预计2023年GDP同比增长6.0%，CPI同比增长2.6%，PPI同比增长0.5%。

供给端，预计2023年工业增加值同比增长6.7%。需求端，预计2023年社会消费品零售总额累计同比增长6.1%，固定资产投资累计同比增长5.2%，出口累计同比增长1.5%，进口累计同比增长3.5%，全年实现贸易差额8204亿美元。

货币金融方面，预计2023年货币政策坚持稳字当头、稳中求进，继续实施积极的财政政策和稳健的货币政策，加大宏观政策调控力度，加强各类政策协调配合，形成共促高质量发展合力。同时，积极的财政政策加力提效，保持必要的财政支出强度，在有效支持高质量发展中保障财政可持续和地方政府债务风险可控。预计2023年M2同比增长10.2%，新增人民币贷款21.66万亿元。如表7－1所示。

表7－1　2023年中国宏观经济指标预测

宏观经济指标	2022年预测	2023年第一季度	2023年第二季度	2023年第三季度	2023年第四季度	2023年预测
经济增长						
GDP当季同比（%）	2.7	4.6	6.5	6.7	6.2	6.0
工业增加值同比（%）	3.4	2.0	4.6	6.0	6.7	6.7
社会消费品零售总额累计同比（%）	-0.2	3.5	12.0	8.5	6.1	6.1

续表

宏观经济指标	2022 年预测	2023 年第一季度	2023 年第二季度	2023 年第三季度	2023 年第四季度	2023 年预测
经济增长						
固定资产投资累计同比（%）	5.2	5.4	6.5	5.8	5.2	5.2
出口当季同比（%）	8.2	-2.0	-0.5	1.5	6.5	1.5
进口当季同比（%）	1.7	2.0	3.0	4.0	5.0	3.5
贸易当季差额（亿美元）	8700	1337	2026	2552	2287	8204
通货膨胀						
CPI 累计同比（%）	2.0	2.8	1.7	1.9	2.2	2.6
PPI 累计同比（%）	4.2	-0.4	-1.3	1.0	2.1	0.5
货币信贷						
M2 同比（%）	12.0	12.4	12.0	11.8	11.6	11.9
新增人民币贷款（万亿元）	21.41	8.4	5.68	4.69	2.89	21.66

下篇

专题报告

第八章　重视房地产领域风险，促进房地产市场平稳健康发展

2022 年以来，我国房地产市场在内外压力共同作用下，经历了前所未有的挑战，房地产市场供需两端均比较低迷，房企违约增多，“稳地产”对“稳经济”意义重大。相关部门频繁释放积极信号，各地全面优化“因城施策”措施，房地产市场下行趋势逐步减缓。但疫情导致居民收入预期变化，减弱房地产需求，市场下行压力依然较大，仍需关注房地产企业风险和土地财政急剧下滑可能引发的地方债务风险。2023 年，在疫情得到有效控制下，房地产市场在政策持续宽松和 2022 年较低基数的基础上，将会在中期有明显筑底可能。房地产市场调控需在“房住不炒”定位下加强调控的精准性，守住不发生风险底线，完善住房市场和保障两个体系，加快健全住房基础性制度和长效机制。

一、2022 年房地产市场深度调整

2022 年以来，我国经济运行面临的外部环境仍然复杂严峻，国内则受多地疫情反复等超预期因素影响，全国房地产市场无论是销售还是投资都面临前所未有的调整，商品房销售面积持续大幅下降，房地产开发投资累计同比再次出现负增长。

（一）国房景气指数低位徘徊，9月开始进入低景气水平

包含房地产投资、资金、面积、销售等有关指标的房地产开发景气指数（简称“国房景气指数”）是最能反映房地产整体情况的指标，国房景气指数为100是最合适的景气水平，95～105为适度景气水平，95以下为较低景气水平，105以上为偏高景气水平。2022年以来的景气指数一直在100以下，并呈现不断下降趋势，到2022年10月已经回落到94.70，连续两个月为较低景气水平。按照国房景气指数下行惯性，预计2022年第四季度的国房景气指数可能会继续低于95，全年国房景气指数会显著低于2021年。如图8－1所示。

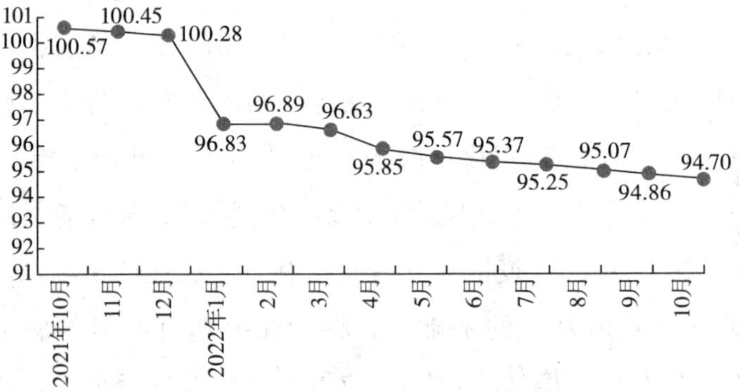

图8－1 2021年10月至2022年10月国房景气指数

（二）房地产投资持续下滑，2022年第四季度下滑速度有望减缓

如图8－2所示，2022年1—10月，全国房地产开发投资113945亿元，同比下降8.8%。其中，住宅投资86520亿元，下降8.3%。整体看，房地产投资持续下滑，投资累计同比自2020年6月以来再次跌入负区间。分区域看，1—10月，东部地区房地产开发投资同比下降6.3%，中部地区下降5.1%，西部地区下降15.2%，东北地区下降25.4%。可见，各个区域房地产投资均不同程度深度下滑，其中东北地区同比下降最快，中部地区降幅最小。投资规模上，东部地区依然保持

领先，占全国房地产总投资的54.2%，高于其他三区域的总和。虽然2021年第四季度房地产投资回落较快，但是疫情带来收入增长的乏力，因此，2022年第四季度房地产投资增速下滑幅度可能会进一步加大，全年房地产投资增速可能会达两位数。

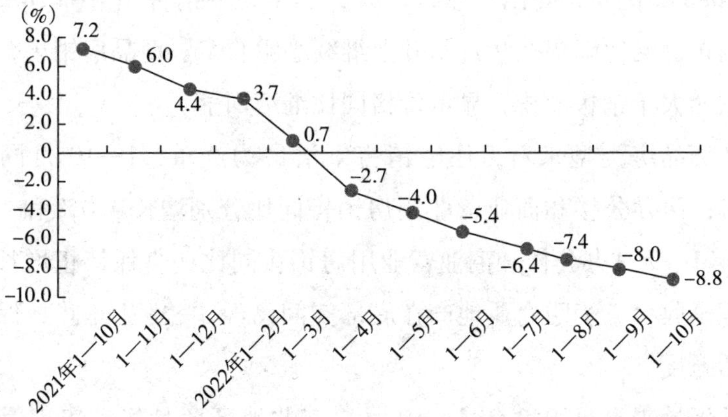

图8-2　2021年10月至2022年10月全国房地产开发投资同比

2022年1—10月，房地产开发企业房屋新开工面积103722万平方米，同比下降37.8%；房屋竣工面积46565万平方米，同比下降18.7%。整体来看，房地产供给端的修复很弱，新开工规模持续处于深度调整中。房屋竣工面积虽然也在负增长区间，但随着地方“保交付”政策实施以及房企销售业绩逐步有所转好，后续项目竣工进程或有改善，将推动其降幅进一步收窄。

在市场销售短期内难以快速恢复、流动性风险依然存在的背景下，房企拿地态度普遍谨慎。2022年1—10月，房地产开发企业土地购置面积7432万平方米，同比下降53%；土地成交价款6061亿元，同比下降46.9%。但第三季度当季土地购置面积环比上涨23.2%，同比下降58.0%；土地成交价款环比上涨117.4%，同比下降46.2%。大幅下降的拿地面积对下一阶段房地产投资的增长形成了制约。

（三）房地产销售增速深度回落，但近期销售增速环比有所回升

如图 8 - 3 所示，2022 年 1—10 月，全国商品房销售面积 111179 万平方米，同比下降 22.3%，其中住宅销售面积下降 25.5%。商品房销售额 108832 亿元，同比下降 26.1%，其中住宅销售额下降 28.2%。商品房销售额同比降幅在 9 月基础上继续小幅收窄。商品房销售金额同比跌幅依然大于销售面积，显示价格同比继续回落。

从商品房类型来看，住宅销售下滑最为严重，1—10 月同比下降 25.5%；而办公楼和商业营业用房销售同比分别增长 4.0% 和 -0.4%。2022 年 1—9 月办公楼和商业营业用房销售同比一直保持正增长，但是涨幅逐渐收窄，表明商业地产在底部空间已经“稳住阵脚”，保持了相当的活跃度。

从区域来看，2022 年 1—10 月，东北地区商品房销售下滑幅度最大，商品房销售面积和销售额分别下降 35.0% 和 39.2%；西部地区次之，商品房销售面积和销售额分别下降 25.0% 和 28.9%；东部和中部地区商品房销售面积分别下降 22.6% 和 17.5%，销售额分别下降 25.5% 和 23.0%。整体来看，房地产销售市场在稳楼市政策发力的背景下企稳迹象渐显，商品房销售下行趋势有所好转。自 8 月以来商品房销售面积单月环比大幅增长，且同比增速下行趋势有所放缓，9 月当月销售面积环比增长 39.3%，销售金额环比上涨 33.7%。虽然随着 9 月底稳楼市政策进一步发力，利率下调、个税退税等刺激刚需及改善性需求的措施落地，促进竣工交付，企业销售促销力度加大，但是由于疫情对人们当期收入的影响和对未来收入预期的不确定性仍较大，预计 2022 年第四季度商品房的销售难以较快复苏，2022 年商品房销售面积和销售的降幅同比可能会继续有所扩大。

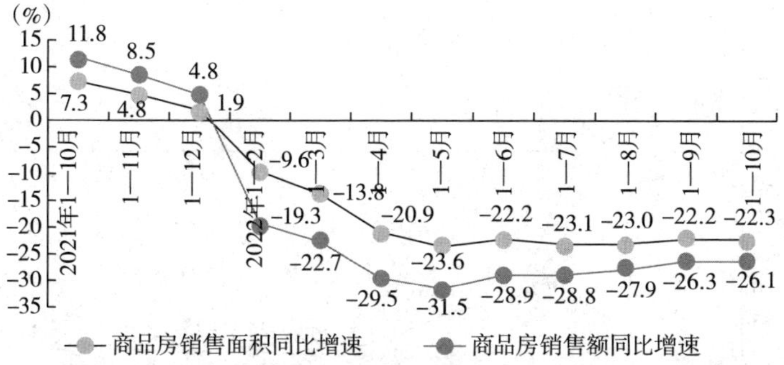

图 8－3 2021 年 10 月至 2022 年 10 月全国商品房销售面积和销售额同比

（四）房地产开发企业到位资金增速低位徘徊，房企融资压力依然较大

受房地产市场需求及金融政策的影响，房地产开发企业到位资金全年低位运行。如图 8－4 所示，2022 年 1—10 月，房地产开发企业到位资金 125480 亿元，同比下降 24.7%。其中，国内贷款 14786 亿元，下降 26.6%；利用外资 62 亿元，下降 13.3%；自筹资金 44856 亿元，下降 14.8%；定金及预收款 41041 亿元，下降 33.8%；个人按揭贷款 20150 亿元，下降 24.5%。从到位资金结构来看，定金及预收款和个人按揭贷款是企业主要的资金来源，占全部资金的 48.8%，比重较上年同期下降 4.5 个百分点；自筹资金占 35.7%，上升 4.1 个百分点，可见 2022 年以来企业积极筹措资金；国内贷款占比为 11.8%，下降 0.3 个百分点。

随着金融支持房地产健康平稳发展政策的逐步兑现，部分房企资金面会有一定改善，尤其是财务稳健的优质房企获得资金倾斜的概率更大，但部分房企在当前的偿债高峰期仍面临着较大的流动性风险，行业融资环境修复还需要时间。

二、2023 年房地产市场有望企稳

在“房住不炒”的定位下，2023 年疫情仍是房地产走势最大的不

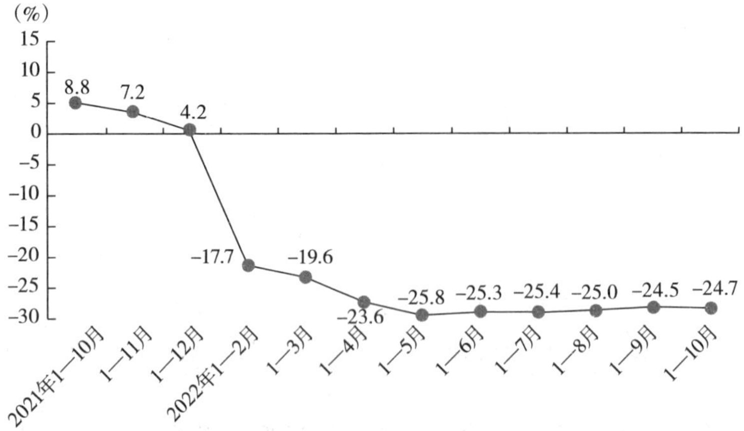

图 8-4　2021 年 10 月至 2022 年 10 月全国房地产开发企业到位资金累计增速

确定因素，房地产调控政策聚焦于居民合理住房需求和民生，房地产投资会逐步企稳，但在居民收入增长的制约和房地产行业的趋势性调整下报复性反弹的可能性不大，房地产销售下滑的步伐会减缓，商品房销售企稳有利于加快企业资金回流。

（一）房地产调控政策聚焦合理住房需求和稳民生

党的二十大报告明确指出，“坚持房子是用来住的、不是用来炒的定位，加快建立多主体供给、多渠道保障、租购并举的住房制度”。中央层面，房地产调控政策会始终坚持“房住不炒”的定位不动摇，但是会积极聚焦支持合理住房需求，因为刚性和改善性住房需求释放仍有空间。再就是积极支持住房回归居住这一民生属性，继续支持住房租赁市场快速发展。地方层面将会在中央这一调控基调下，进一步优化“因城施策”和“一城一策”，部分大的城市甚至要细化到“一区一策”，持续落实各项促进合理住房需求和“保交楼、稳民生”的政策措施，以稳定市场预期，促进市场回稳。为促进住房居住属性回归和满足居民住有所居愿望，强化租购并举、推进租赁市场发展是房地产市场未来的大趋势，满足多层次人群的居住需求，无疑也有利于房地产市场的稳定。此外，各地一定会加快推进“租售并举”“租购联动”“租售同权”等相关政策出台和落地实施。

（二）房地产投资有望逐步企稳

房地产投资包括土地购置投资和工程投资。从土地购置投资来看，2022 年房地产土地购置对房地产开发投资形成较大拖累，2023 年这一状况将会有所好转。自 2022 年 9 月末有关部门密集出台刚性和改善性住房需求的措施，金融部门加大金融支持房地产市场平稳健康发展工作，考虑到房地产销售相对房地产投资有 2～3 个季度左右的领先性，当前销售企稳信号初现，一旦销售企稳，房企拿地积极性就会提升。但是考虑到我国人口结构和住房存量，住房刚需将会趋势性减弱，拿地面积难以大幅上升。房地产工程投资受到前期拿地影响，1—9 月房地产企业拿地面积同比下降 53%，而拿地到开发时间一般是半年，因此 2022 年以来较低的拿地面积对 2023 年的工程投资扩大形成制约。但是，随着 2023 年房地产销售的企稳，房企会加大开发力度回笼资金。另外，随着与租赁相关的政策的实施，住房租赁市场将迎来快速发展期，这也为开发企业、运营企业、装饰装修企业、金融机构等提供了新的发展机遇，促进房地产市场投资的企稳。整体来看，房地产投资的拐点或将于 2023 年第二季度中后期到来，全年房地产投资增速预计在 -3% 左右。

（三）商品房销售有望温和复苏

随着鼓励刚需和改善性需求的一系列政策持续落地和力度不断加大，房地产市场需求会有所回升，但是各区域回升幅度会有差异，一些人口净流入城市和供需较为紧张城市回升较快，尤其是 2022 年年末一些重点城市在政策利好下会加快优质项目推盘，加快资金回笼，市场热度提升将带动更多二、三线城市回暖。当然，市场回暖很大程度上还是受到疫情这个不确定性因素较大影响，疫情带来收入预期的变化及线下看房交易的不便，如果疫情影响大，销售整体回升幅度就会有限。但鉴于 2022 年较低的基数，2023 年全年房地产销售同比增速有望收窄到

-10%以内。

三、当前房地产市场面临的主要风险

在经济下行和疫情等因素的影响下，叠加我国城市化和人口结构变化等因素，房地产市场进入趋势性调整阶段，房地产销售仍不容乐观，房地产行业长期高负债高周转开发模式面临调整的压力依然较大，地方土地财政风险攀升。

（一）房地产市场下行压力依然较大

疫情的反复带来的调控不放松，使得居民收入增长承压，直接影响住房需求。国内多地受疫情冲击较大的城市停工停产，居民隔离在家，直接导致个人收入受到影响，甚至造成部分人员失业，居民收入增长预期仍然较低，住房需求稳定压力较大。与此同时，市场下行导致居民购房观望情绪较浓。虽然当前地方不断优化因城施策措施，但是受疫情反复、房企债务风险、房价回落等因素影响，市场信心恢复不及预期。尤其是部分期房交付困难，导致居民对于期房交房的担忧，观望情绪浓厚。房地产市场目前下行态势短期如果难以修复，会对经济增长形成较大掣肘。

（二）城投公司托底拿地的救市行为蕴含极大风险

2022年的房地产市场让严重依赖土地财政的地方政府也陷入深深的焦虑，很多地方政府为了救市不得不亲自下场，让地方城投公司托底就是最直接的方式。根据机构统计，在地产下行的背景下，城投平台拿地比例由2021年第一批土拍的11.6%最高提升至2021年第三批的52%，而从2022年年初以来的集中供地情况来看，城投拿地平均占比42%，目的都是“托底”土地市场。城投入市固然可以稳定市场运行，但城投公司本身开发能力不强，在资金压力下拿地会造成资源占用，普遍拿地积极开工却很缓慢，到2022年9月末，各地城投拍的土地，开工的项目仅占所拍土地的 16%，84% 的土地依然闲置。而从 2013 年到 2022 年 5 月，地方城投的总债务达到 13.74 万亿元，扩大了 6 倍。其中 2021 年到 2022 年，城投的总负债就增加了 6 万亿元，两年的时间，城投的债务整整翻了一番。大约 6.7 万亿元的城投债将在 2023 年年底到期，一旦城投手中土地无法变现，现金流就会出问题。

（三）房地产企业债务风险压力依然较大

自 2018 年以来，房地产行业利润增速已呈下降趋势，随着高地价项目进入结算期，企业利润规模出现负增长。如今，房企大力降价甩卖，行业整体利润率再度承压。根据《中国房地产报》记者不完全统计，从 2022 年下半年至今，提出债券展期的房企数量不断增加，截至 11 月 2 日，已有 35 家房企对旗下债券计划展期或展期成功。目前市场环境下，融资渠道不通，销售未见明显起色，房企流动性在短期内并未改善，现金流依然紧绷。于是，部分房企开始二次展期。彭博汇编的数据显示，中国房企到 2023 年年底前有 2920 亿美元的境内外债务到期（其中，2023 年全年有 2380 亿美元）。到期规模比 2022 年少了约 1/4，也低于 2021 年高峰期的 3810 亿美元。但是，当前房企现金流明显恶化，偿债压力依然较大。从当前情况来看，对房企融资政策有所放松，但是往往是销售业绩好的房企更容易获得融资。销售回款方面，随着宽松政策的不断出台，以及“保交楼”方面工作的加快推进，楼市有望在重点城市率先转暖，并可能在 2022 年年底对更多二、三线城市产生带动作用，但是房企销售业绩的全面改善难度较大。

（四）房地产下行可能加剧地方财政风险

长期以来，地方财政对土地出让和房地产相关税收依赖度较高，近两年土地出让收入和房地产相关税收在地方本级财政收入中占比超 50%。当前，房地产下行加剧地方财政压力，2022 年 1—9 月，国有土地出让权收入同比下降 28.3%，土地和房地产相关税收收入同比减少

10.4%，导致地方政府性基金收入和地方一般公共预算收入分别下降26.4%和4.9%。地方一般公共预算收支缺口占一般公共预算收入比重（即收支缺口率）提升至98.7%，为1994年分税制改革以来最高水平，部分地方基层“三保”出现困难。地方政府性基金收支缺口占地方政府性基金收入比重仍高达80.2%，地方经济对政府债务性融资需求加大，而房地产市场的下行直接降低地方政府债务融资能力。随着地方综合财力的减弱和举债规范管理下融资供给能力的下降，地方政府融资供需矛盾凸显，稳投资能力较之前明显下降。

四、促进房地产市场健康发展的有关政策建议

面对当前较为严峻的房地产形势，既要坚持“房住不炒”定位不动摇，坚决不将房地产作为短期刺激经济的手段，又要以问题为导向增强调控的针对性和政策的延续性，牢牢守住不发生系统性风险的底线。同时，还要以目标为导向，着力完善住房市场和保障两个体系，健全房地产基础性制度和长效机制，促进房地产市场平稳健康发展。

（一）坚持“房住不炒”定位不动摇，加强市场调控的精准性

当前，“房住不炒”+“三稳”（稳地价、稳房价、稳预期）是房地产调控的总基调。既要坚持“稳”字当头，保持房地产调控政策的连续性、一致性、稳定性，把握调控的节奏、力度和时机，防止“急刹车”“急转弯”；各地又要秉承“一城一策”“因城施策”原则制定具体调控方案，找到当地房地产市场的“痛点”和“堵点”制定相应的调控对策。抓住我国未来10年左右仍处于城镇化较快发展的窗口期，牢牢把握居民住房刚性和改善性需求还有一定增长空间的契机，以时间换空间，稳步推进房地产行业转型和去金融化，加快建立健全多主体供给、多渠道保障、租购并举的住房制度。

（二）稳妥化解房地产企业风险，维护购房人合法权益

继续以市场化、法制化手段，分类推动房企债务公开透明处置。对已经出险的企业，重点组织处置“烂尾”项目，不直接救助企业，适时推动企业破产重组。对未出险但存在债务风险压力的企业，行业主管部门应指导房企健全内部风险预警机制，金融监管部门应引导金融机构综合考虑其债务规模，合理满足存量债务产生的还本付息等滚动融资需求，在一定时间内有序降低企业负债。对坚持主业、资产质量和负债结构较为健康的企业，不盲目抽贷、断贷、压贷，满足其合理融资需求。明确股权、债权的减记顺位，保障股东、债权人和相关主体合法权益。同时，要求房企以“保交楼”为目标，积极配合地方政府加快问题项目处置，切实维护好购房者和相关利益方的权益，维护社会稳定大局。聚焦已出售、因资金链断裂不能竣工交付的商品房项目，用好专项借款等政策工具妥善处置“保交楼”项目，逐步推动房地产市场存量风险缓释。

（三）保障房地产业合理资金需求，维护房地产市场供需稳定

各行业主管部门继续引导金融机构支持房地产企业合理融资需求，校正过度避险行为，推动个人住房贷款利率下行，更好满足刚性和改善性住房需求。一方面，改善房企融资条件，在政策引导下，金融机构继续通过加大房地产贷款投放、支持债券融资等方式，精准“滴灌”有合理融资需求的房企特别是民营房企。避免“一刀切”抽贷、断贷、拒贷，推动专业增信机构为符合条件的房企，特别是民营房企发债提供增信。充分利用并购贷款、投行等工具做好重点房地产企业风险处置项目并购金融服务，同时，加大债券融资支持力度，稳定房地产供给端。另一方面，合理满足首套刚性购房需求和改善性需求，落实好已经出台的个人按揭贷款利率调整政策，切实减轻购房者负担，促进房地产需求端稳定复苏。

（四）进一步完善住房市场体系，满足居民多层次住房需求

不断完善房地产市场调控，通过市场手段促进住房资源的优化配置。各地方根据本地经济社会发展水平、常住人口和家庭变化趋势以及存量住房状况，合理确定新建普通商品住房供应规模、结构和节奏，根据不同区域、家庭不同阶段住房需求，优化各类商品住房套型比例，满足居民刚性和改善性需求。保持居住用地价格、新建商品住宅价格、二手住宅价格和住房租赁价格变动幅度在合理区间。进一步完善差别化住房信贷和税收政策，支持刚性和改善性住房需求。优化二手房交易增值税、个人所得税等税收优惠政策，活跃改善性购房需求。加快发展长租房市场，城市土地供应要向租赁住房特别是长租房建设倾斜，大力发展专业化、机构化租赁业务，以盘活存量房源为主增加租赁住房有效供应。

（五）加快完善住房保障体系，更好发挥住房保障民生兜底作用

以人口流入多的大城市为重点，落实好各项支持政策，有效增加保障性住房供给，着力解决困难群体和新市民住房问题，支持符合条件的保障性租赁住房项目发行地方政府专项债。持续推进重点城市和地区公共租赁住房建设，为城市中等偏下收入住房困难家庭提供保障。有序探索发展共有产权住房。完善住房保障方式，建立健全退出机制，逐步由“补砖头”向“补人头”转变。加快推动“租购同权”，逐步使租购住房在享受公共服务尤其是基本教育上具有同等权利。

（六）健全房地产基础性制度，完善房地产长效机制

完善住房用地供应体系，落实好“地随人走”的政策，进一步优化土地招拍挂制度，发挥好土地供应对住房和房地产市场的导向作用，提高对保障性住房土地供应的比例并优化区位条件，实现住房供需动态平衡。完善住房金融宏观审慎管理体系，对房企购地资金进行穿透式监管，并将信贷资金、信托资金、信用债等各类资金统一纳入监管体系，

灵活使用各类金融调节工具。进一步完善住房税收体系，加大对租赁性、保障性住房建设运营的税收优惠；完善住房交易环节差别化税收政策；提高住房持有环节税收；引导地方培育更多基于产业的税源，推动地方政府逐步摆脱对土地财政的依赖。稳步推进房地产开发经营模式改革，提高预售门槛并严格监管预售资金使用，有条件的地方要积极探索推行现房销售制度。

第九章　2023 年中国 A 股市场展望

一、2022 年 A 股市场表现回顾

2022 年对 A 股市场而言是扑朔迷离而又波澜壮阔的一年，和往年相比，无论是国内还是海外，都充满着更多的不确定性：新冠疫情防控压力增大，国内地产投资持续下滑，俄乌冲突愈演愈烈，欧美等发达经济体通胀高企……回顾 2022 年 A 股市场，大致可分为四个阶段：高估值叠加海内外冲击的下跌阶段（2022 年 1 月至 4 月底），疫情好转、预期回升的反弹阶段（2022 年 5 月至 7 月初），经济下行、预期落空的下跌阶段（2022 年 7 月中旬至 10 月底），疫情管控放松、刺激政策加码的反弹阶段（2022 年 11 月至年底）。如图 9－1 所示。

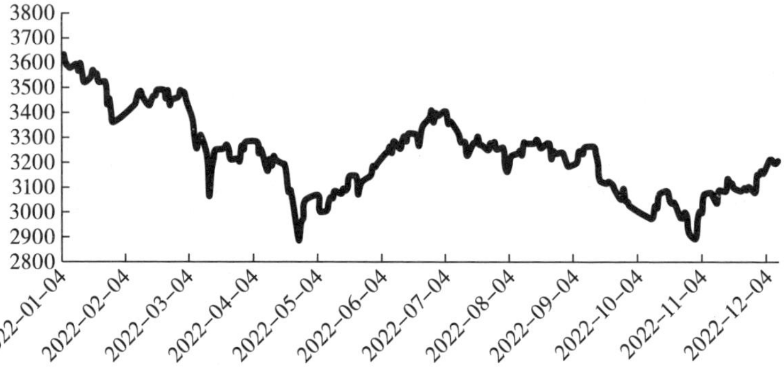

图 9－1　上证综合指数走势

数据来源：Wind。

（一）高估值叠加海内外冲击的下跌阶段（2022 年 1 月至 4 月底）

2022 年初 A 股估值明显偏离合理位置，叠加国内以上海为代表的各地新冠疫情的暴发以及海外的地缘政治冲突，上证指数从 3630 点附近快速下跌至 2863 点。社融是股票市场最为关键的资金面，经验上，社融同比增长与股市估值之间的正相关关系非常明显。根据社融推算，股市估值应在 12 倍左右，但年初股市估值却高达 16 倍，市场本身就存在回调的压力。此外，2 月下旬开始俄乌冲突爆发，全球经济不确定性显著增强；同时，国内新冠病毒感染人数陡增，多地采取临时封控措施，居民的生产生活受到很大冲击。

（二）疫情好转、预期回升的反弹阶段（2022 年 5 月至 7 月初）

国内新冠疫情形势显著转好，国家积极出台各项经济刺激政策，市场风险偏好明显提升，上证指数从 2863 点快速反弹至 3400 点。2022 年 4 月是国内的经济底和政策底，5 月国内新冠病毒感染人数环比显著下降，疫情形势显著好转，各项生产生活逐步恢复正常，市场的乐观情绪大幅升温。此外，国家出台多项政策以刺激经济增长，如加快专项债的支出，力争在 8 月底前基本使用完毕；调增政策性银行 8000 亿元信贷额度；大幅下调 5 年期 LPR，加码房地产放松政策，以救助疲弱的地产行业等。

（三）经济下行、预期落空的下跌阶段（2022 年 7 月中旬至 10 月底）

疫情好转后的短期反弹阶段已经过去，国内经济的后续恢复情况低于预期，俄乌冲突不断升级，欧美通胀高企，市场悲观情绪浓厚，上证指数从 3400 点下跌至 2900 点。无论是居民消费还是地产投资，都没有出现市场预期的显著好转，PMI 再次回到荣枯线以下，经济仍处于收缩区间。与此同时，外围地缘政治冲突加剧，美国、欧洲等发达经济体的高通胀迫使央行持续快速加息，这对全球需求会造成明显压制，我国出口增速在第三季度也出现了大幅回落。

（四）疫情管控放松、刺激政策加码的反弹阶段（2022 年 11 月至年底）

防疫政策持续优化，地产利好政策持续加码，叠加美联储加息力度有望减弱，上证指数从 2900 点弱反弹至 3200 点。国务院持续优化疫情防控措施，相关政策出现明显转向，餐饮、旅游等相关行业受到显著提振；同时，信贷、债券、股权“三箭齐发”，支持房地产业发展，推进地产风险处置和“保交楼”。海外方面，美国通胀数据低于市场预期，海外加息力度有望减弱。

二、2023 年股票市场展望

（一）股票市场的基本运行规律

众所周知，定价股票市场的因素主要有两个，即估值及业绩。估值与流动性有关，业绩与实体经济有关。因此，一方面，股票市场的估值与社会融资总额的变化息息相关，实体层面的流动性多寡给股票市场贡献了想象空间；另一方面，股票市场的业绩与经济名义增长率存在偏高的相关性。详见图 9－2 到图 9－4。

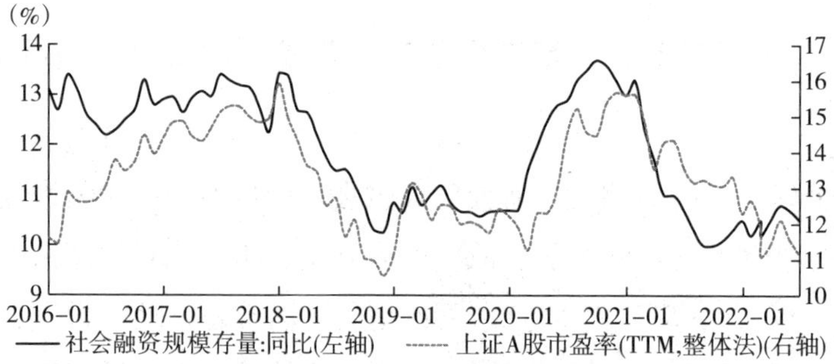

图 9－2　社会融资规模和上证 A 股市盈率

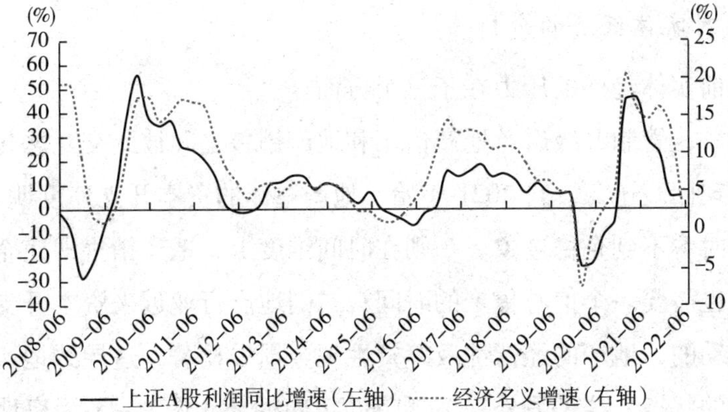

图 9－3　上证 A 股利润同比增速和经济名义增速

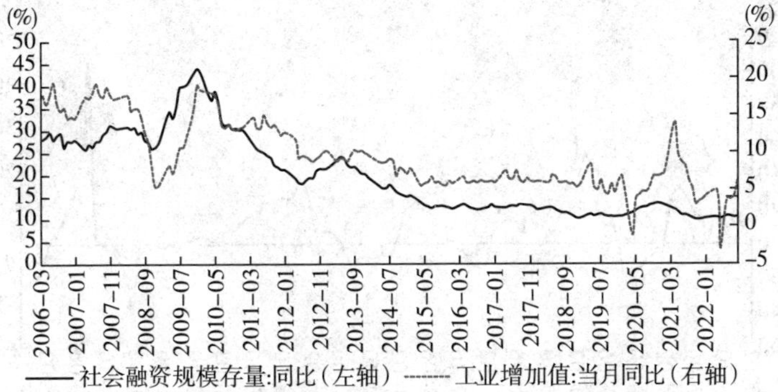

图 9－4　社会融资规模存量同比和工业增加值当月同比

而就股票市场的估值及业绩这两个定价锚来看，近期出现了一些背离的走势，金融周期和实体周期出现了明显脱轨。经验上，实体周期和金融周期应是彼此相关的，金融周期的起伏在塑造实体周期上有莫大的贡献。然而，这一次我们看到，尽管金融周期在不断向上，但实体周期却还是面临着莫大的压力，由此来看，这一轮的经济压力来源并不是周期性。

（二）股票市场业绩展望

股票市场的业绩与经济的实体增长率相关，实体增长率可以粗略看作 GDP 与 PPI 之和，因此我们将从 GDP 和 PPI 两方面分别进行解读及预测。

1. 对实体经济的分析

当前实体经济的压力在于三个方面。

其一，管制升级后，地产信用和地产销售之间彼此交互恶化，至今没有出现回暖迹象。自 2021 年始，地产整体的资本开支速度明显下降，且在短时看不到企稳迹象。一则在时间维度上，地产销售即使企稳，地产投资也需要一个信心集聚的时间；二则地产行业近来资本开支的收缩是偏被动的，地产的经营性及筹资性现金损失显著，这导致地产处于无钱开支的状态，这是另外一个环节的负向循环。图 9－5 为房地产市场行情，图 9－6 为房地产企业情形。

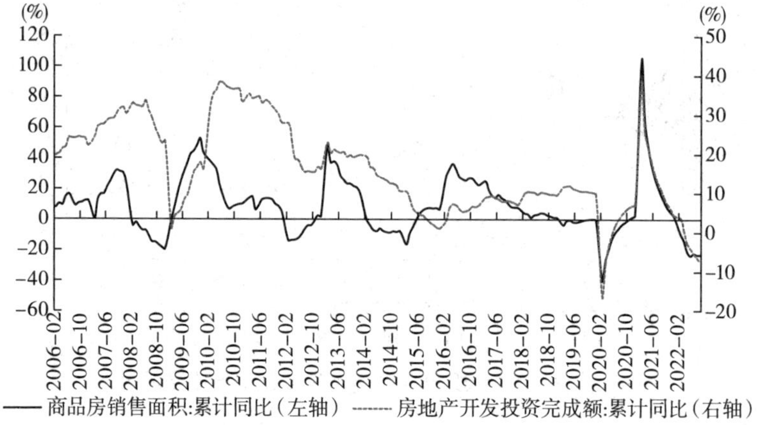

图 9－5　房地产市场行情

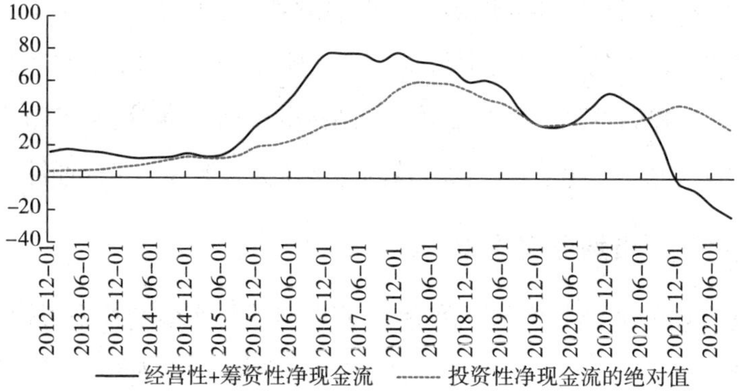

图 9－6　房地产企业情形

其二，库存是影响经济的第四辆马车，当前库存周期的下行对经济是一个隐形的压力。企业去补库存的决策来源于商品本身的涨跌情况，而当前一个非常明显的趋势是：全球的信用增长速度和商品价格齐下跌，这导致国内企业对价格的预期尤其弱，且引致了企业的持续去库存。往后看，如果美国继续加息，全球信用和商品价格的拐点可能还需要一段时间才能见到，这导致企业在短时的库存策略仍然难以转变。图 9 - 7 为企业库存和 PPI，图 9 - 8 为 CRB 同比增长和全球 M2 增长。

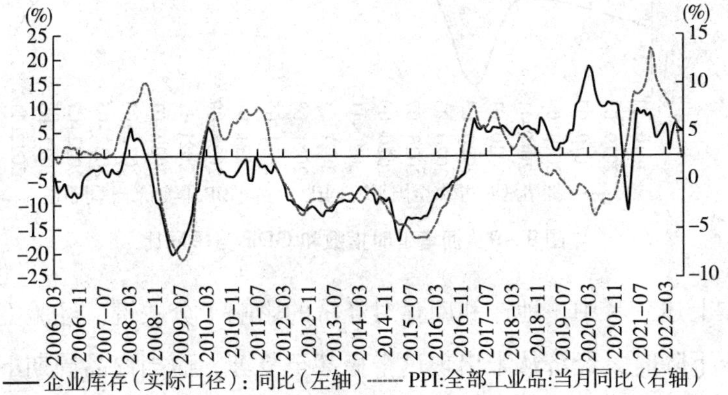

图 9 - 7　企业库存和 PPI

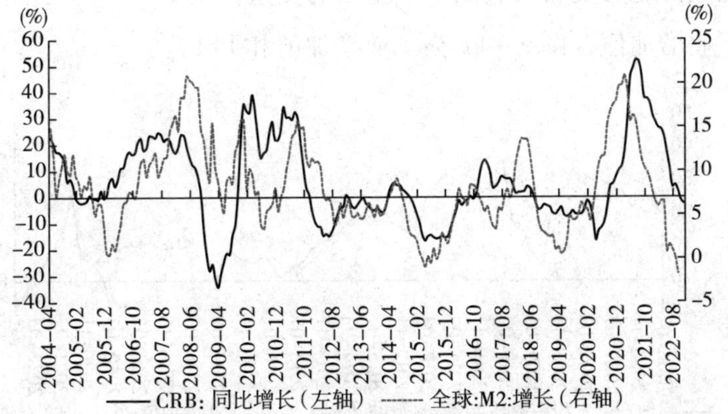

图 9 - 8　CRB 同比增长和全球 M2 增长

其三，抗疫政策在过去也加大了经济的波动。尤其进入 2022 年第四季度之后，在一波疫情加速之下，拥堵延时指数平均同比下跌了

7%，这个下跌幅度属2020年第一季度以来的最大下跌幅度，且所隐含的GDP增长水平达-3.5%之低。疫情防控政策虽然对经济没有趋势性影响，但存在着点阵影响。图9-9为拥堵延时指数和GDP当季同比。

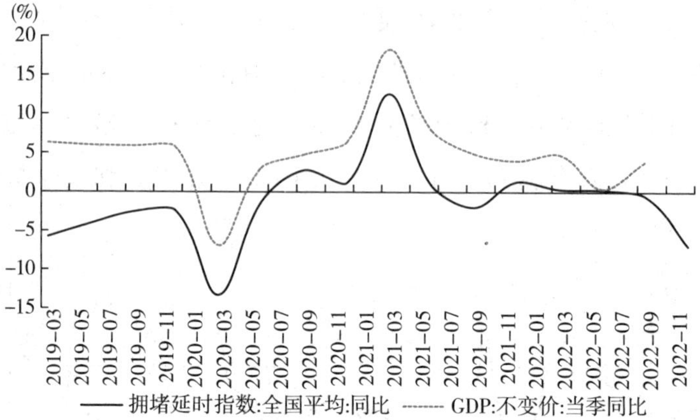

图9-9　拥堵延时指数和GDP当季同比

在上述三者中，地产和库存对经济的影响十分关键。经验上，当地产投资下降时，经济从未出现过企稳甚至复苏，而当商品周期下降且去库存化时，经济也从来没有出现过边际好转的迹象，因此，地产和库存是研究经济趋势能否反转的非常重要的变量。图9-10为房地产开发投资和工业增加值，图9-11为工业增加值和PPI。

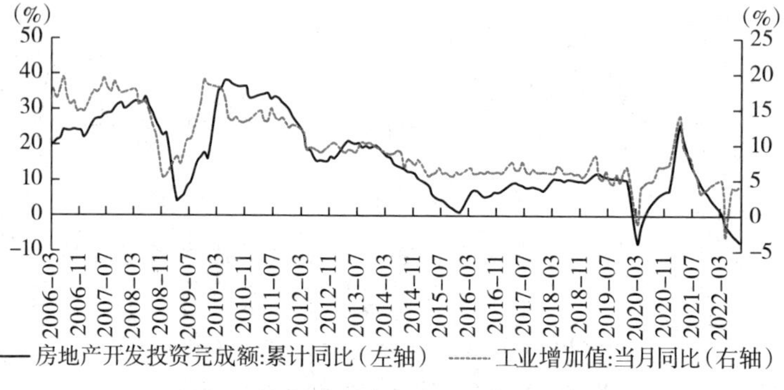

图9-10　房地产开发投资和工业增加值

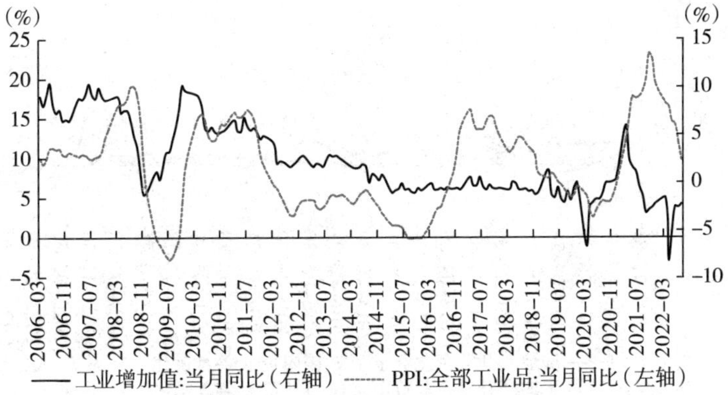

图 9－11　工业增加值和 PPI

我们认为，地产投资复苏的时点在 2023 年年末，库存周期反转的时间在 2023 年年中。

地产投资的复苏最早也要等到接近 2023 年年底。

首先，此次地产行业所受的冲击是政策性的（2021 年年初的“三条红线”与按揭集中度考核政策），因此，地产的下跌主要是基于持续下滑的主观信心。这会推出两个基本结论：一是地产的衰退不会无休无止，一旦地产的衰退速度与信心匹配，地产就会在新的更低的水平上稳住；二是既往周期的时间上的规律应不能作为参考。

其次，资本开支的启动是一定要以销售回款的加速为必要条件的。地产投资实际是现金流导向的，也就是说，在每轮地产开支启动之前，资本都会向地产进行一轮集中，当地产手中的现金流充裕之后，投资周期才有可能启动。因此，每次地产投资见底回升，个人按揭及定金预收款的回升是最为必要的条件。图 9－12 为房地产开发企业资金来源。

因此，地产投资企稳的时间点应该很接近 2023 年年底。其一，地产开发投资资金来源降速已逾 20%，但地产投资的降速仍然不到 10%，这意味着地产投资在短期仍然无法企稳，且有继续下降的空间；其二，就空间看，历次地产投资启动时，地产的销售回款（其他资金来源）至少要有 20% 左右幅度的反弹，按目前的斜率顺推的话，满足这个条

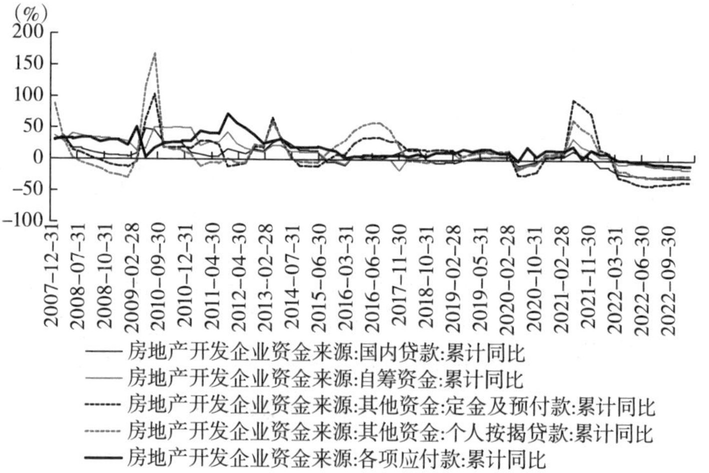

图 9－12　房地产开发企业资金来源

件至少要等到 2024 年年初；其三，如果我们承认地产没有进一步高周转的空间的话，那地产投资滞后于地产回款而启动的时间差至少要长于 2015 年那次（13 个月），这意味着地产投资回升的时点至少要在 2023 年第三季度。图 9－13 和图 9－14 为房地产开发投资和资金来源。

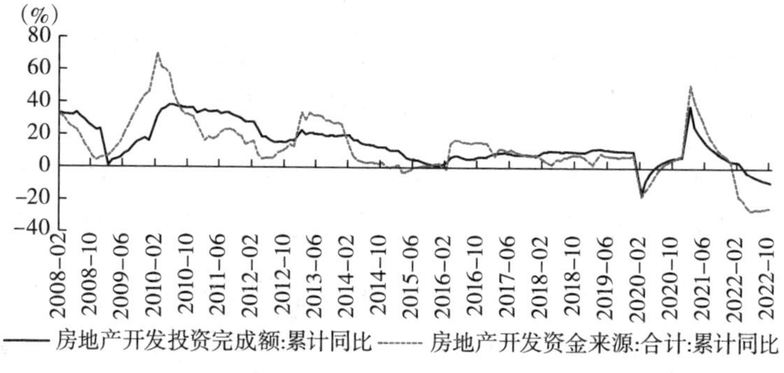

图 9－13　房地产开发投资和资金来源（1）

库存周期的反转可能在 2023 年年中附近。

库存的根由在商品价格上，而商品价格的根由在全球货币上，全球货币的根由又在发达国家的通胀局势上。

一个潜在的转机是：美国的 CPI 也许正在拐头。其一，从食品的大幅上涨即可看出，美国的此轮通胀应与通胀预期的自我形成息息相关，

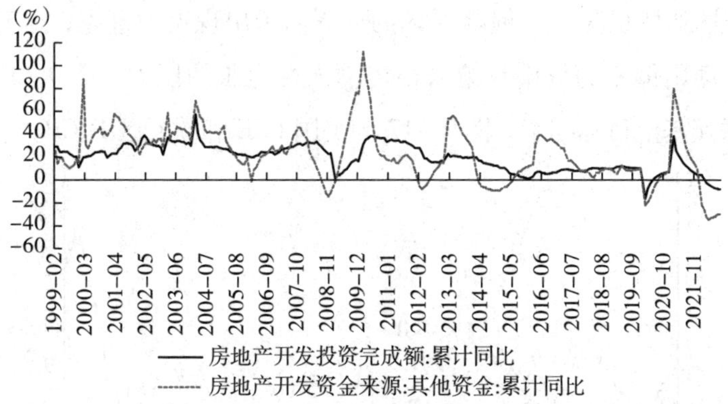

图 9－14　房地产开发投资和资金来源（2）

而从大概率已经见顶的盈亏平衡通胀率来看，美国的此轮通胀大概率已于 2022 年 6 月见顶；其二，通胀受货币条件及预期的变化影响，也许不会出现一轮又一轮稳定弹性的周期，但时间规律应该是严谨的，假设美国此轮通胀 6 月见顶的话，则此轮美国通胀与 2009—2011 年那一轮恶性通胀相同，都维持了 26 个月的时间。图 9－15 为美国 PCE 和 5 年期盈亏平衡通胀率。

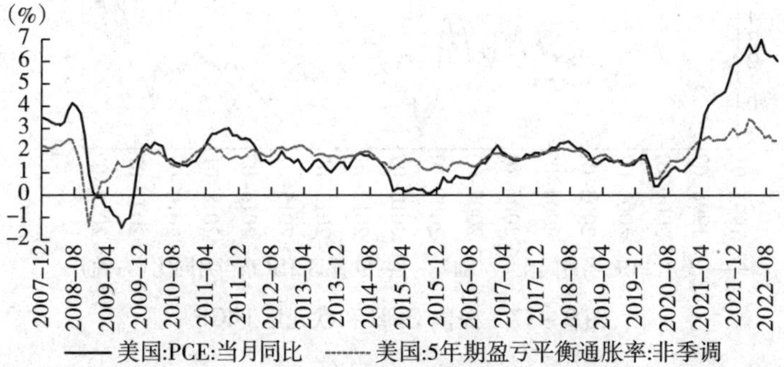

图 9－15　美国 PCE 和 5 年期盈亏平衡通胀率

但美国仍然希望通过紧缩的货币政策额外维持一段美元强势，这意味着 2022 年美欧的加息未尽。首先，这种美国通过额外加息巩固控通胀成果的先例是存在的。在第二次原油危机之后，美国一共经历了 4 段完整的加息周期，每一段加息都是出于控通胀的考虑，而此中有两次在通胀见顶后，美国为了巩固稳定通胀的成果，额外进行了 1～2 次加息。其次，此次虽然美国通胀已见顶，但欧元区的通胀尚未出现见顶迹象，这时，美国仍然需要动用偏紧的货币政策来稳定输入性通胀的压力。图 9 – 16为美国 PCE 和联邦基金目标利率，图 9 – 17 为美国 PCE 和欧元区 HICP。

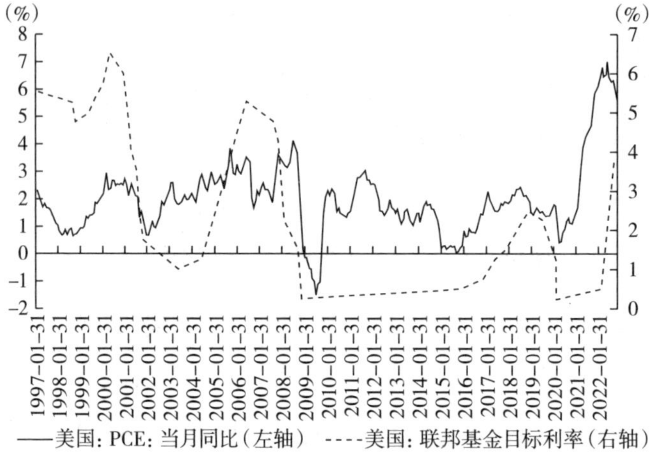

图 9 – 16　美国 PCE 和联邦基金目标利率

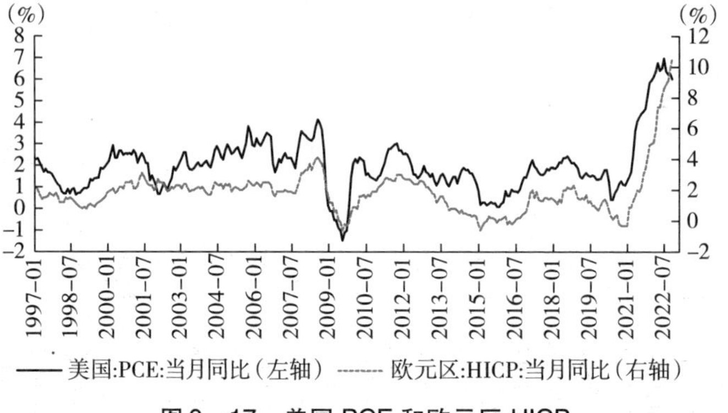

图 9 – 17　美国 PCE 和欧元区 HICP

在偏大的概率下，发达国家的加息进程已到尾声。细窥这一轮欧元区通胀结构即可知晓，这一轮欧元区的通胀源于能源通胀，而能源通胀在 2022 年 3 月之后已经进入了明显的筑顶阶段，这意味着，一旦能源的供应压力不再加剧，欧元区的通胀压力很可能会减轻，这时美国因欧元区通胀而额外收紧的基础也就不存在了。图 9 – 18 为欧元区 HICP。

如果发达国家政策变稳的边际拐点在 2023 年第一季度的话，那商

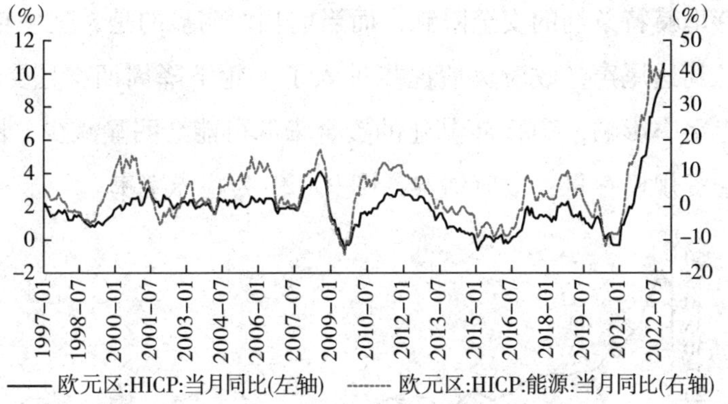

图 9－18　欧元区 HICP

品的拐点应该在 2023 年第三季度附近，中国新一轮补库周期的启动应是在 2023 年第三季度。很明显的是，商品的定价越来越与全球的金融环境相关，且在商品定价金融化后，商品周期在不断前移，从近几年的规律看，商品周期滞后于全球货币周期的时间差仅为 2 个季度左右，这比起之前的若干周期来说是大幅压缩的。图 9－19 为 CRB 和全球综合短端利率。

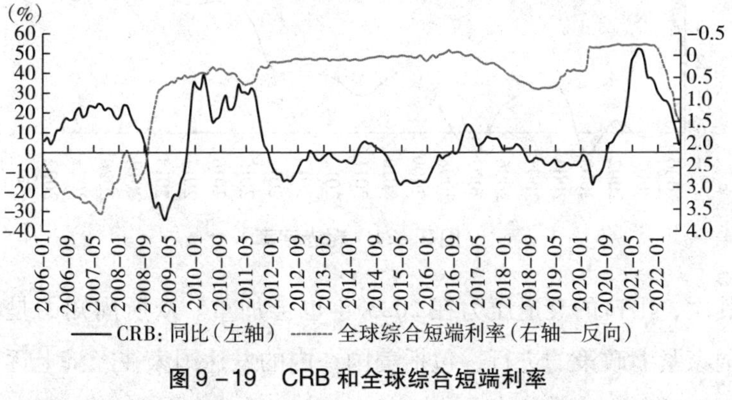

图 9－19　CRB 和全球综合短端利率

至少对于第二产业来说，2023 年第三季度之前我们无法看到第二产业的恢复，甚至 2022 年支撑第二产业的力量在后续会陆续变成掣肘。

首先，在大概率情形下，2023 年的基建会从支撑变成压力。基建其实是一个相当短的变量（基建的发力一般不超过一年），其背后应该是马斯特里赫特条约的安全限制，而当前相对明显的是，这一轮基建的发力应已到达尾声，政府负债逐步进入了一轮下降周期，且受 2022 年偏高的赤字率影响，2023 年基建的资金来源可能会明显减少。图 9－20 为社会融资规模存量：政府债券，图 9－21 为粗赤字率。

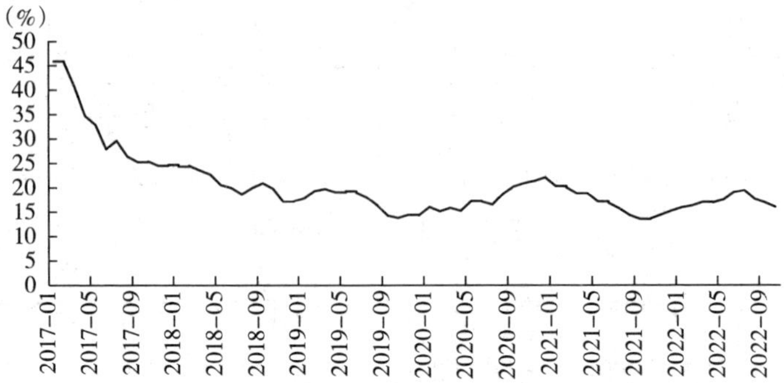

图 9－20　社会融资规模存量：政府债券：同比

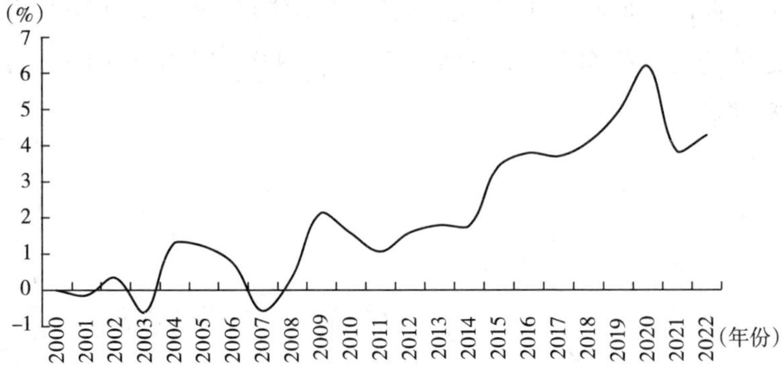

图 9－21　粗赤字率

其次，出口的衰退压力在 2023 年也会加重。众所周知的是，随着发达国家紧缩政策的进行，包括美国在内的发达国家在经济上逐步走向衰退，且其经济需求从 2023 年年初开始就出现了持续性下滑，外需的下滑成为出口越来越沉重的压力。往后看，发达国家的需求下滑在 2023 年难以止步，这将导致出口下滑成为一个贯穿 2023 年始终的压力。图 9－22 为全球发达国家 PMI 和出口金额当月同比，图 9－23 为 OECD 综合领先指标和全球综合短端利率。

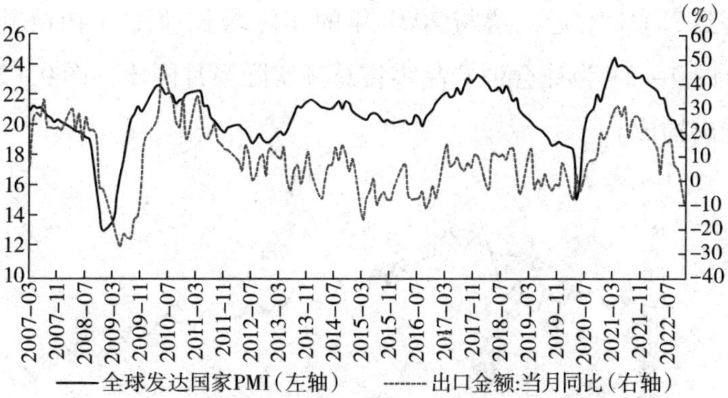

图 9－22　全球发达国家 PMI 和出口金额当月同比

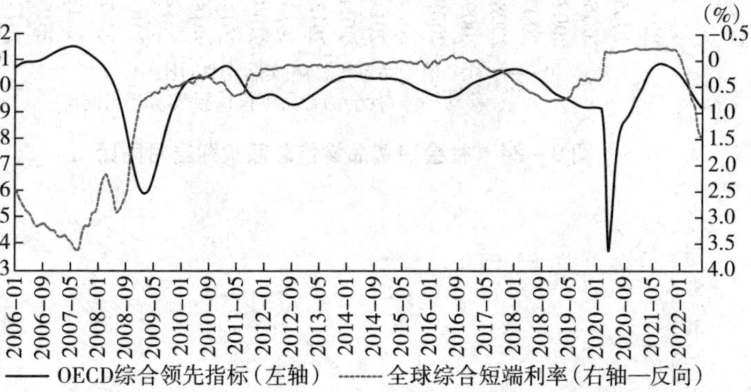

图 9－23　OECD 综合领先指标和全球综合短端利率

但需要重视的是：抗疫政策的变化是 2023 年偏正面的力量，这个力量可与基建、出口及地产的压力正负相抵。

抗疫政策的放松对消费的影响其实有限。消费下滑的根源绝不仅仅是防疫政策。在 2020 年新冠病毒出现之前，消费的实际增长速度就持续下降，其原因可能有两点：一是随着经济潜在增长率的下降，消费预期是在逐步走弱的（大家对未来的收入增长空间的预期在收窄）；二是随着消费越来越充分，消费本身的潜在增长率也是下滑的。

如果照这个趋势线性推算的话，消费最多能回到 2021 年的水平。如果我们承认在没有疫情的情况下，消费也会就原有的通道继续下滑的话，那按照 2013—2019 年的下滑趋势，消费的实际增长速度在此时将会回落到 3.1% 附近，这与 2021 年的实际增长速度（扣掉基数因素）相当。图 9－24 为社会消费品零售总额实际当月同比，图 9－25 为居民消费支出构成。

图 9－24　社会消费品零售总额实际当月同比

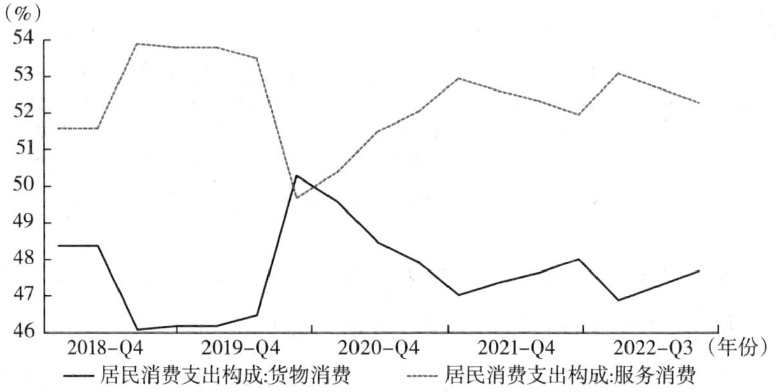

图 9－25　居民消费支出构成

然而，服务业的恢复可能会力度稍大。自疫情来袭之后，居民的消费结构出现了微妙的变化，居民的服务消费向商品消费腾挪了 1.5% 左右的空间，如果疫后一切如常的话，那服务消费的恢复可能会比商品消费快 6 个百分点左右，这意味着，如果服务业恢复如初的话，对 GDP 的拉动约 1.9 个百分点。

当然，这个过程也是循序渐进的。即使管控放松，交通及社会活动是否能充分恢复，也存在不确定性，毕竟民众的自发性防疫也可能会随着疫情新增人数的上升而加剧，这会相当程度上对冲掉疫情放松带来的影响，比如越来越多的城市在管控放松之后，交通情况依然没有起色。图 9－26 为肇庆拥堵延时指数。

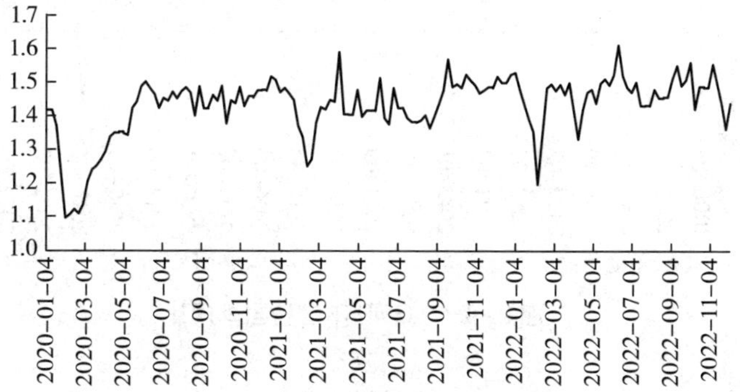

图 9－26　肇庆拥堵延时指数

照此来看，2023 年的单季度 GDP 增长可能会回到 4.5% 左右。

首先，这两年经济中枢的回落其实主因并非疫情（2020 年下半年在正常基数时，经济甚至回升到了潜在增长率之上），而是地产及库存周期。展望 2023 年，虽然疫情对经济的拖累减轻，但地产周期和库存周期仍处于下行阶段，这将导致第二产业的 GDP 增长水平继续探底，其单季增长可能会探到与 2021 年第四季度 2.5% 的增长速度相当或更低水平。

其次，服务业的恢复可能是经济中枢的有力稳定器。当前另一个问题是，疫情使得第三产业的增长水平甚至还要低于第二产业，这意味着，第三产业本身处于一个偏异常的状态，如果疫情防控政策放开，在乐观情境下，第三产业可能会恢复至与 2019 年相仿的水平（7% 左右），这意味着，总 GDP 的均衡位置在 4.5% 左右。图 9－27 为 GDP 不变价当季同比。

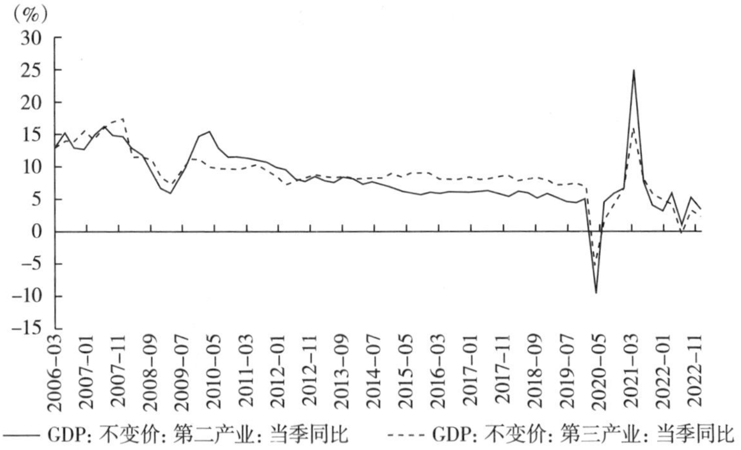

图 9－27　GDP 不变价当季同比

2. 对价格因素的分析

正如前文所说，如果全球的资金面是 PPI 最为重要的货币锚的话，那 PPI 在 2023 年年末可能会探至－1.3% 左右。在全球 M2 的增长速度仍在下探之时，PPI 在 2023 年全年都无法回到正增长状态。按照当前的周期因子推算，PPI 虽然可能在 2023 年年中附近见底，但后续的回升绝不算强劲（毕竟全球即使出现政策恢复，对 PPI 的正反馈应也不够充分）。图 9－28 为 CRB 同比增长和全球 M2 增长。图 9－29 为 PPI 及其预估。

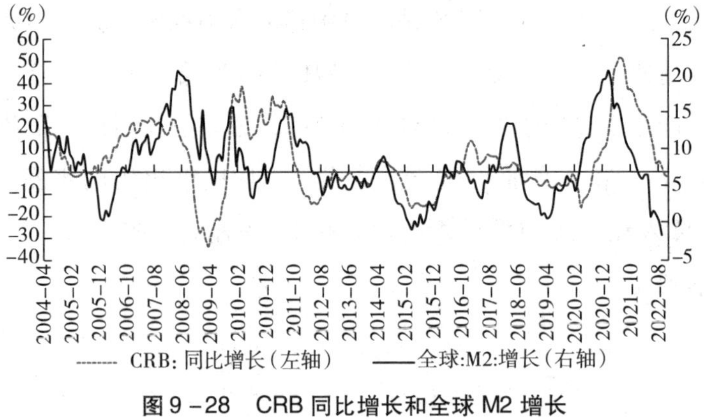

图 9－28　CRB 同比增长和全球 M2 增长

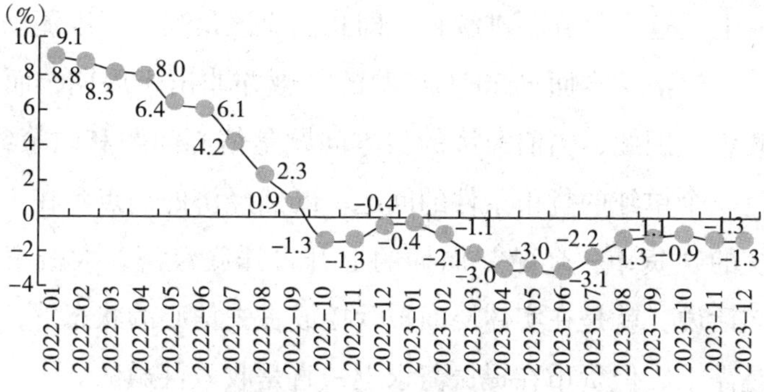

图 9－29　PPI 及其预估

3. 股票市场业绩预测

按照以上预测，在业绩上，2023 年名义增长率所对应的水平应在 3.2% 附近，照此推算，2023 年的利润增长速度应会收敛至 0 一线，即 2023 年的利润水平与 2022 年相仿。

（三）股票市场估值展望

可以看到，当前的金融周期和实体周期是背离的，以社会融资总额为代表的金融数据处于加速增长状态。一方面，受前期货币宽松的影响，金融周期现在还是在一个上升的状态，M2 和社会融资总额仍然处于持续加速增长的通道；另一方面，受地产及其他因素的影响，实体经济的增长速度仍然在放缓，这意味着，实体层面的货币越来越多，却依然无法阻止实体经济增速下降的步伐。图 9－30 为社会融资规模和 M2。

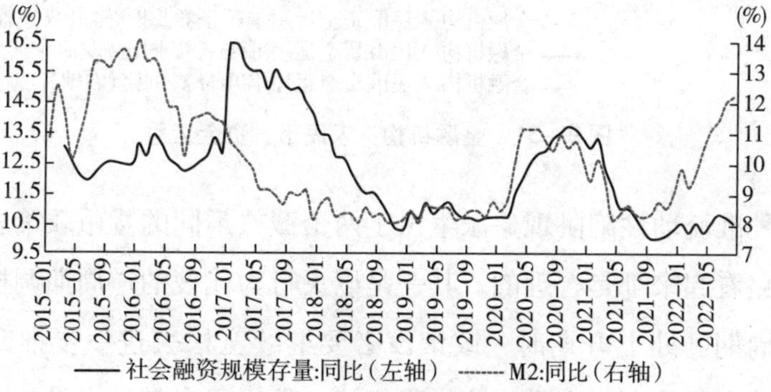

图 9－30　社会融资规模和 M2

本质上，这个差异不难解释，即我们应该是陷入了准流动性陷阱。

首先，经济基本面自 2021 年始的式微并非出于周期，而是由于各种管控政策。因此，当前经济的根本问题是信心问题和政策约束问题，根本不是一个单纯的货币条件的问题。既然经济的痛点不在于货币，我们靠传统的“货币—金融”周期的上升去托底经济，大概率也是失效的，换句话说，就是在实体层面被管控或丧失信心的状态下，当前更大的问题是需求，但货币在提振需求上一直是收效甚微的。

其次，在手中的筹码和一级市场融资需求匹配不上的情况下，银行参与了大量的二级市场项目。从商业银行的信贷收支表的资金运用端看，近期的有价证券及投资加速明显，而这些投资中绝大多数并未投向一级市场，毕竟社会融资总额没有出现与“有价证券投资”相仿的上行斜率，这意味着，银行大量的资金是通过二级市场投向了实体面。图 9 - 31 为金融机构：人民币：资金运用。图 9 - 32 为社会融资规模和有价证券及投资。

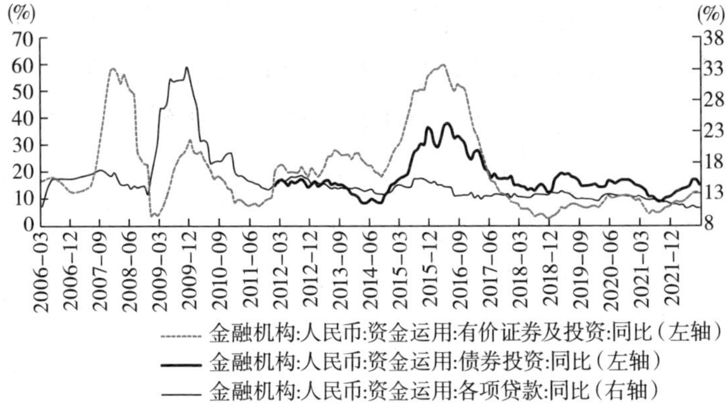

图 9 - 31　金融机构：人民币：资金运用

这种准流动性陷阱现象派生出了两个截然不同的货币政策思路，这两个思路看起来都是合理的。其一是以央行为代表的逆周期调控派，即在金融周期已处上升期时，政策没必要继续宽松去进一步推升金融周期，既然金融周期的上升无法推稳经济，那也不会带来大量的资产泡沫

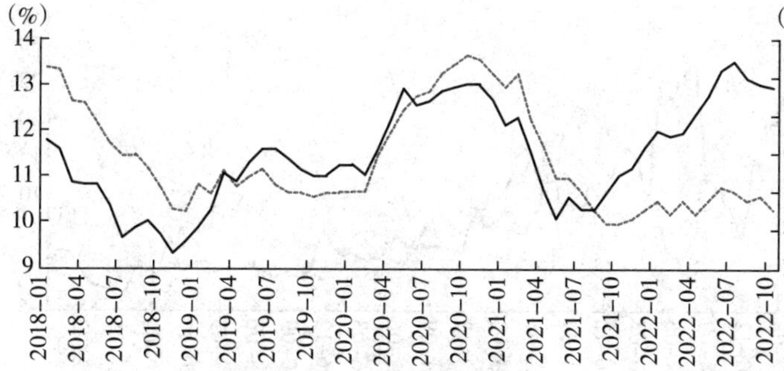

图9－32　社会融资规模和有价证券及投资

或通货膨胀等负作用；其二是跨周期调控派，既然经济长期注定增长放缓，我们就应在货币上一松再松。

但这种双头博弈只是增加了货币政策观测的难度，却不能扭转货币宽松的趋势。

首先，货币政策的运行仍然是一个典型的逆周期调控规则。从经验上看，货币政策与经济名义增长率密不可分，至少在名义增长率的下滑阶段，货币政策都保持着宽松的基调，这个规律在历史上是一直成立的。这意味着，货币政策的基调并非完全基于主观，而是货币政策所设定的利率必须和经济的回报率互相匹配，否则会产生更大的矛盾，为了淡化这种矛盾，在回报率的下滑阶段，必须不断下调利率水平。图9－33为货币政策量化指标和经济名义增长率。

其次，如果央行锚定的是金融周期的话，那金融周期的向下也使得货币收紧无法持续进行下去。譬如当前，货币政策在短时收敛之后，银行的证券投资已经在带着存款规模放缓（因当前银行大量参与二级市场交易，这种货币到信用周期的传导是立竿见影的），一旦信用周期放缓，央行紧缩货币的逻辑立刻不复存在，照此来看，货币政策是紧不下去的。图9－34为有价证券及投资和各项存款。

如果商品和经济在2023年第三季度同步触底的话，那么货币政策

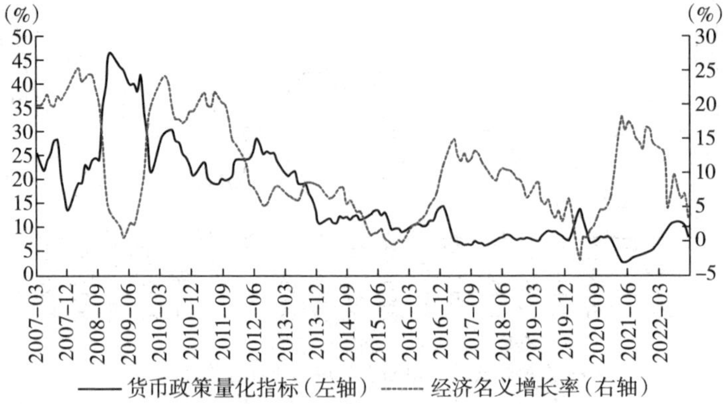

图 9－33　货币政策量化指标和经济名义增长率

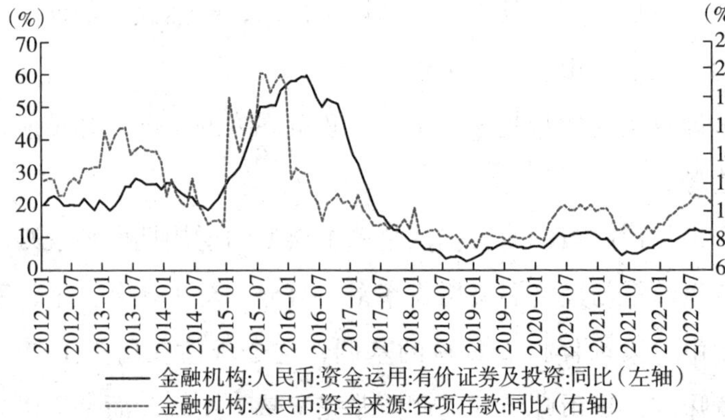

图 9－34　有价证券及投资和各项存款

的宽松大概率维持到 2023 年第三季度，信用周期的扩张应是贯穿 2023 年始终的。这意味着，2023 年的金融周期会继续向上，在此带动下，M2 及社会融资总量有望在 2023 年持续处于加速增长的状态之中，这是股票市场估值最为重要的稳定器。图 9－35 为 M2 同比和工业增加值当月同比。

股票市场的估值预计会稳定在 12.5 倍左右。当前的上证 A 股市盈率约 12.5 倍，与社会融资总额的增长水平基本匹配，但低于 M2 所隐含的增长水平。这意味着，当前市场上应该存在大量的剩余流动性，虽然这些剩余流动性的风险偏好不高，但因剩余流动性的量太大，股市还

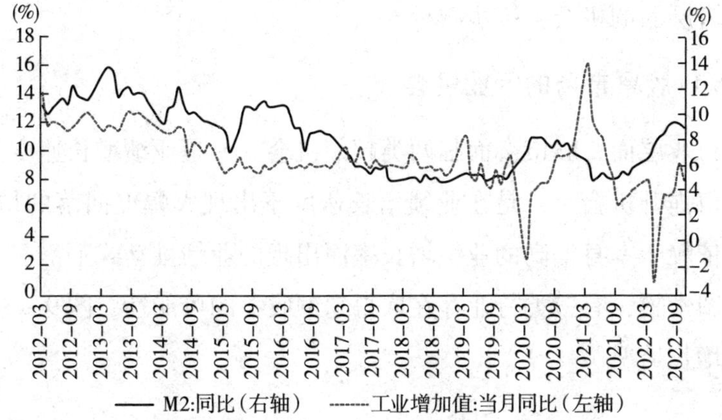

图 9－35　M2 同比和工业增加值当月同比

是因剩余流动性而获得了额外的支撑。因此，如果后续金融周期持续向上的话，股市的估值仍存在强大的支撑力量。图 9－36 为社会融资规模存量和上证 A 股市盈率。

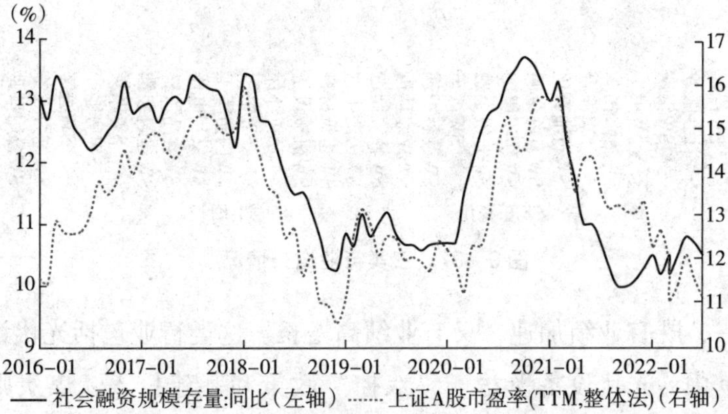

图 9－36　社会融资规模存量和上证 A 股市盈率

（四）关于指数的结论

如果假设 2023 年利润增长率在 0 附近且股票市场估值没有太大变化，那么理论上在 2023 年，股票市场的指数不会出现太明显的变化，上证指数应会在 3100 点至 3300 点的空间内窄幅波动。在业绩逐步变平和流动性撑住估值之后，股票指数会摆脱过去那种大幅往复波动的状态，贝塔层面的机会会逐步减少。

（五）股票市场的行业机会

在行业层面，股市会面临两类超额机会。一是业绩增长速度上升带来的估值提升机会；二是在业绩增长速度不出现大幅度回落的情景下，行业仅依赖于本身偏高的业绩增长率而出现的业绩推动式上涨。

按图索骥，有三类行业存在取得超额收益的可能性。图 9 - 37 为三类行业增长情况。

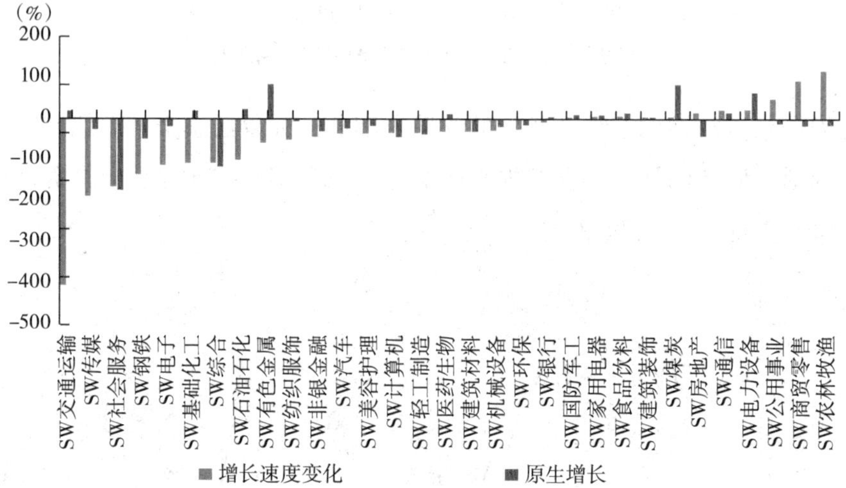

图 9 - 37　三类行业增长情况

其一，既有业绩加速，又有业绩高增长。这类行业包括光伏设备及煤炭，其中，光伏设备受益于“双控”政策和基建投入，煤炭则受益于极端天气和全球能源安全问题，按照基本面来讲，这两个行业的基本面的利好都是不持续的。譬如，基建若在 2023 年下滑，且俄乌冲突在 2023 年有所缓和的话，这两个行业的基本面都会或多或少被削弱，但毕竟这两个行业的原生增长偏快，安全边际比其他行业要好一些，可以做一些少量的底仓配置。图 9 - 38 为光伏价格指数。

其二，业绩原生增长速度一般，但有崛起迹象的行业。这些行业包括粮食种植、互联网电商及电力行业。粮食种植行业受既有通胀周期向

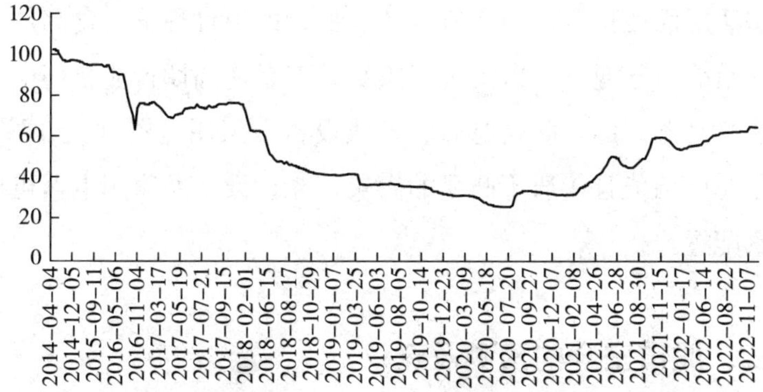

图 9－38　光伏价格指数

上的影响，出现了明显的业绩改善；互联网电商受益于消费预期的改善及海外布局；电力行业则受益于动力煤价格的企稳及利率的下降。图 9－39为 CPI：食品烟酒：粮食：当月同比。

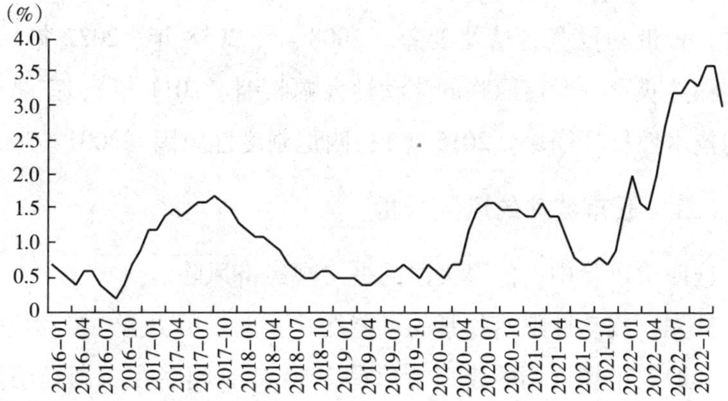

图 9－39　CPI：食品烟酒：粮食：当月同比

其三，矛盾不凸显，但业绩有增长也有改善的行业。这些行业包括家用电器、食品加工及调味品以及军工。其中，家用电器既有低估值，又可以受益于地产恢复；食品加工及调味品依然受益于既有上行的通胀周期；军工的业绩不但在不断增长，而且地缘政治的紧张及矛盾也为军工提供了明确的优质基本面。

综上而言，在相对平衡且方向不明确的市场面前，我们只能关注几个阿尔法层面的机会。一是通胀产业链，即粮食种植、食品加工及调味品；二是战争产业链，即军工、煤炭；三是逆周期行业，即电力；四是刺激政策链条，即互联网电商、光伏设备、家用电器（含小家电）。其中，相对低估值且矛盾不凸显的煤炭、光伏设备及家用电器可以作为底仓少量配置。

三、股市安全的预测及建议

（一）股市安全的定义及历史

股市安全指股市不会发生大幅且剧烈的波动，并导致大多数投资者出现显著亏损。

历史上股市若出现大幅调整，有以下四个原因：一是宏观经济大幅调整，且带动投资者情绪变差（2008 年、2018 年、2022 年）；二是流动性骤然收紧，股市面临的流动性大幅收缩（2011 年）；三是严监管带来的技术性杠杆崩塌（2015 年）；四是制度性原因（2001—2005 年）。

（二）股市波动的风险分析

这四个风险中，值得关注的是宏观经济风险。

首先，流动性骤然收紧的可能性并不大。历史上，流动性骤然收紧且引起股票市场下调的典型情形是 2011 年，当时在中国经济陷入滞胀状态之后，政策目标几乎完全转向控通胀。2011 年，货币政策总共完成三次加息，六次增加准备金率，当时的流动性受紧缩的货币政策影响而大幅收缩，M2 从 2011 年初时的 17.2% 降至年末时的 13.6%。受这些不利因素的影响，股票市场在当时出现了相对大幅的调整。

这一次我们面临货币超预期收紧的可能性不大。一是在经济没有完全企稳的情况下，货币政策仍然存在稳经济的需求；二是尽管后续存在一些通胀压力，但我们也可以看到，自 2018 年之后，政策目标再也没有像 2011 年那样在稳增长和控通胀这两个目标之间选择控通胀。譬如，

2018 年因为猪价上涨的问题，CPI 出现了偏大幅度的增长，2021 年同样如此，在全球货币充裕的背景下，PPI 上行至历史新高，在这两次通胀中，我们看到在制定策略时，货币政策都没有太大程度考虑通胀问题，而是以更大力度的宽松去稳增长。因此，我们有理由相信，当前政策目标的主要靶心仍然是经济基本面，在经济基本面没有充分改善之前，政策至少不会很快紧起来。

其次，杠杆崩塌和制度性原因也很难形成股市的进一步风险。杠杆崩塌的前提是股票市场的高杠杆，譬如 2014—2015 年，我们看到股市市场的估值异常升高，且与社会融资这个基本面的线索明显背离，到了 2015 年下半年，随着一系列监管及导向政策落地，股市杠杆才出现崩塌。

而这一次，我们看到股市的估值与基本面是相匹配的，甚至自 2021 年开始，股票投资机构的资金占比就持续下滑，相应地，散户资金的占比却在上升，这意味着，股市出现了短时的去机构化。从这个去推断的话，股市的杠杆水平在近两年很有可能是不增反降的。

实际上，最容易造成股市超预期波动的是宏观经济风险。

宏观经济中最为脆弱的链条有二：房地产和地缘政治问题。

如上所述，地产这个行业本已脱离周期，原因是行业监管在一定程度上引发了行业的衰退，虽然当前的政策在保地产，流动性也越来越充裕，但地产仍然存在出现灰犀牛的风险。

地产本身是个高度政策导向的行业，其自身没有自平衡机制，地产一旦出现调整，反而会引起一系列加速衰退的风险。譬如，居民买房的最基本信念是房价不跌，而一旦居民不买房且导致房价下跌，房价下跌本身就会进一步压降居民的购房热情，使得房价一跌再跌；当然，这一次居民购房谨慎的原因也有地产商的信用问题，然而，居民减少购房本身就会带来地产商销售回款的现金流下降，使得地产商的信用问题更为严重，从而进一步降低居民的买房意愿。

现今的政策是否完全隔绝且阻止了地产负向循环的链条还不能肯

定，若 2023 年出现这个风险，地产的超预期下跌也许会带来经济的超预期调整，从而使得股票市场出现更大幅度的波动。

地缘政治问题也同样如此。近两年中美关系出现了一些变化，且使得中国与全球的贸易出现了一定程度脱节。推动这个变化的，除了一些制度性问题外，还有中国经济日益对美国产生威胁的问题，如果后续中国在经济上与美国的差异继续缩小的话，这个矛盾可能会越来越激化。就 2023 年而言，如果这个矛盾以出口制裁等方式进一步压低出口，则会导致中国经济不及预期，也会带来股票市场预期和业绩的双杀，这也是不可忽视的重要风险。

（三）防止股票市场出现大幅波动的政策建议

就 2023 年股票市场出现超预期风险的成因来讲，我们提出以下建议：

首先，关注地产的负向循环风险，且进一步加码聚焦地产产业的宽松政策，尽可能阻止地产出现灰犀牛的风险。一方面，当前地产产业最大的痛点是地产的流动性及信用风险问题，从地产的投资资金结构不难看出，地产的主动负债其实有限，股权及债权融资占地产投资资金来源的比例不足 50%，因此，除了“三支箭”政策之外，对地产还需额外进行流动性的呵护（譬如窗口指导银行、给地产龙头更为充分的信用投放、促进地产行业进行更充分的并购重组等）；另一方面，居民购房的热情需要进一步加强，除了降低购房成本（降低 LPR）之外，政策可以考虑给出一些房价保护机制，譬如财政资金介入地产商业领域为居民变相保本等。

其次，关注地缘政治带来的出口超预期风险。在这方面，我们建议以更大的政策力度支持“走出去”，在财政政策上，可以考虑财政投放上进一步向出口倾斜，给予更大力度的出口退税和补贴。此外，可以考虑鼓励由地方出面，协调当地产业的出口渠道问题，通过更大力度的发挥广告效应和渠道开拓，引入外资，推动本地产品的出口销售稳定。

第十章　新时期我国商业银行面临的主要风险及其防范

2022年以来，受地缘政治冲突加剧、主要经济体货币政策转向、全球经济增长动能减弱以及国内疫情和管控措施变化等因素影响，我国经济面临的不稳定、不确定因素明显增多，下行压力显著增大，银行业经营环境更趋复杂多变。但整体看，银行业仍然保持了相对稳健的经营形势，资产负债规模稳步增长，风险抵补能力继续夯实，资产质量保持基本稳定，净利润增速有所放缓。当前，我国银行业发生严重风险事件的概率较小，但考虑到国内经济恢复依然存在较大的不确定性、企业经营压力不减、中小银行风险事件增多等因素，我国商业银行仍然面临许多值得关注的风险，需要积极采取措施加以应对。

一、2022年我国商业银行经营形势回顾

一是资产负债规模稳步增长，信贷投放结构不断优化。2022年以来，疫情持续反复给经济运行带来了较大冲击，为此，货币政策持续发力稳定宏观经济大盘，先后通过降低法定存款准备金率、创设多类专项再贷款工具鼓励商业银行加大信贷投放，积极引导商业银行加大对重点领域和薄弱环节的支持，商业银行资产负债规模较快增长，信贷投放结构持续优化。截至2022年9月，银行业金融机构总资产、总负债分别达到366.63万亿元、335.89万亿元（按境内机构口径统计），同比增速分别为10.32%和10.53%，均为2021年以来最高（见图10－1）。其

中，工业、普惠小微、绿色、涉农等领域信贷同比增速分别为23.3%、24.6%、41.4%、13.7%，显著高于全部贷款余额增速（11.2%）；受房地产市场持续疲弱影响，房地产贷款、个人购房贷款增速分别降至3.2%和4.1%，均为历史新低（见表10－1）。

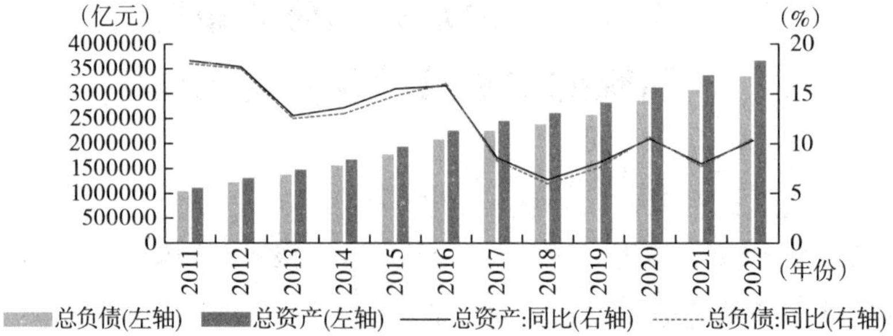

图10－1　商业银行总资产、总负债及同比增速变化

数据来源：Wind，中国银行研究院。

表10－1　商业银行部分领域信贷余额同比增速　　（%）

指标名称	工业	普惠小微	绿色	涉农	房地产贷款	个人购房贷款
2019－03	7.4	19.1	—	6.8	18.7	17.6
2019－06	5.2	22.5	—	6.5	17.1	17.3
2019－09	5.4	23.3	—	7.0	15.6	16.8
2019－12	6.8	23.1	—	7.7	14.8	16.7
2020－03	8.3	23.6	—	9.0	13.9	15.9
2020－06	12.8	26.5	—	10.5	13.1	15.7
2020－09	16.3	29.6	—	11.1	12.8	15.7
2020－12	20	30.3	—	10.7	11.7	14.6
2021－03	24.2	34.3	24.6	10.7	10.9	14.5
2021－06	25.8	31.0	26.5	10.1	9.5	13.0
2021－09	24.1	27.4	27.9	10.1	7.6	11.3
2021－12	22.6	27.3	33.0	10.9	7.9	11.3
2022－03	20.7	24.6	38.6	12.2	6.0	8.9
2022－06	21.2	23.8	40.4	13.1	4.2	6.2
2022－09	23.3	24.6	41.4	13.7	3.2	4.1

数据来源：Wind，中国银行研究院。

二是进一步加大让利实体经济力度，商业银行盈利水平有所下降。2022 年第二季度末，商业银行累计实现净利润 1.22 万亿元，同比增长 7.08%，增速较2021 年年末下降5.55 个百分点（见图10－2）。商业银行净利润增速放缓主要与商业银行加大让利实体经济、助力稳经济有关。2022 年，人民银行连续降低逆回购、1 年期 MLF 等政策工具利率，引导 LPR 下行，继而带动贷款利率下降，有效降低了企业融资成本。在贷款利率持续下降影响下，商业银行净息差明显收窄，导致银行盈利能力下降。但商业银行非利息收入稳定增长，2022 年第二季度，商业银行非利息收入占比为21.22%，比上年末上升 1.41 个百分点。如图 10－2 所示。

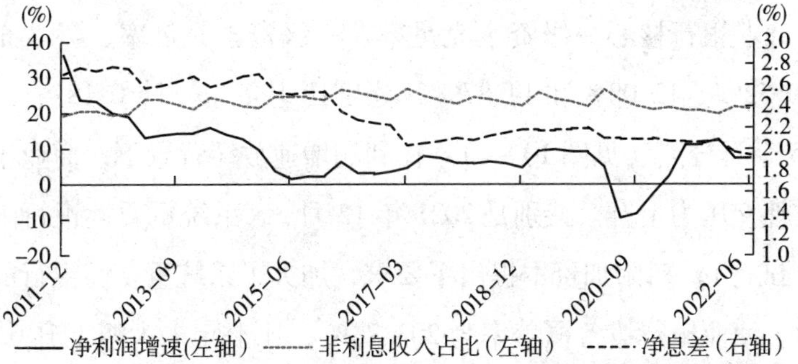

图 10－2　商业银行净利润增速、净息差及非利息收入占比变化

数据来源：Wind，中国银行研究院。

三是支持政策发力叠加处置力度加大，银行资产质量稳中向好。2022 年第二季度末，商业银行不良贷款率为 1.67%，比上年末下降 0.08 个百分点；不良贷款余额 2.95 万亿元，比上年末增加 1068.88 亿元（见图 10－3）。在经济金融环境复杂严峻的背景下，商业银行资产质量整体保持稳中向好，贷款不良率为 2016 年以来最低。一方面，面对疫情冲击，监管部门积极推动企业延期还本付息等政策落实，将资产质量风险进行了延后，缓解企业资金压力。另一方面，监管部门积极引导商业银行加大对不良资产的处置力度。2021 年银行业累计处置不良资产 3.13 万亿元，再创历史新高，连续两年突破 3 万亿元，2022 年上半年处置不良资产 1.41 万亿元，同比多处置了 2197 亿元。

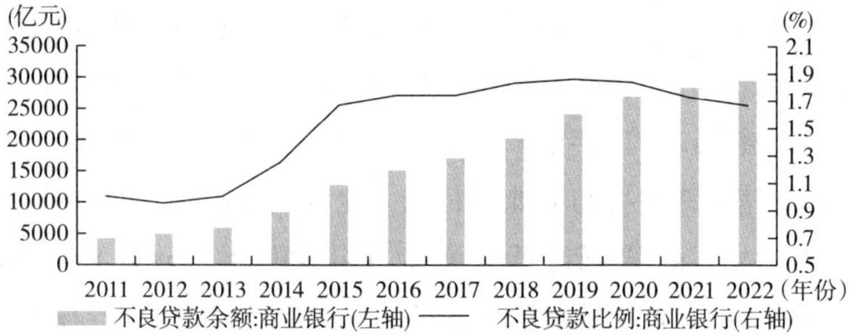

图 10－3　商业银行不良贷款余额及比例变化

数据来源：Wind，中国银行研究院。

四是资本充足率略有下降，风险抵补能力持续夯实。2022 年第二季度末，商业银行核心一级资本充足率、一级资本充足率、资本充足率分别为 10.52%、12.08% 和 14.87%，分别比上年末下降 0.18 个、0.27 个和 0.15 个百分点（见图 10－4）。在利润增速放缓背景下，商业银行内源性资本补充压力上升。特别是 2021 年 12 月，《系统重要性银行附加监管规定（试行）》对附加资本提出了要求，加大了系统重要性银行的资本补充压力。商业银行拨备覆盖率为 203.78%，比上年末大幅上升 6.78 个百分点，明显高于监管要求，在全球范围内也处于较高水平。在经济下行压力较大背景下，商业银行通过计提拨备进一步提升了风险抵补能力。

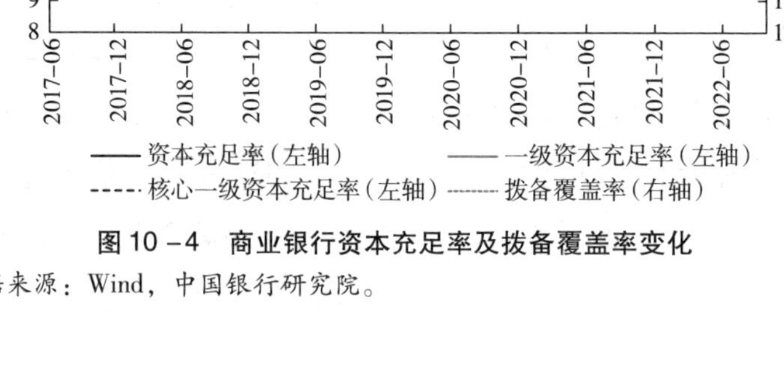

图 10－4　商业银行资本充足率及拨备覆盖率变化

数据来源：Wind，中国银行研究院。

二、我国商业银行需关注的主要风险

（一）银行风险的定义及分类

银行风险是指商业银行在经营过程中由于各种因素影响出现经济损失的可能性，或是银行资产和收入遭受损失的可能性。根据风险层次不同，银行风险可以划分为三大类：

一是宏观风险。主要包括宏观经济运行、国际关系变化、经济结构调整等因素，这是影响银行经营的重大外生变量，决定了银行经营的可持续性。

二是中观风险。包括银行业层面及金融市场层面等各类风险。例如利率政策调整会直接影响银行利息收益，汇率波动会增大银行面临的汇兑风险并直接影响损益，股市波动会影响商业银行综合化经营等。

三是微观风险。是指银行内部产生，并且会影响其稳健经营的各类风险。例如公司治理风险、操作风险、数据安全风险、经营合规风险等。

（二）目前银行业面临的主要风险

第一，疫情管控政策优化后经济恢复存在不确定性。2022 年以来，受通胀压力持续加大、地缘政治冲突加剧、主要经济体货币政策加快收紧等因素影响，全球经济增长动能减弱，衰退风险上升。10 月，IMF《世界经济展望报告》显示，2022 年全球经济增速预计为 3.2%，2023 年将放缓至 2.7%，且存在 25% 的可能性会降到 2% 以下，超过 1/3 的经济体将在 2022 年或 2023 年出现经济萎缩（见图 10－5）。根据中国银行研究院预测，欧盟和英国最早可能在 2022 年第四季度陷入衰退，美国大概率在 2023 年上半年陷入衰退，欧美合计的经济份额占全球 45% 左右，双双陷入衰退，严重拖累全球经济。这种普遍性的经济增长失速将对全球生产、消费等活动产生较大抑制，预计到 2026 年全球损失的产出将达到 4 万亿美元。全球经济增长放缓甚至衰退将给我国对外贸易、投资和金融发展带来更多不确定性和风险。

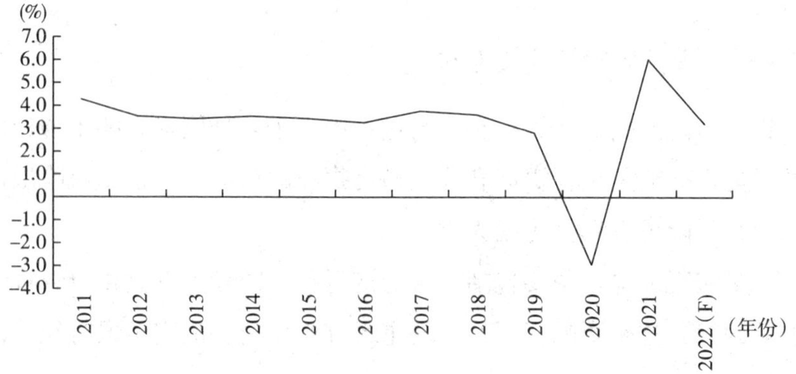

图 10－5　全球经济增速变化情况

数据来源：IMF（2022 年为预测增速）。

从国内看，2022 年以来，疫情呈现多轮反复，叠加外部因素扰动，我国经济面临的困难某种程度上比 2020 年时还要大。考虑到疫情防控措施的调整优化是一项复杂的系统工程，在新发疫情持续出现背景下仍面临不确定性，市场主体资产负债表修复、信心和预期的改善仍需一段时间，中国经济回升的幅度取决于疫情防控措施的演变及国内市场需求和信心的修复程度。根据多种因素变化的不确定性进行悲观、基准、乐观三种情景预测。悲观情景下，疫情持续新发散发，人员流动仍较大范围受限，供需持续低迷，难以提振，预计 2023 年 GDP 增长 3.6% 左右；基准情景下，疫情形势总体可控，对经济活动的影响逐步减弱，供需总体弱复苏，预计 2023 年 GDP 增长 5.3% 左右（见表 10－2）；乐观情景下，疫情及其管控措施影响大幅减弱，人口流动基本恢复正常，供需加快恢复，预计 2023 年 GDP 增长 6.6% 左右。

表 10－2 2020—2023 年中国经济金融主要指标增速及预测 （%）

指 标	2020 年（R）	2021 年（R）	2022 年					2023 年（基准）（F）
			Q1（R）	Q2（R）	Q3（R）	Q4（E）	全年（E）	
GDP	2.2	8.1	4.8	0.4	3.9	3.8	3.2	5.3
规模以上工业增加值	2.8	9.6	6.5	0.6	4.8	4.3	4.0	6.0
服务业增加值	1.9	8.2	4.0	－0.4	3.2	3.0	2.4	5.0
固定资产投资额（累计）	2.9	4.9	9.3	6.1	5.9	5.8	5.8	5.5
房地产开发投资额（累计）	7.0	4.4	0.7	－5.4	－8.0	－8.4	－8.4	－3.0
消费品零售总额	－3.9	12.5	3.3	－4.6	3.5	0.9	0.8	5.5
出口（美元计价）	3.6	29.9	15.5	12.5	10.1	－0.6	8.7	4.5
进口（美元计价）	－0.6	30.1	10.6	1.6	0.9	－0.2	2.9	5.0
居民消费价格指数（CPI）	2.5	0.9	1.1	2.2	2.7	2.2	2.0	2.2
工业品出厂价格指数（PPI）	－1.8	8.1	8.7	6.8	2.5	－1.0	4.2	－0.5
广义货币（M2，期末）	10.1	9.0	9.7	11.4	12.1	12.0	12.0	11.5
社会融资规模（存量，期末）	13.3	10.3	10.5	10.8	10.6	10.5	10.5	10.3
1 年期 MLF	2.95	2.95	2.85	2.85	2.75	2.75	2.75	2.70
1 年期 LPR	3.85	3.80	3.70	3.70	3.65	3.65	3.65	3.60
人民币兑美元即期汇率（均值）	6.54	6.37	6.35	6.66	6.85	7.09	6.90	6.70

注：根据疫情及其防控措施演变情况进行了悲观、基准、乐观三种情形预测，三种情形下全年 GDP 增速分别为 3.6%、5.3%、6.6%。

数据来源：中国银行研究院。

经济恢复的不确定性会对银行业经营产生直接影响。虽然我国经济长期向好的趋势不会改变，但 2020 年至今，疫情已持续近三年，开始全方位影响居民生活和企业生产。2022 年以来，企业生产经营动力不足、居民消费意愿不足等问题进一步凸显，各类经济活动疲弱对商业银行经营活动产生全方面影响，对公和零售等核心业务板块直接受到冲击。在政策鼓励下，银行业的信贷投放短期内仍然能维持较快增长，但若实体经济资金需求无法得到有效提振，银行业务发展的可持续性将面临挑战。

第二，地缘政治冲突进一步发酵，金融机构面临制裁风险上升。近年来，在大国博弈日益激烈背景下，我国面临来自欧美国家的制裁事件持续增多。美国财政部《2021 年制裁评估报告》显示，自“911”事件以来的 20 年里，美国对外实施的经济和金融制裁呈爆炸式增长，制裁指定对象从 2000 年的 912 个增加到 2021 年末的 9400 多个，实施制裁的机构从 69 个增加到 176 个。经济和金融制裁已成为美国应对国家安全、对外政策和国民经济威胁的首选之策。特别是在 2022 年 2 月俄乌冲突爆发后，美国联合欧洲多国对俄罗斯展开全面制裁，尤其是金融制裁措施出现进一步升级，包括冻结俄罗斯金融机构持有在美资产、将俄罗斯银行剔除 SWIFT 系统、下调俄罗斯主权债券评级等。总结来看，美国对俄制裁呈现出三个特点：一是根据目的需要可以采取无任何依据及理由的制裁行动。二是实施更多精准定向制裁，即试图通过“精准打击”来回避国际舆论指责。三是由单边制裁转向多边制裁，扩大影响范围，即联合多个国家采取集体制裁。表 10 - 3 为 2018 年以来美国采取的金融制裁手段梳理。

表 10 - 3　2018 年以来美国采取的金融制裁手段梳理

日期	国家	措施
2018 年 3 月	委内瑞拉	美国总统特朗普签署行政令，禁止美国交易委内瑞拉政府在 2018 年 1 月 9 日或之后发行的数字货币（代币）
2018 年 5 月	委内瑞拉	美国总统特朗普签署行政令，禁止美国公民和美境内居民进行任何与委内瑞拉政府债务有关的交易，包括所有的应收账款，该命令也涉及委内瑞拉国有石油公司的债务
2019 年 8 月	委内瑞拉	美国总统特朗普签署行政令，该行政命令基本冻结了委内瑞拉政府在美国的所有财产，并禁止美国公民与委内瑞拉政府进行任何交易
2021 年 8 月	阿富汗	冻结阿富汗中央银行存储在海外的约 95 亿美元资产。其中存储在美国的约 70 亿美元，其余存储在德国、阿联酋和瑞士等。2022 年 2 月，美国总统拜登签署一项解冻阿富汗在美国资产的行政命令，针对阿富汗央行被冻结的 70 亿美元，其中 35 亿美元留在美国，用于赔偿给“911”事件受害者的家属，剩下的 35 亿美元用于对阿富汗的人道主义援助

续表

日期	国家	措施
2021 年 6 月	巴尔干	美国总统拜登签署行政令“冻结某些助长西巴尔干不稳定局势的人的财产并暂停其进入美国”。禁止通过实际位于美国的任何个人或实体（即使是临时的）直接或间接处理或促进与此类指定方，以及一个或多个 SDN（特别指定国民和被封锁人员名单）拥有 50% 或以上股份的任何实体的交易。如果此类财产和财产权益进入美国境内或由美国人拥有或控制，包括但不限于美国金融机构清算或以其他方式处理涉及这些 SDN 的美元交易，均必须被冻结
2021 年 8 月	白俄罗斯	冻结助长白俄罗斯局势的其他人员在美财产
2021 年 2 月	缅甸	对从事特定类别活动的任何外国人实施制裁，冻结其包括配偶与成年子女在美资产
2020 年 11 月	中国	禁止所有美国投资者（机构和散户投资者）购买或投资被美国政府认定为“中共军事公司”的证券
2021 年 6 月	中国	禁止美国主体投资与中国国防、监控科技相关的企业，并公布了华为、中芯国际、中国移动、中国电信和中国联通等 59 家所谓的“中国军工复合企业”名单
2020 年 10 月	古巴	禁止古巴军方处理与古巴受限制名单实体和子实体有关的汇款交易，受美国管辖的人员将不再被授权通过 FINCIMEX 或 CRL 上的任何其他实体或子实体处理往来古巴的汇款
2018 年 8 月	伊朗	阻止伊朗政府购买或收购美国钞票或贵金属，并冻结其财产
2019 年 6 月	伊朗	冻结伊朗伊斯兰共和国最高领袖、伊朗最高领袖办公室，或财政部部长与国务卿商议后确定的任何人的全部在美财产
2020 年 1 月	伊朗	禁止与伊朗的建筑、采矿、制造或纺织部门，或财政部长与国务卿商议后确定的其他部门开展业务；冻结向伊朗或从伊朗出售、供应或转让与财政部部长与国务卿商议确定的、与伊朗经济部门有关的重要货物或服务的个人的全部财产
2020 年 9 月	伊朗	冻结从事任何实质性有助于直接或间接向伊朗供应、销售或转让军火或有关物资，包括在伊朗境内或使伊朗受益的任何活动的个人全部在美财产
2021 年 4 月	俄罗斯	禁止美国金融机构参与 2021 年 6 月 14 日后由俄罗斯联邦中央银行、俄罗斯联邦国家财富基金或俄罗斯联邦财政部发行的卢布或非卢布计价债券的一级市场交易，以及向俄罗斯联邦中央银行、俄罗斯联邦国家财富基金或俄罗斯联邦财政部进行卢布或非卢布计价的贷款

续表

日期	国家	措施
2022 年 2 月	俄罗斯	将两家大型俄罗斯银行，即国家发展和对外经济事务银行 Vnesheconombak（VEB）和 Promsvyazbank 公共股份公司（PSB）及其附属公司添加到财政部外国资产控制办公室（OFAC）的 SDN 名单并冻结其在美资产。美国人不能与 SDN 或 SDN 拥有 50% 或以上股份的人进行交易。此外，OFAC 禁止美国人购买在二级市场上交易的某些俄罗斯主权债务。该禁令适用于俄罗斯中央银行、俄罗斯国家财富基金和俄罗斯财政部。这项措施扩大了 OFAC 先前禁止美国人交易这些实体的主权债务范围
2022 年 2 月	俄罗斯	对五家俄罗斯主要银行进行封锁制裁，包括俄罗斯第一大银行 Sberbank（限制其使用美元进行交易）、第二大银行 VTB Bank 和 Otkritie、Sovcom、Novikom 银行以及与受制裁银行相关的近 90 家子公司（冻结其在美国的所有资产）。2022 年 2 月 28 日，拜登政府扩大了对俄罗斯中央银行的制裁，冻结俄央行在美的一切资产且阻止美国人与俄央行的所有交易。美财政部表示，这项制裁还针对俄罗斯财政部和俄罗斯国家财富基金
2022 年 2 月	俄罗斯	将部分俄罗斯银行从环球银行金融电信协会（SWIFT）国际结算系统中剔除，制裁对象还包括俄罗斯中央银行（Central Bank of the Russia Federation）的国际储备。同时，美国宣布将成立一个特别工作组（Transatlantic Task Force），专门负责识别和冻结受制裁的个人及公司在美国司法辖区内的资产

资料来演：根据公开资料整理。

美国及其盟友对俄罗斯采取的制裁措施对其他国家具有极大的警示意义，尤其在当前全球政治经济格局依然复杂多变背景下，大国博弈更趋激烈，未来其他国家可能会与美国在更多领域产生冲突，一旦美国采取类似对俄罗斯的做法，相关国家海外资产安全将直接受到影响，金融机构海外业务风险会急剧上升。

第三，企业资金周转压力加大，信用风险继续上行。在国内外多重因素影响下，企业经营状况恶化，资金周转压力持续增大。从数据看，A 股上市公司应收账款周转天数平均数由 2016 年的 101 天持续上升至 2022 年第三季度的 124 天（见图 10－6）。特别是在疫情影响下，以接触性行业为代表的部分企业面临较大生存压力，叠加经济绿色低碳转型及针对不同行业发展政策的推出，部分行业企业经营困难度明显上升，现金流入放缓、收入下降、盈利能力走弱等问题突出，已由现金流问题演变为资产负债表问题，可持续经营面临挑战。例如，2020 年至 2022 年上半年，餐饮行业注销门店分别达到 32 万家、93.5 万家和 37.3 万家，合计超过 150 万家；2021 年，石油天然气、煤炭、钢铁三大行业筹资活动净现金流量分别为 -1654.98 亿元、-1333.06 亿元和 -1033.44 亿元，仅次于风险频发的房地产业。

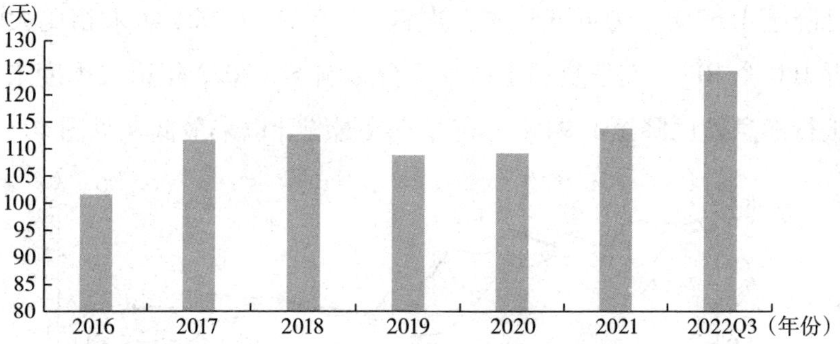

图 10-6　上市公司应收账款周转天数变化

数据来源：Wind，中国银行研究院。

从违约情况看，截至 2022 年 10 月，债券市场违约金额共计 725.54 亿元，同比降幅超过 80%。违约金额大幅下降，其主要原因是信贷投放力度加大及延期还本付息等政策缓解了企业的现金流压力，同时企业积极进行展期、债务重组等也缓释了违约风险。另外，从信贷市场看，虽然近年来商业银行不良资产率出现持续下行，但实际不良率［按照（处置资产 + 不良贷款余额）/（处置资产 + 贷款余额）粗略估算］近年来处于持续上升态势，已由 2017 年的 2.46% 持续上升至 2020 年的 3.81%，2021 年小幅回落至 3.54%，商业银行面临的资产质量管理难度在持续加大。原因是 2020 年新冠疫情暴发以来，为缓解企业资金链压力，监管部门连续采取了多轮延期还本付息政策。

第四，贷款利率快速下降挤压银行利润空间，增大银行经营压力。自 2019 年 8 月贷款市场报价利率（LPR）改革以来，1 年期 MLF 由

3.3%降至2022年10月的2.75%，下降55个BPs，1年期LPR、5年期LPR分别由4.25%和4.85%降至3.65%和4.3%，分别下降60个和55个BPs。在政策利率持续下调带动下，金融机构贷款加权平均利率、一般贷款利率、企业贷款利率持续下行，2022年第二季度分别为4.41%、4.76%、4.16%，均为有统计以来最低，特别是贷款加权平均利率和一般贷款利率与2019年9月相比降幅均超过100个BPs。2022年以来，个人住房贷款利率也结束了长期维持较高水平的局面，2022年第二季度已降至4.62%，为近五年来首次低于5%，与2021年末相比大幅下降近100个BPs。在信贷利率持续下行影响下，2022年第二季度末，商业银行净息差已降至1.94%，为有该数据统计以来最低（见图10-7）。

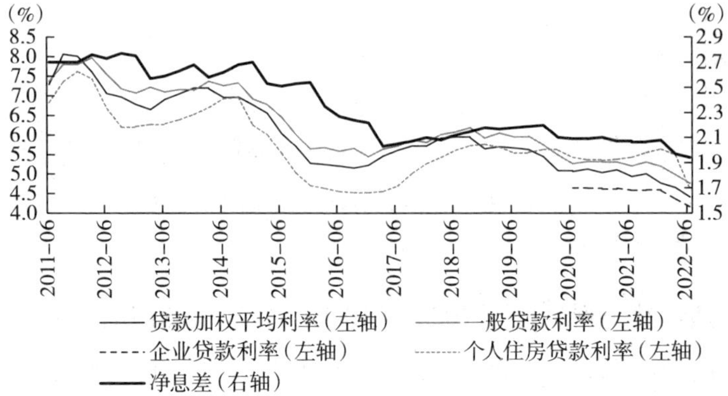

图10-7　我国贷款利率及银行净息差变化

数据来源：Wind，中国银行研究院。

人民银行发布的2021年第四季度金融机构评级显示，虽然高风险机构数量连续下降，但城市商业银行仍有10%的机构为高风险机构，而农合机构和村镇银行风险最高，高风险机构数量分别为186家和103家。在净息差不断收窄的影响下，收入渠道单一、资产负债腾挪能力有限的中小银行面临的经营压力将持续增大。

第五，主要经济体货币政策加速调整导致金融市场波动加剧。2022年以来，美联储、欧央行等主要经济体央行采取了大幅加息、缩表等货币政策，以应对居高不下的通货膨胀率。美联储于2022年6月、7月、

9 月、11 月连续四次累计大幅加息 75 个基点，联邦基金利率已升至 3.75% ~4%。10 月，欧央行宣布加息 75 个 BPs，主要再融资利率、边际贷款和存款工具的利率已分别上调至 2.00%、2.25% 和 1.50%。在主要经济体货币政策加速转向影响下，全球金融市场陷入动荡，新兴经济体出现严重资本外流，非美货币贬值幅度持续扩大。印度、韩国、印尼、马来西亚、菲律宾及泰国等在 2022 年第二季度的资本外流总额已达到 2007 年以来的峰值，日元、韩元汇率均出现明显下跌，分别创下近 24 年、13 年以来新低。欧元、英镑等发达经济体货币也大幅贬值。2022 年以来，人民币兑美元即期汇率也持续走贬，10 月一度跌破 7.3，创 2015 年“811”汇改以来新低（见图 10 -8）。

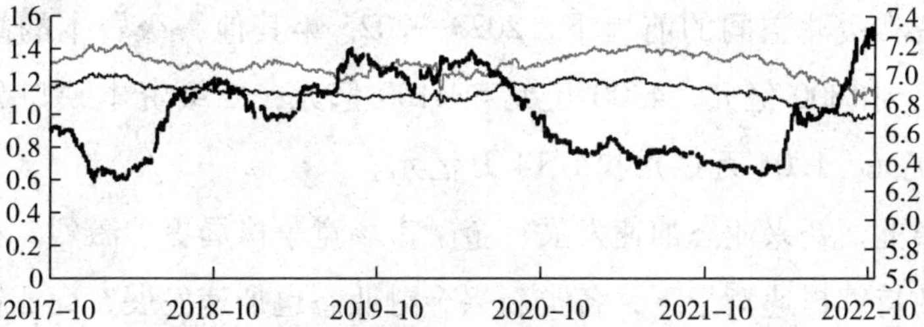

图 10 -8　主要经济体汇率走势

数据来源：Wind，中国银行研究院。

全球流动性环境持续收紧，加之国际货币政策面临二次调整和全球经济减速，国内外金融市场仍有可能出现较大幅度波动。由此，一方面，我国商业银行将面临更大的资产管理压力，外币资产敞口较大的银行将面临汇率及资产价格波动的双重影响，这会直接影响损益；另一方面，金融市场波动加大也会影响权益类、固定收益类等资产价格的稳定。

第六，监管要求强化，银行资本补充压力有增无减。近年来，随着经济下行压力加大，商业银行积极担当，持续加大对实体经济信贷支持力度，助力稳增长。但信贷扩大带来的资产扩张也导致银行面临更大的监管压力。同时，信用风险上升也使商业银行需要通过加大资本补充力度以更好应对潜在的坏账风险。2018 年以来，我国先后出台了《关于完善系统重要性金融机构监管的指导意见》《系统重要性银行评估办法》以及《系统重要性银行附加监管规定（试行）》等监管办法，并发布了中国版本共计 19 家银行的系统重要性银行名单，这些银行需要通过更大规模的资本补充来满足考核要求。

2022 年，商业银行持续加大资本补充力度，特别是二级资本债发行全面提速。2022 年前三季度，商业银行二级资本债发行规模攀升至 6367.65 亿元，较上年同期大幅增长 114.21%，已超过 2021 年全年的发行规模。其中，六大行共计发行二级资本债 4200 亿元，占二级资本债发行总量的 66%。据测算，我国商业银行在满足监管要求，并留有一定资本缓冲空间的前提下，2023—2025 年其他一级资本的缺口规模分别达到 1800 亿元、4300 亿元和 4100 亿元，二级资本缺口分别高达 8600 亿元、1.04 万亿元和 1.14 万亿元。

第七，新兴业态加速发展，金融市场竞争格局更加激烈。在金融改革开放持续提速背景下，各类新兴金融业态也加速发展，商业银行面临的竞争压力持续增大。FSB 公布数据显示，我国商业银行占金融业资产比重已由 2011 年的 59.39% 持续下行至 2020 年的 47.99%，降幅近 12 个百分点（见图 10 -9）。

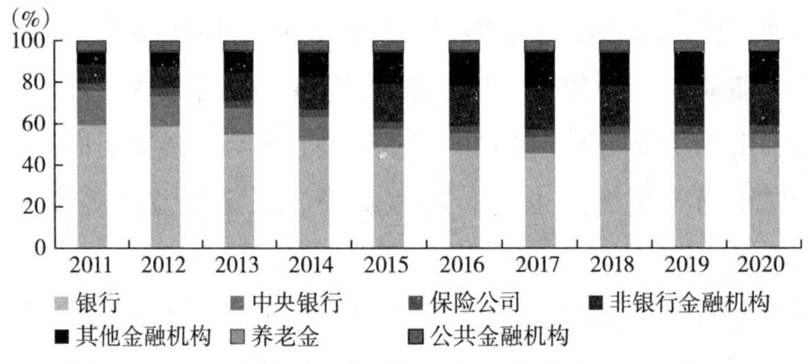

图 10 -9　各类金融业态占比变化情况

数据来源：FSB。

一方面，各类非银金融业态的发展对银行业务形成了分流。越来越多的贷款及支付产品正在脱离银行体系，许多互联网金融公司，特别是一些大型金融科技公司也可以经营抵押贷款、杠杆贷款、学生贷款、消费贷款等业务。这类企业通过大数据、云计算、人工智能等金融科技的快速嫁接，在业务便利度等方面多领先于传统银行。例如居民和企业结算等第三方支付类业务由于支付便利度高，消费场景丰富，正在不断挤占银行在支付领域的市场份额。另一方面，随着国民财富的快速增长，居民对财富管理的需求快速上升，信托、保险、券商等业务迎来蓬勃发展，这对银行存款形成了分流，导致存款业务发展缓慢，负债成本被动抬升。《中国财富管理行业发展报告（2021—2022）》显示，截至2021年，包括银行理财、信托、证券资管、公募基金、私募基金、保险和第三方财富管理在内的全口径计算，中国财富管理行业各类机构资产管理总规模达到131.16万亿元，除银行理财之外的其他资管产品规模占比已接近80%。

第八，中小银行风险事件频发，成为潜在风险隐患。近年来，中小银行风险事件明显增多，引起了社会各方面的广泛关注。2022年5月，银保监会对外披露消息称，2021年以来辽宁有63名中小银行一把手被采取留置和刑事强制措施，成为金融风险重灾区。2022年4月，河南多家村镇银行关闭了线上取款和转账渠道，受影响储户数量近40万，涉及金额达400亿元。在疫情反复影响下，中小银行经营不断承压，由于长期经营管理不善积累的内部问题也在逐渐暴露。

村镇银行等中小银行发起成立条件不高，注册资本要求也相对较低，导致数量增长十分迅速。截至2021年年底，我国村镇银行法人机构数达到1651家，占银行业金融机构（4602家）比重超过1/3，资产总额为1.94万亿元，县域覆盖率约为71%。由于准入门槛较低，以村镇银行为代表的中小银行多存在股权结构不清晰、缺乏权力制衡、内部审计及监督缺位等问题，导致内部关联交易、利益输送等问题突出，许多中小银行甚至沦为大股东的“提款机”，在损害储户利益的同时，也严重影响了金融体系的稳定。

三、防范银行风险、确保金融安全的若干建议

第一，持续加大对实体经济支持力度，有效助力稳增长。从国内看，疫情防控政策调整后经济恢复仍面临很多不确定性；从外部看，全球经济衰退带来的外需转弱也将导致我国出口承压。一方面，商业银行要继续加大对实体经济的支持力度，确保信贷规模稳步增长，维护企业资金链正常运转；积极落实好延期还本付息等政策，给予企业更多的资金腾挪空间，帮助受疫情影响较大企业加快恢复。另一方面，商业银行要合理引导资金流向，防范潜在风险隐患。2022 年以来，实体经济信贷需求疲弱，企业投资、居民消费动力不足，融资环境较为宽松极易引发资金的脱实向虚和资金空转等问题。商业银行要避免为完成考核指标而盲目“送贷”，造成潜在风险隐患，同时要积极引导资金流向，做好贷后审核工作及用途把关工作。

第二，做好资产质量管理工作，防范不良风险。商业银行要积极采取多元化手段做好资产质量管理工作。一是主动与监管部门进行沟通，加快对存量不良资产的核销和处置，同时要积极运用资产证券化、债转股等方式化解不良资产，甩掉历史包袱。二是提前摸排信贷、债券、同业等各类业务的风险趋势变化，对相关发债主体、贷款客户经营及资金链情况进行及时跟踪，足额计提贷款损失准备，采取针对性的风险处置和预防措施，控制新增不良贷款。三是加大与其他非银机构的合作力度，例如采用联合贷款、信用保险、联合担保等方式分散业务风险，稳定资产质量。

第三，合理配置外币资产头寸，控制汇率和利率风险。在美联储等货币政策不确定性加大影响下，国际金融市场仍然存在大幅波动的可能性，金融机构需要合理调整资产负债头寸，避免资产遭受损失。对于持有外币资产尤其是美元资产的机构，要适度控制仓位和规模，同时要积

极使用衍生工具对冲风险敞口，锁定风险，避免赌博式投资。同时，市场普遍预计 2023 年美联储货币政策节奏将有所变化，人民币汇率面临的贬值压力或将有所缓解，可适度增持人民币资产，避免在市场动荡情况下同时遭受汇率和利率风险。

第四，积极拓展资本补充渠道，夯实风险抵补能力。一是监管部门可考虑根据风险实质及信贷的行业分布采取差异化的资本计量规则，在更好反映资产风险的同时释放更多的资本金，缓解银行面临的监管压力。二是根据银行经营现状优化利润留存比例，提升内源性资本补充能力。三是鼓励银行综合运用可转债、次级债、永续债等工具补充资本，同时可创新使用老股配新股等模式加快补充核心一级资本。

第五，推动中小银行改革化险，维护金融体系稳定。一是持续完善公司治理机制。加大对中小银行股东股权的监管力度，及时清退不合格股东，推动中小银行落实“双向进入、交叉任职”领导机制，实现有效制衡和监督。二是加快推动以农信社为代表的改革方案落地。尽快推动相关进程，用改革的方式理顺中小银行的经营理念和管理思路，从源头遏制风险。三是完善问题银行的处置机制。对存在救助可能的机构，要及时采取接管、重组等方式帮助其渡过难关；存在重大风险且无持续经营能力及救助可能的机构，可依法依规合理破产，同时存款保险基金要及时介入，有效保护储户权益。

第六，优化海外资产业务布局，提前做好应对。商业银行要密切关注国际政治经济格局的变化，积极采取措施防范国际关系变化带来的风险。一是全面梳理国际制裁的案例，厘清制裁手段、依据及影响，提前做好应对预案。二是根据自身经营情况及国际制裁手段变化，全面摸排存在风险的业务，并战略性调整目标客户群体，强化制裁主体的名单管理，防范关联交易风险。三是严格遵守属地国（地区）关于银行经营的各类法律要求，积极聘任具有专业背景的法律专家充实各个业务条线，避免触碰法律红线，筑牢业务合规底线。

第十一章　城投行业 2023 年信用风险展望

2022 年以来，疫情反复与土地市场承压使地方政府财政趋弱，城投行业面临债务管控新常态下再融资能力整体性约束。2023 年，城投债到期回售高峰期是 3 月和 4 月，下半年到期的回售也有较大的规模，预计实际偿债压力仍然较大，区域性分化特征依然明显。但短期来看，城投公司尤其在公开债方面，出现实质性违约的可能性不大。

一、宏观环境与行业政策

2022 年，宏观经济形势复杂多变，多轮散发疫情给社会经济活动带来了很大干扰。依据 2022 年 12 月中共中央政治局会议精神，总基调是重启经济，制定的 2023 年经济工作重点是“突出做好稳增长、稳就业、稳物价工作”，“推动经济运行整体好转”，“大力提振市场信心”，“加强各类政策协调配合”，“优化疫情防控措施”。

（一）宏观环境

1. 经济增速有所放缓，疫情持续和房地产走弱引发超预期冲击

2021 年下半年以来，受新冠疫情的持续影响，全球陷入经济衰退和通胀风险，由于房地产市场的拖累，中国经济发展也面临一定的困难。图 11 -1 显示，经济增长方面，2022 年第三季度中国 GDP 增长率降至 3.9%，经济下行压力进一步加大。宏观调控将稳增长放在更突出的位置，在精准积极的财政政策与稳健灵活的货币政策共同作用下，经

济增长已于第三季度企稳回升，呈现稳中向好局势。如果第四季度经济重启进程较慢，预计 2022 全年 GDP 增速可能在 3.1% 左右。

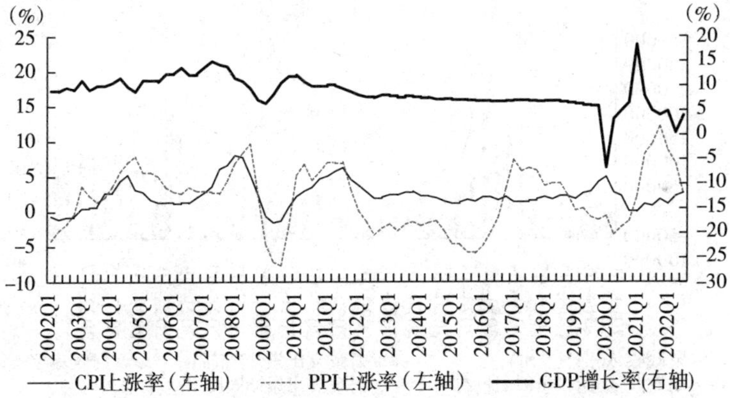

图 11－1　中国 GDP 增长率、CPI 及 PPI 上涨率走势

数据来源：Wind 资讯，远东资信整理。

物价方面，当前通胀压力仍然温和可控，CPI 和 PPI 上涨率走势有所分化。生产端受原材料、大宗商品价格大幅上涨影响，PPI 上涨率突破至历史新高，于 2021 年 10 月首次达到 13.5%，而 2022 年 11 月 PPI 则同比下降 1.3%，有可能还将处于负增长状态。消费端在食品价格上涨的推动下，CPI 上涨率呈现一定阶段的明显上升趋势，2022 年 9 月已升至 2.8%，有可能成为年内通胀高点。由于国内消费修复较缓，预计 2022 年第四季度物价将转入回稳过程，通胀风险不大。

2. 财政收支增速走势背离，财政压力将有所好转

图 11－2 显示，2022 年以来中国财政收支问题凸显。其中，财政收入累计增速虽然有所改善，呈现止跌回暖态势，但相较于上年，仍然处于负增长区间。前三季度全国一般公共预算收入累计 15.3 万亿元，同比下降 6.6%。财政支出方面，前三季度全国一般公共预算支出累计 19.0 万亿元，同比增长 6.2%。前三季度全国财政赤字累计高达 3.7 万亿元，这一数字已经超过了年初制定的 3.37 万亿元全年预算目标。由于留抵退税压力减弱、土地和房地产市场有望边际改善，预计 2023 年

财政状况将有好转，财政政策还需兼顾多重目标，仍将保持适度力度稳增长。

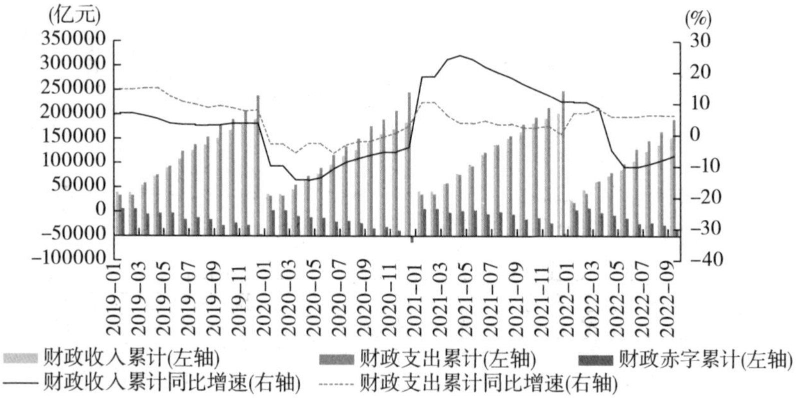

图 11－2　2019—2022 年中国财政收支情况

数据来源：Wind 资讯，远东资信整理。

3. 固定资产投资结构分化，基建投资成为主力支撑，房地产投资拖累作用明显

2022 年以来，各地积极发挥推进有效投资重要项目协调机制作用，用好政策性开发性金融工具和地方专项债，推进项目尽快落地实施，发挥投资关键作用。图 11－3 显示，前三季度固定资产投资累计 42.1 万亿元，同比增长 5.9%，高于 2019 年同期 0.5 个百分点，已基本恢复至疫情前水平。分地区看，中部地区投资最多，增长 10.0%；西部地区投资增长紧随其后，为 6.7%。

从结构上看，基建投资成为固定资产投资的主要支撑，而房地产开发投资拖累作用持续加大。具体来看，随着稳增长举措逐步落地显效，基建投资增速呈现强劲复苏态势，前三季度基建投资累计同比增长 11.2%。特别是 2022 年 9 月以来，新增 3000 亿元政策性开发性金融工具和 5000 亿元专项债结存限额加速落地，基建投资持续发力，有望托底经济。

近年来，受调控政策收紧、银行风控趋严以及房地产景气下行影

响，房地产投资持续低迷，拖累固定资产投资，前三季度房地产开发投资累计 10.4 万亿元，同比下降 8.0%。房地产市场、地方政府与城投公司之间有着紧密联系，土地收入是地方财政的重要来源，地方政府在财政紧张以及房地产企业投资意愿不足的双重压力下，需要城投公司为房地产市场纾难解困。为稳楼市“三箭齐发”，房地产政策拐点出现。

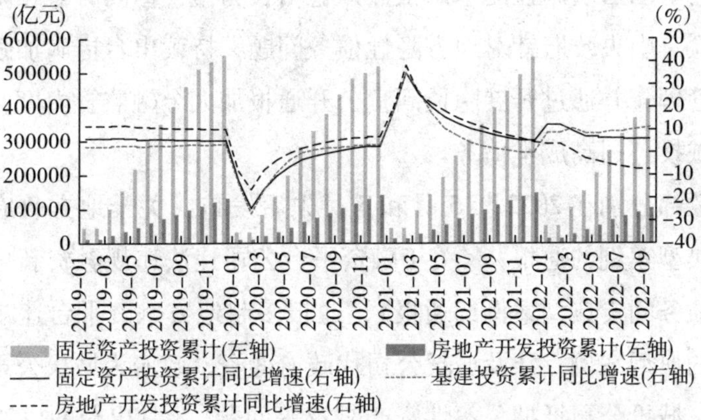

图 11-3　2019—2022 年中国固定资产投资情况

数据来源：Wind 资讯，远东资信整理。

4. 疫情防控政策优化后，渐进重启为近期经济发展的主题，预计 2023 年经济将持续复苏

展望 2023 年，疫情较大的不确定性仍将对经济形成扰动。考虑到 2022 年的低基数效应，经济增长在 2023 年大概率将会呈现先升后抑的走势，预计 2023 年第二季度经济会出现较高的增幅，达到 7.5% 左右。由于内需增长的动能将好于外需，房地产或仍对经济增长有一定限制，但在政策支持下有望持续改善。在较为保守的预测下，预计 2023 年全年 GDP 增长为 5.0% 左右。其中下半年经济向好趋势明显，预计将会全面复苏。

物价方面，PPI 已经出现明显回落，有望在 2022 年第四季度触底企稳，预计 2023 年 PPI 将会在 2.6% 左右；考虑到猪肉价格正处于上行周期，对 CPI 的影响可能会持续到 2023 年第一季度，这使得 CPI 有较

大概率上行，预计全年会在 2.8% 左右。

（二）行业政策

监管政策依然维持较紧状态，城投行业政策环境趋于稳健。

城投行业的发展与宏观经济形势、监管政策风向紧密相关。2022 年以来，中国宏观调控的基调虽然以稳增长为主，但同时兼顾防控地方债务风险。中央政府针对地方隐性债务问题，持续出台措施加强地方债常态化管理，并通过开展隐债问责公开通报加大金融监管力度，要求各地清理城投公司高成本债务。

财政部分别在 2022 年 5 月和 7 月先后发布《关于地方政府隐性债务问责典型案例的通报》《关于融资平台公司违法违规融资新增地方政府隐性债务问责典型案例的通报》，通报多起地方融资平台违规新增隐性债务的典型案例，涉及城投公司代政府融资、政府为城投公司提供融资担保、城投公司抵押公益性资产融资等问题。8 月出台的《2022 年上半年中国财政政策执行情况报告》强调要常态化开展专项债券资金使用管理核查，积极推进地方政府隐性债务控增化存，持续防范和化解地方政府债务风险。9 月，中央纪委发布《中共中国证监会委员会关于十九届中央第八轮巡视整改进展情况的通报》，再次强调相关部门要严格落实地方政府隐性债务管理政策，支持开展违规新增和违规化解隐性债务专项核查。9 月，财政部印发《关于加强“三公”经费管理严控一般性支出的通知》，表示严禁通过举债储备土地，不得通过国企购地等方式虚增土地出让收入，不得巧立名目虚增财政收入，弥补财政收入缺口，同时强调建立严格的举债审批制度，禁止新增各类隐性债务（见表 11－1）。

展望 2023 年，预计中央政府对地方隐性债务保持严监管的主基调不会变，各地有望继续出台相关措施，加大对城投公司高成本融资的监管和置换力度，随着债务结构的优化以及融资成本的下降，债务压力较大区域的债务偿付压力或在一定程度上得以缓释，但债务化解进程及方案执行情况仍有待关注。

表 11－1　2022 年以来与地方债务、城投行业相关的政策

发布时间	相关会议与政策	主要内容及影响
2022 年 5 月 18 日	《财政部关于地方政府隐性债务问责典型案例的通报》	披露了发生于 2016 年 8 月至 2020 年 4 月的 8 起地方隐性债务问责典型案例，涉及安徽、河南、贵州、江西、湖南、浙江、甘肃等地新增隐性债务、隐性债务化解不实等违法违规行为
2022 年 5 月 24 日	《关于印发扎实稳住经济一揽子政策措施的通知》	在依法合规、风险可控的前提下，为符合条件的专项债券项目建设主体提供配套融资支持，做好信贷资金和专项债资金的有效衔接
2022 年 7 月 29 日	《财政部关于融资平台公司违法违规融资新增地方政府隐性债务问责典型案例的通报》	通报了 8 起融资平台公司违法违规融资新增隐性债务问责典型案例，涉及陕西、黑龙江、贵州、安徽、山东、江西、重庆等地城投公司的违法违规行为
2022 年 8 月 31 日	《2022 年上半年中国财政政策执行情况报告》	强调要常态化开展专项债券资金使用管理核查，积极推进地方政府隐性债务控增化存，持续防范和化解地方政府债务风险
2022 年 9 月 10 日	《中共中国证监会委员会关于十九届中央第八轮巡视整改进展情况的通报》	强调相关部门要严格落实地方政府隐性债务管理政策，支持开展违规新增和违规化解隐性债务专项核查
2022 年 9 月 24 日	财政部印发《关于加强“三公”经费管理严控一般性支出的通知》	严禁通过举债储备土地，不得通过国企购地等方式虚增土地出让收入

资料来源：公开信息，远东资信整理。

二、地区发展

地区发展根植于宏观整体发展形势。从事基础设施建设、以公益性业务或准公益性业务为主的城投公司，其特殊属性决定了其与地区发展的密切关系。区域分化是地区发展的突出特征之一，虽然受疫情多发冲击，但 2022 年多数地区经济仍在回暖。

（一）地区经济

受内外部复杂因素影响，大部分地方经济增长放缓，不同区域出现分化。

截至 2022 年第三季度，持续受到国际局势变化、疫情反复带来的冲击，全国范围内各省 GDP 增速出现较大差异（见图 11－4）。2022 年以来，各地疫情不稳定因素始终存在，北京、上海等多地出现大面积、长时间管控，疫情仍然对经济增速产生着影响。总量方面，广东、江苏仍然保持前两位，处于第一梯队。山东、浙江、河南等经济大省在总量上处于前列。从增速来看，福建、江西、山西、内蒙古等省份增速超过 5.0%，虽然相比于 2021 年仍有一定差距，但在 2022 年全国范围内处于领先。北京、上海、天津、海南等地增速明显偏低，其中，上海、海南经济出现负增长，这与疫情影响密切相关。

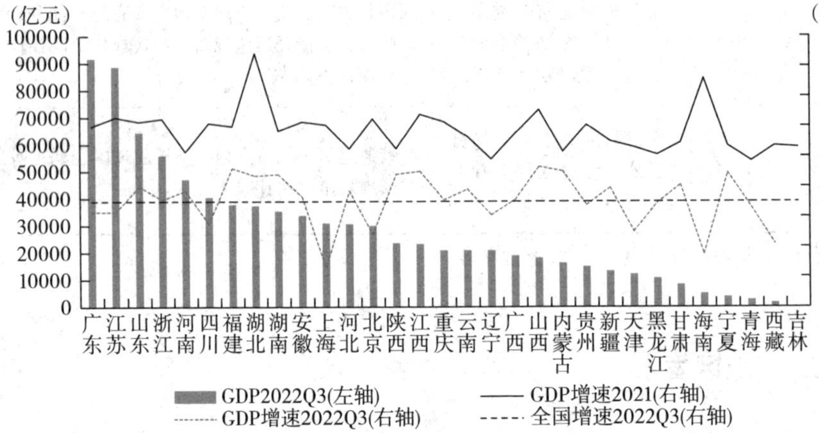

图 11－4　2022 年各省份经济增速表现

数据来源：Wind 资讯，远东资信整理。

截至 2022 年第三季度，全国主要城市中，区域中心城市经济保持领涨。从经济增速看，在现有已公布数据中，仅有石家庄一个城市经济增速超过上年，其他主要城市经济增速均与 2021 年有较为明显的差距。与全国同期经济增速相比，超过 30% 的主要城市经济增长速度低于全国平均增速，包括第一梯队城市中的广州、成都、杭州，以及总量靠后的兰州、西宁等西部城市。总体来看，东、西部城市经济总量差距没有显著缩小。在实现共同富裕的进程中，区域经济发展面临进一步结构性调整。

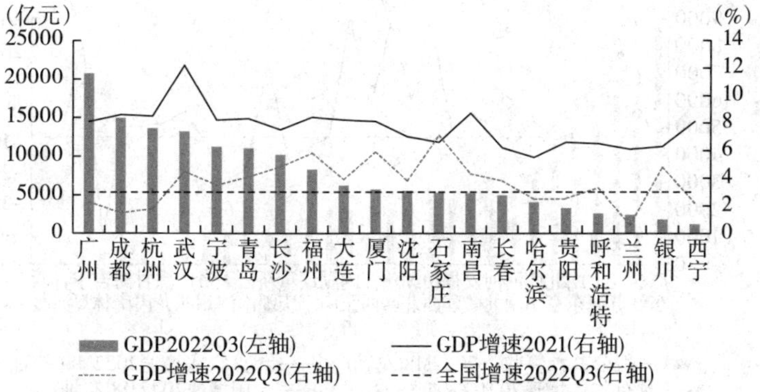

图 11－5　2022 年主要城市经济增速表现

数据来源：Wind 资讯，远东资信整理。

（二）地方财政状况

地方公共预算收入出现区域分化，截至 2022 年 8 月，超过半数省份一般公共预算收入出现负增长，相较上年有明显差距。受到留抵退税等因素造成的地方财政收入下降影响，广东、江苏、上海、山东、北京等地方财政收入居前，但出现显著负增长。全国各省份中，吉林省出现 40% 负增长，跌幅最大。山西、陕西、内蒙古、宁夏、新疆财政收入大幅增长，除新疆外增幅均在 20% 以上。总体来看，绝大多数省份全年预算恐难达到上年水平，且降幅较大（见图 11－6）。

根据已公布数据，除河南、天津出现公共预算支出下降外，其余省份公共预算支出均增加，明显超过 2021 年水平（见图 11－7）。受限于数据收集，内蒙古、江苏、福建、山东四地的财政支出数据未能获得。所得数据中，广东财政支出已超 1.2 万亿元，居全国首位，而广东财政收入同期为 8600 亿元上下，出现较大财政赤字，该现象在全国并非少数。与图 11－6 进行对比，可预测多数省份 2022 年度将出现财政赤字。

2022 年以来，土地财政增长进一步放缓，常态化防疫工作支出持续存在，各地财政收支状况不容乐观。

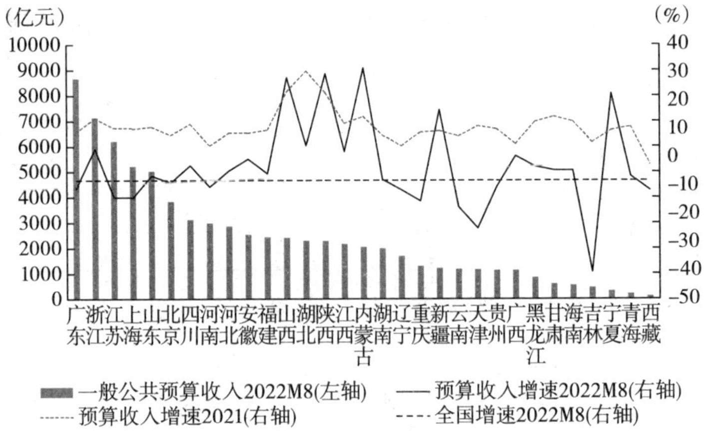

图 11－6　2022 年各省份财政收入增速表现

数据来源：Wind 资讯，远东资信整理。

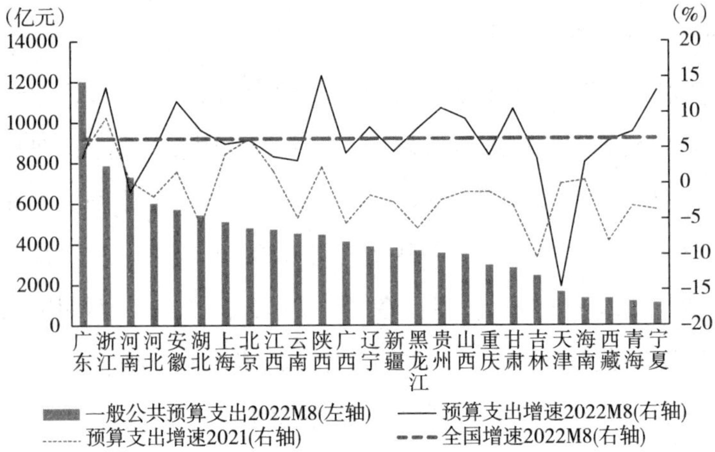

图 11－7　2022 年各省份财政支出增速表现

数据来源：Wind 资讯，远东资信整理。

（三）地方债务状况

地方政府债务规模增加，各省城投债余额差距拉大，城投债占地方政府债务规模比例差异明显。

截至2022年第三季度，城投债存续余额超过上年度余额（12.58万亿元）。地方政府债务和城投债务存量总计达到45万亿元，地方债和城投债占比均较上年显著增长。在地方政府债务规模上，广东、山东、江苏现存地方政府债券规模均超2万亿元。在城投债务规模上，江苏、浙江、山东位居前三，均超过1万亿元。与历史数据相比，城投债占地方政府债比例进一步提升，占比最高的江苏达到133%，山东、四川、江西、重庆的比例超过50%。城投债继续保持近年来持续增长的态势，在债务违约风险加大的大经济环境背景下，经济发达地区城投债继续成为投资人的重要选择。

2022年以来，受到国际、国内多重因素影响，经济增长出现分化，区域债务负担加重。除江苏、浙江等省份外，其余省份的城投债占地方政府总债务比例保持在较低水平。然而，占比较低并不能说明城投债务负担减轻，而是反映地方政府整体债务负担较重。受各地方政府土地财政规模等因素影响，地方政府大部分财政紧张，在新的经济发展阶段，针对债务负担问题造成的潜在风险应寻求合理缓释途径。

各地方政府债务和城投公司债务如图11－8所示。

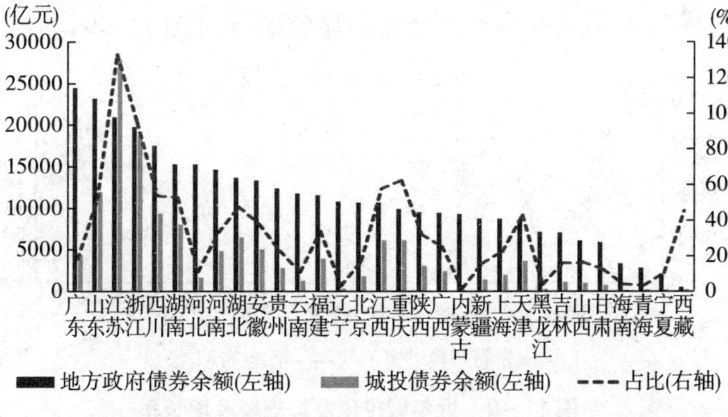

图11－8　2022年各省地方政府债务和城投债务规模（截至2022年9月）

数据来源：Wind资讯，远东资信整理。

三、城投债市场

城投债市场主要受地方财政、宏观经济、信用事件和监管政策等因素影响。2022 年，基建发力支持了城投平台发展，部分省份也有相应政策支持。当前城投行业内部分化持续加剧，弱资质城投债融资受限较多，其非标债务逾期或公募债技术性违约已多次出现。

（一）债券发行

1. 城投债发行规模增速放缓，平均融资规模下滑

城投债发行规模在经济发展以及国内外各种宏微观环境因素的影响下逐年增长。尤其是新冠疫情以来，城投债成为逆周期调节的重要抓手和稳增长发力的重要主体，发行规模更是在过去的两年中快速增长、屡创新高。2022 年，在国内疫情反复、国际宏观环境动荡的背景下，前三个季度城投债发行体量仍然巨大。截至 2022 年 9 月 30 日，城投债发行规模为 45475 亿元，高出 2021 年前三季度发行规模 0.3%。在全球经济衰退风险加剧以及前两年城投债爆发式增长的情况下，2022 年城投债发行规模与上年基本持平，增速明显放缓（见图 11－9）。

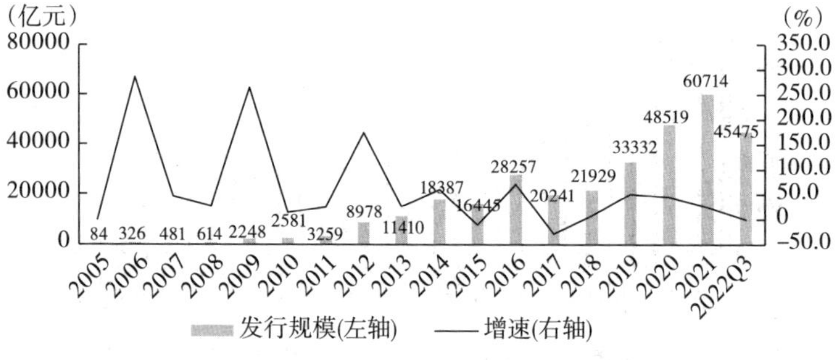

图 11－9　近年城投债发行规模及增长率

数据来源：Wind 资讯，远东资信整理。

从单次规模的角度，如图 11－10 所示，平均每只城投债的发行规模呈现递减的趋势，单次发债融资效果变差，城投债融资更加困难。在

城投债总体发行规模不断扩大的情况下，平均融资规模的缩减意味着发行的城投债数量在增加（见表 11－2）。2022 年前三季度共发行城投债 6417 只。相较于 2021 年前三季度 6126 只增加了 4.7%。该数据表明，地方政府的融资成本逐年增加，融资更加困难。地方为应对上述问题则会更多次发行债券进行融资。在目前复杂多变的经济形势下，城投债融资困难的趋势有很大可能会继续存在。

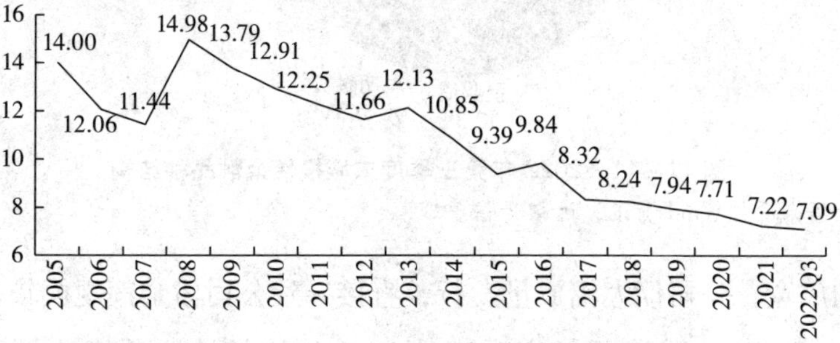

图 11－10　近年城投债平均发行规模

数据来源：Wind 资讯，远东资信整理。

表 11－2　近年城投债发行数量情况

时间	2016	2017	2018	2019	2020	2021	2022Q1－Q3
发行数量（只）	2873	2432	2662	4199	6289	8412	6417

数据来源：Wind 资讯，远东资信整理。

2. 城投债存量均以公司债、中期票据和定向工具为主体，新发行城投债中公司债占比进一步扩大

从城投债存量品种来看，以公司债、中期票据与非公开定向债务融资工具（简称“定向工具”）三种为主，分别占比 41.6%、25.3% 与 14.3%。公司债和企业债加总占比超过 50%（见图 11－11）。

从城投债新发行的品种来看可以得到与存量相同的结果，公司债、中期票据与定向工具分别占比 39.8%、23% 与 16%。其中，公司债发行规模和占比进一步扩大。在抗疫新常态的背景下，市场资金面整体宽松，流动性保持充裕；同时，受益于近年来注册制的推行和公司债审核

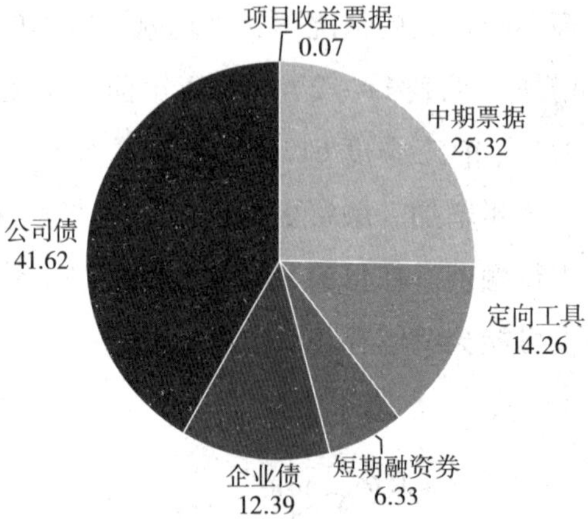

图 11－11　2022 年第三季度末城投债余额品种结构

数据来源：Wind 资讯，远东资信整理。

条件的放宽，公司债大幅放量发行，直接导致公司债余额规模较上年同期增长 19.8%，连续两年实现高达 20% 的增长，在各债券品种中居首位。

2020—2022 年新发行城投债各品种分布情况见图 11－12。项目收益票据发行规模均为各项债券品种中最小，远远小于其他品种的发行规模，在整体中占比不足 1%。值得注意的是，企业债的发行规模一直在缩小，在整体中所占比例也逐渐降低，是唯一一个 2020—2022 年发行规模持续缩小的品类。公司债近三年发行规模逐年递增、稳定扩大，中期票据基本保持稳定，是城投债的主要品种。短期融资券近三年也逐年递减，发行规模一直较小，与另外三种债券相差较大。

从城投债期限结构来看，城投债发行市场一直以中期为主。如表 11－3所示，1～3 年、4～5 年、6～10 年期限的发行规模位居前三，分别占 39.0%，29.3% 与 12.1%。横向对比来看，新发行城投债品种呈现短期趋势，3 年以内期限的新发行城投债占比逐年提高，已经超过发行总规模的 50%。

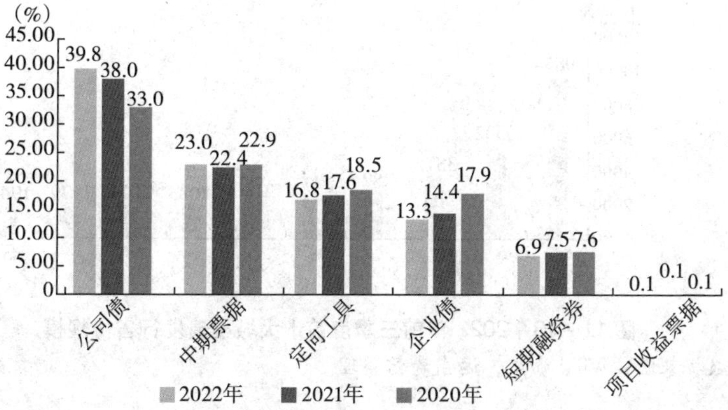

图 11－12　近年来前三季度新发行城投债品种结构

数据来源：Wind 资讯，远东资信整理。

表 11－3　近三年新发行城投债期限结构

期限	2022 前三季度发行规模（亿元）	2022 前三季度发行数量占比（%）	2021 年全年发行数量占比（%）	2020 年全年发行数量占比（%）
1 年以内	8849	19.5	17.9	15.9
1～3 年	17735	39.0	37.9	30.8
4～5 年	13303	29.3	32.3	40.3
6～10 年	5508	12.1	11.4	12.3
10 年以上	79	0.2	0.6	0.7

数据来源：Wind 资讯，远东资信整理。

（二）发行地理分布与净融资

城投债发行区域分化明显，集中在中国东南沿海地区，全国净融资增长趋势放缓。

从前三季度城投债发行规模来看，如图 11－13 所示，江苏、浙江、山东、四川、湖南与湖北位居前六，均超过 2000 亿元。与 2021 年及 2020 年的排名情况相比，湖北代替江西成为第六大发行区域。江苏省的发行数量遥遥领先。发行规模最低的省份包括海南、内蒙古、青海以及黑龙江，均不足 30 亿元，与发行规模大的地区有极其显著的差异。

城投债发行数量与规模的排名基本保持一致，发行数量最多的省份

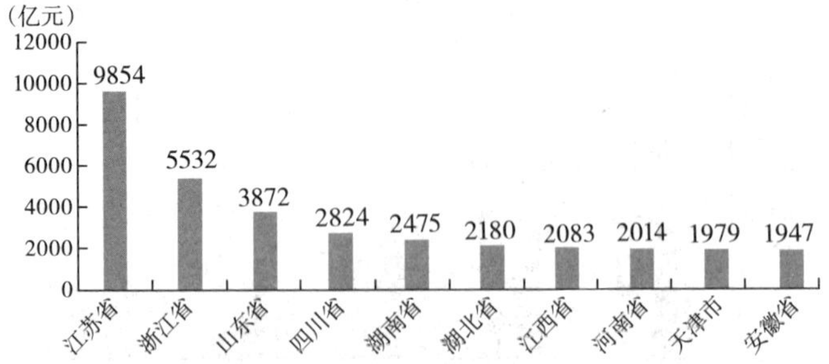

图 11－13　2022 年前三季度前十大城投债发行省份规模

数据来源：Wind 资讯，远东资信整理。

仍然是江苏省，高达 1811 只，而发行数量最少的海南省仅发行了 1 只。发行数量较多的省份集中在东南沿海经济发达地区和西藏地区，而东北老工业基地与中国的中西部地区城投债发行数量较少。

净融资体现了地方政府发行城投债的融资成果，图 11－14 描绘了全国城投债发行数量、兑付数量以及净融资额之间的关系。从净融资额的角度来看，除去 2017—2018 年在去杠杆政策的影响下城投债净融资额有明显下降，整体呈现上涨趋势。尤其是新冠疫情以来，经济和防疫的需要使得城投债净融资额增长显著。城投债净融资额较少的年份中，城投债发行数量和兑付数量的差额（图中折线之间的距离）明显收窄，说明到期的城投债对净融资的影响巨大。2022 年前三季度城投债净融

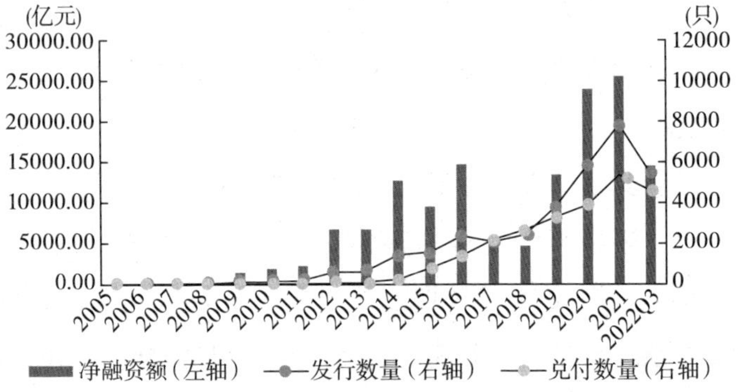

图 11－14　近年来城投债净融资情况

数据来源：Wind 资讯，远东资信整理。

资额基本与2021年同期接近，且发行数量与兑付数量之间的距离明显接近。可见，疫情两年净融资额的快速增长难以为继，随着近两年发行的城投债不断到期，城投债净融资额可能会面临下滑的风险。

（三）发行主体与债项级别

城投债发行主体数量逐年增加，主体评级总体较高，债项评级分化明显。

从发行主体的角度来看，存续可能性高，城投债主体评级也总体较高。如图11－15所示，城投债发行主体的数量基本保持增长趋势，但增速有所放缓。截至2022年第三季度。已经发行城投债主体的数量基本与上年同期持平。这一结果与发行规模的变动趋势基本保持一致。这说明地方政府不仅仅会通过现存的城投公司进行城投债融资，还会通过设立城投公司进行融资。同时，历年评级AA级以上（含）主体占全部主体的比例均超过95%。预计未来城投公司数量增长可能进一步放缓，在经济不出现明显波动的前提下，发行主体的评级将维持较高水平。

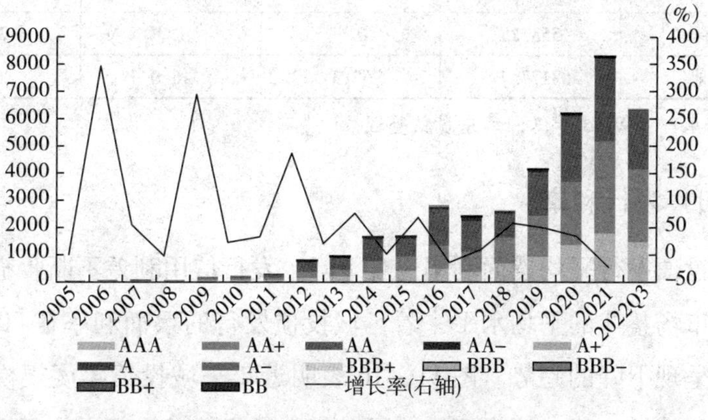

图11－15　近年来城投债主体数量及评级分布

数据来源：Wind资讯，远东资信整理。

债项评级不仅仅取决于发行主体的信用，也取决于债项本身的风险信息，2020—2022年城投债的债项评级呈现更加分散的分布局面。如表11－4所示，2022年前三季度AAA级、AA＋级以及AA级债券在总体规模中占比较大，三者发行总规模接近 7 万亿元，超过总发行规模的 50%，总体信用良好。从发行数量的占比来看，2022 年前三季度的数量占比分布基本与前几年的数据相同，AAA 级、AA + 级以及 AA 级债券占总发行数量的比例约 47%，即评级更高的债项规模在平均水平上要高。一方面，这体现出需要大量融资的大型项目通常信用风险整体较低；另一方面，大型项目融资更多来自评级更高的城投公司发行的城投债。从历史数据来看，这一趋势及评级结构的分布情况在未来将有很大可能继续维持。

表 11－4　2020—2022 年新发行城投债债项评级结构

债项评级	2022 年前三季度发行规模（亿元）	2022 年前三季度发行数量占比（%）	2021 年全年发行数量占比（%）	2020 年全年发行数量占比（%）
AAA	34384. 24	19. 4	19. 3	18. 9
AA +	25111. 65	18. 4	20. 0	19. 8
AA	9602. 96	9. 4	12. 9	16. 5
AA －	121. 51	0. 1	0. 1	0. 2
A －	553. 25	0. 4	1. 7	2. 2
其他	68177. 47	52. 3	46. 0	42. 5

数据来源：Wind 资讯，远东资信整理。

（四）发行利率

城投债发行平均票面利率逐步下降，发行信用利差不断收窄。

从市场整体的平均水平来看，城投债发行的票面利率在 2012 年以后开始呈现下降的趋势。图 11－16 表明近年来城投债年度规模加权平均票面利率的走势，该指标描述了一年内发行的城投债平均每 1 元钱预计要支付的利息。在前几年不断宽松的货币政策的影响下，城投债的票面利率随之震荡下行。2022 年在国际市场衰退预期加剧以及美联储不断降息的情况下，要实行稳定的货币政策和积极的财政政策。这意味着在没有其他外力冲击的影响，以及利率相对较低的情况下，城投债发行票面利率的下降趋势会减缓。

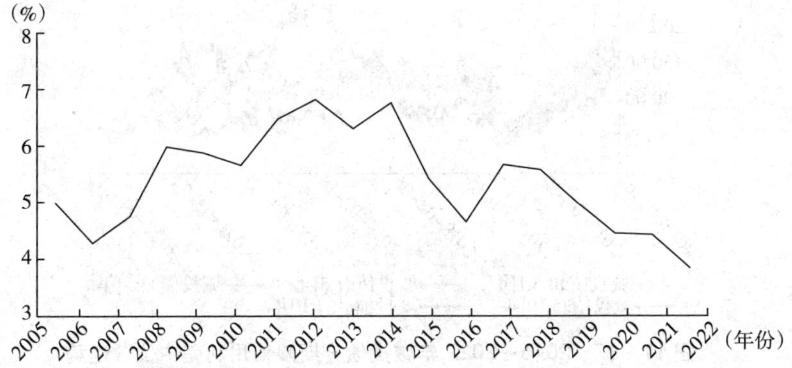

图 11－16 近年来城投债年度规模加权平均票面利率

数据来源：Wind 资讯，远东资信整理。

图 11－17 和图 11－18 表明不同期限和不同评级城投债发行信用利差的中位数的变化趋势。

从分期限的角度，总体来看，排除 2018 年 5～10 年期城投债利差急剧增长之外，其他城投债符合期限越长信用利差越小的规律。2018 年以后 5～10 年期城投债利差显著高于其他类别的债项，这可能是由于绝大多数城投项目的完成时间都落在该期限内，投资者对该期限内兑付的城投债的回报有更高要求。趋势上，利差总体存在一定的周期性，当经济环境较好的时候，投资者会更加期望在城投债中获得更高的回报，利差会收缩；反之，当投资者预期经济形势不好的时候，会偏好更加稳定的投资项目（例如同期国债），对城投债的需求下降，从而导致信用利差收窄。图 11－17 中各期限的城投债的信用利差在近些年都有逐渐收窄的趋势，在“资产荒”背景下，新冠疫情和 2022 年的全球经济衰退风险导致信用利差不断收窄的趋势对投资者的回报预期会产生负面的影响。同时，利差的下降也表明城投债的信用风险相对下降。

AAA 级、AA＋级和 AA 级城投债是城投债的主要品种，其中信用等级越高的城投债信用利差越低，符合理论预期。投资者对信用风险越小的债项要求的回报越低。2020 年以来，三类城投债的信用利差逐步

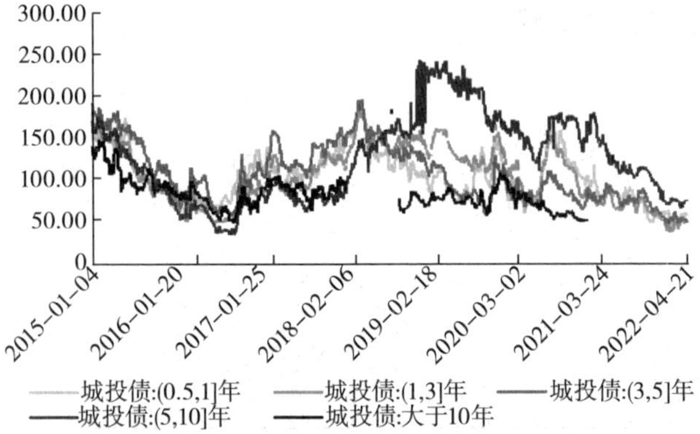

图 11－17 2015—2022 年城投债分期限信用利差中位数走势

数据来源：Wind 资讯，远东资信整理。

收窄，与分期限信用利差的趋势相同。随着未来经济环境由冷转暖，未来信用利差可能存在走阔的可能。

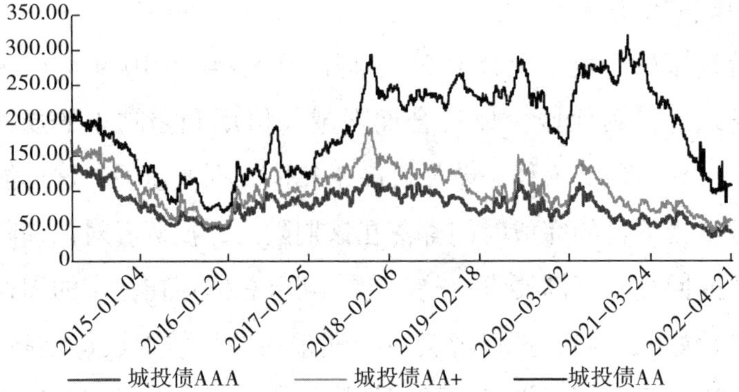

图 11－18 2015—2022 年城投债分债项评级信用利差中位数走势

数据来源：Wind 资讯，远东资信整理。

四、行业信用状况

城投行业信用状况评价主要关注受评对象业务状况、融资能力、资本结构和偿债能力等方面及外部支持，这些因素将影响城投公司信用质量的持续分化。

（一）盈利水平分析

城投公司总资产规模同比增长，盈利能力较弱。

截至2022年前三季度，城投公司总资产整体上涨，与上年同期相比，增长率达到9.4%，总资产上升城投公司所占比例为88.7%，总资产下降城投公司所占比例为11.3%。总负债增速为11.4%，总负债增长城投公司占比为84.4%，总负债下降城投公司占比为15.6%。所有者权益增速为5.3%，占比85.0%的城投公司所有者权益增加，占比15.0%的城投公司所有者权益下降。长期借款同比增速为5.9%。负债权益合计同比增速为9.4%。

城投公司营业总收入、营业总成本均增加，营业总收入同比增长8.7%，营业总成本同比增长11.2%，营业利润同比下降5.3%，这反映城投公司盈利能力不足。2022年以来，城投公司受经济大环境以及土拍市场影响，承担更多公益职能任务。

（二）现金流状况分析

经营活动、筹资活动现金流增加，投资活动现金流下降。

城投公司经营活动现金净流入持续增加，至2022年第三季度，经营活动现金流同比净流入增加10.0%。筹资活动现金净流入继续增加，至第三季度末同比净流入增加9.1%。在之前三年基础上，城投公司投资活动现金流进一步下降，2022年前三季度投资活动现金流同比净流出2.1%。

总体来看，2022年以来城投公司现金流并未出现显著恶化，但是投资活动现金流进一步下降表明资金使用效率较低。在现金流规模保持增长的前提下，未来应提升资金使用效率。

（三）偿债能力分析

债务规模继续扩大，偿债压力持续增加。

截至2022年第三季度，城投债存量规模超13.8万亿元，带息负债同比增速为10.2%，应付债券同比增速为5.9%，应付票据同比增速为8.2%。各项主要债务指标均较快增长，这与2022年以来城投公司承担更多地方政府财政压力密切相关。货币资金/短期债务2022年前三季度达到64.7%，同比下降21.5%，相比上年同期降幅扩大，短期偿债能力下降。2021年EBITDA/带息债务为0.039，继2018年的0.047、2019年的0.044、2020年的0.041之后再次下降，预计2023年度仍将保持下降趋势。覆盖倍数指标明显偏低，表明偿债能力弱化。由于流动性较宽松，资产荒带动融资成本下降。

2023年，城投债偿付压力变化不大，3月、4月为城投债到期回售高峰期，下半年的到期回售规模也较大。受到外部经济环境和政策冲击，城投公司偿债能力短期吃紧，长期较弱。

五、信用展望

展望2023年，疫情变化仍存不确定性，消费修复需要关注一些重点领域。中共中央政治局召开会议，总基调是重启经济。作为全面贯彻落实党的二十大精神的开局之年，宏观调控目标保持“稳增长”与“防风险”的方向将会继续，宏观调控政策或将继续督促专项债加快使用，金融机构加强配套融资支持；在隐性债务严监管下，高风险地区化债力度或进一步加强，多项试点工作有望逐步落实。

虽然区域间信用资源配置不均衡，信用事件对区域信用环境和资本市场认可度产生一定的负面影响，但地方政府偿债意愿一般较强，已多方面采取措施缓解债务风险，推进清理城投定融等高成本债务。预计后续多方或将继续出台各类支持城投公司政策，并加大城投公司资产重组及转型整合力度。在进一步完善防范化解隐性债务机制下，监管部门有望加强合作；高风险地区降低债务风险等级试点也有望展开。

预计2023年，社会经济发展动力逐步恢复，相应行业利润改善，城投公司仍具有较强的外部支持，城投行业信用风险总体仍处于较低水平，总体底线风险仍然可控，仍将延续分化的趋势，少部分尾部城投公司面临的压力较大。由于地方财政压力仍然存在，票据和非标违约的情况可能会继续发生，但标准化债券尤其是公募债违约可能性较小。实际偿债压力可能仍然较重，但短期来看城投行业出现实质性违约的可能性不大，当前地方政府仍可为城投平台标准化债券提供较好支持。

信用债“资产荒”短时间不会消失，城投债监管政策有较大可能维持稳健局面。需加强区域分析，注意地方财政承压、区域大量债务到期、城投债整体覆盖倍数变化、地方盘活存量资产和信用保障基金组建进展，注意防范局部或个体信用事件的阶段性冲击。对于到期回售绝对规模较大，且到期回售金额占比较高的区域，如果债券结构整体偏短，再融资压力相对更大，需要重点关注其回售压力；对土地出让金较为依赖、债务率较高的区域，需要重点关注其流动性压力。

第十二章　构建绿色与科技导向新型债券市场安全体系

党的二十大报告首次提出“以新安全格局保障新发展格局”，坚持安全与发展并重。安全被摆在了更加重要的位置。其必然性在于：一是当前国际形势加速演变，逆全球化趋势加强，我国面临多元安全威胁；二是中美进入指标对抗期，为避免陷入“修昔底德陷阱”，需要把握安全战略主动；三是统筹发展和安全是党中央立足新发展阶段、新发展环境所作出的重要战略选择。

当前我国发展内在产生和外在面临的安全风险均在上升，安全是发展的重要前提，科技自立自强存在诸多“卡脖子”问题，重要产业链供应链、能源安全、粮食安全问题频出，金融风险、产业转型、就业压力等各类问题凸显，都对我国经济社会发展定力和能力形成了巨大考验。金融是国家重要的核心竞争力，金融安全是国家安全的重要组成部分，保障包括债券市场在内的金融市场总体风险可控，是金融安全重要的任务之一。

当前需要更加注重顶层设计和系统化思维，牢牢把握金融安全的主动权。债券市场作为直接融资变革的重要试验田和中国最大的直接融资市场，是推动科技与绿色发展的先行旗帜，承载着高质量发展的“粮草先行”重任，同时系统外溢风险大，当下更加需要强化风险意识，确保系统安全风险整体可控。

一、中国债券市场发展概况及新的发展特征

（一）债券市场总体情况

截至2022年11月21日，我国债券市场存量余额140.69万亿元，较年初增长10.37万亿元，增幅达7.37%。其中利率债82.11万亿元，信用债44.97万亿元，银行存单13.61万亿元；信用债增长仅2.32万亿元，增幅为5.16%，明显低于全市场平均增幅。地方债务（含地方政府债和城投债）存量余额44.92万亿元，增长1.65万亿元。

（二）债券市场初步呈现高质量发展驱动的新发展特征

1. 绿色债券健康发展、增长迅猛，成为最受青睐的债券品种

（1）《中国绿色债券原则》正式发布，系列政策呵护下绿色债券产品创新不断丰富

中国银保监会2022年印发《银行业保险业绿色金融指引》，指引统筹了环境、社会、治理（ESG）因素，指导银行业保险业加大对绿色、低碳、循环经济的支持。经央行和证监会同意，绿色债券标准委员会及相关机构2022年7月正式发布《中国绿色债券原则》，明确了绿色债券的定义、募集资金用途、品种，推动了绿债标准与国际接轨，进一步提升绿债可信度，推动市场蓬勃发展。

绿色债券产品创新不断。2022年3月，创新品种首批专项服务海洋经济发展的绿色债券成功发行；7月，低碳领域基础设施REITs发行上市，支持鼓励符合低碳可持续发展理念项目；9月，全国首单“科创+低碳转型挂钩”双贴标债券发行，创全市场同期同品种历史最低利率。

（2）近年绿色债券发行量增速在非金融企业信用债中遥遥领先，碳中和债券成为主力品种

根据Wind数据，2018—2021年非金融企业信用债发行量增速平均

值为 21%，而绿色债券发行量增速平均值为 88%。尤其是 2021 年，绿色债券发行量较上年大幅增长 148%。如图 12－1 所示。

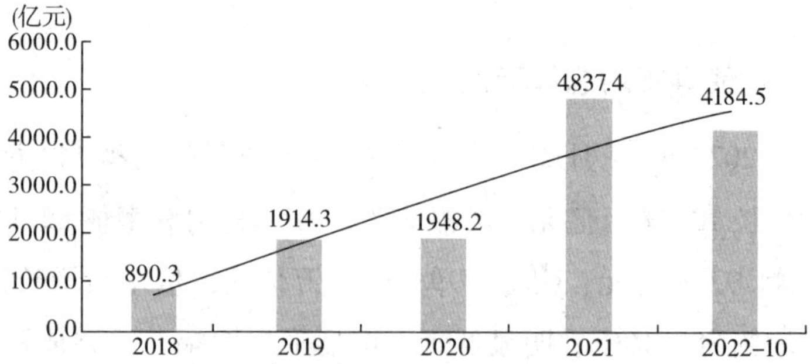

图 12－1　绿色债券发行量

（3）绿色债券信用利差远低于一般非金融企业信用债信用利差

根据 DM 信用债分析终端数据，截至 2022 年 10 月末，信用利差最大的行业为房地产（172.3BP），信用利差最小的行业为电力(31.2BP)。按照 DM 利差数据库统计口径计算，绿色债券自 2021 年初至 2022 年 10 月末利差曲线（如图 12－2 所示）整体呈下行走势，最高仅 54BP，最低为 18BP，2022 年 10 月 31 日为 26.6BP，即使与最低的电力行业对比，也显示出明显的优势。

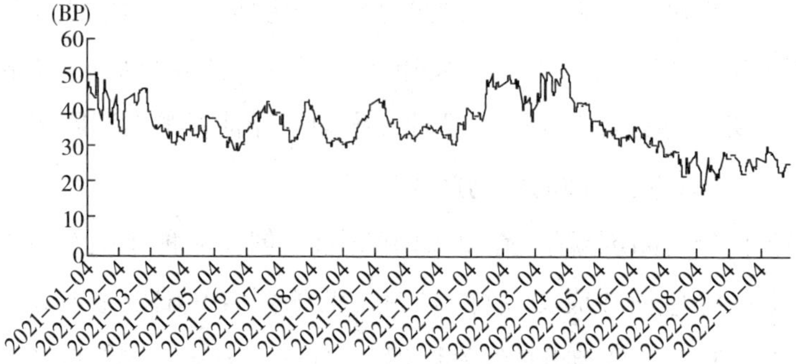

图 12－2　绿色债券利差中位数曲线

通过信用利差对比可以看出，获得绿色认证的债券对降低发行人融资成本更为有利，而从信用利差持续走低的趋势可以看出，投资人投资绿色债券的热情在持续增加。

2. 债券市场科技创新企业债券创新品种加快落地、运行持续优化，债券市场科创属性初步显现

近年来，证监会积极推动构建科技创新企业全生命周期债券融资支持体系。

2021 年，开展科技创新公司债券（简称“科创债”）试点，优先重点支持高新技术和战略性新兴产业领域企业发债募集资金，支持对象拓展到成熟期企业转型升级等领域，充分发挥连通债券资金与股权直投的桥梁作用。科创债服务于高新技术产业和战略性新兴产业细分领域，以及引领产业转型升级领域的科技创新发展。

2022 年 5 月，上交所和深交所在证监会的统一部署下协同发布了《科技创新公司债的适用指引》，将创新创业公司债券纳入科技创新公司债券统筹管理，并进一步完善发行主体、资金用途、信息披露和配套安排等制度措施。科创债发展态势良好，截至 2022 年 9 月底，年内科创债发行共计 45 只，规模合计为 456 亿元，已经远超 2021 年全年发行总量，详见图 12－3。从科创债的优势看，目前发行科创债的利率较低，而融资的期限较长，与科创企业发展周期更加匹配。

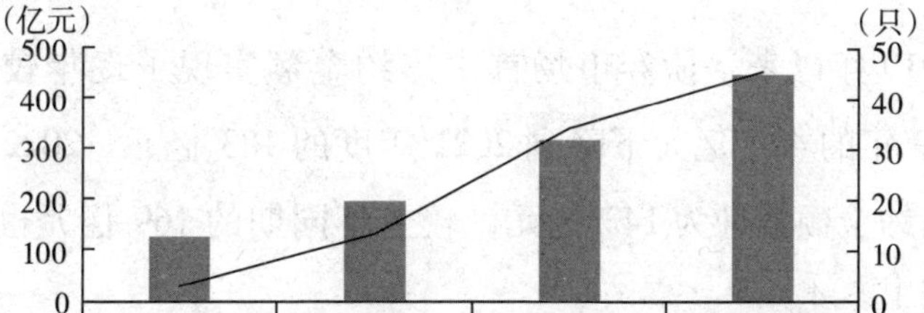

	2019年	2020年	2021年	2022年9月末
产品数	13	20	32	45
金额	31.1	135.21	343.95	456

图 12－3 中国科创债发行情况

二、债券市场风险特征呈现积极变化，总体可控

（一）金融风险管理体系化建设进一步加强

2022 年以来，《金融稳定法》正式征求意见，金融稳定保障基金呼之欲出。该法从顶层设计入手，健全金融风险防范、化解和处置机制，压实各方责任。一是健全金融稳定工作机制，确立了国务院金融委统筹地位，明确金融风险防范、化解及处置三个阶段的制度安排，强调压实金融机构、地方政府及金融监管部门等各方职责；二是以“被处置机构自救—市场化资金并购重组—地方公共资源—金融稳定保障基金”为递进顺序化解风险，构建处置资金池；三是建立市场化、法制化的风险处置机制，对违法违规行为强化责任追究。

《金融稳定法》等上位法稳步推进，构建了金融体系风险防范的整体架构和全局性安全网，极大地强化了债券市场的外部法治环境保障。

（二）市场债券首次违约金额持续收敛

1. 债券市场首次违约趋于明显下降

2019 年以来，债券市场首次违约金额实现了逐年较大幅度下降，从 2019 年的 424 亿元下降到 2021 年度的 183 亿元。2022 年 1—10 月，首次违约金额累计为 143 亿元，较上年同期的 169 亿元也实现了下降。详见图 12－4。

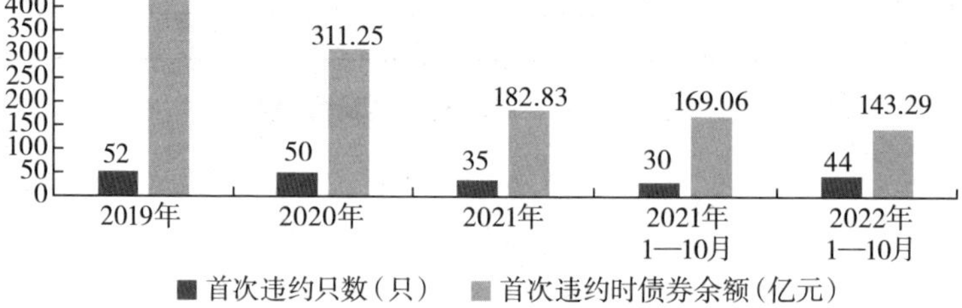

图 12－4　债券市场首次违约变化趋势

2. 债券市场前三大首次违约行业分布趋于集中，房地产风险高居榜首

据 Wind 数据，截至 2022 年 10 月末，本年首次违约时债券余额 143 亿元。从行业分布来看，首次违约余额最大的行业是房地产业，余额占比达 71%，远高于第二位原油、煤炭及其他燃料业的 14% 和第三位西药行业的 5%。可以看出，近年来首次违约债券余额呈稳步下降态势，债券市场系统性风险进一步下降；前三个行业合计达到 90%，呈现高度集中态势。

（三）系统性市场风险持续改善

2022 年 1 月，上交所、深交所、银行间市场清算所股份有限公司、中国证券登记结算有限责任公司等联合发布《银行间债券市场与交易所债券市场互联互通业务暂行办法》，进一步加快了两个债券市场的统一。第一，互联互通具体落地使两个市场统一再进一层，有利于银行机构通过协议交易方式参与交易所债券市场，更符合银行机构交易习惯；第二，对于境外机构而言，其参与交易所市场的便利度将明显提升；第三，此次互联互通提升了两个市场上信用债的可参与度；第四，部分尚未在银行间开户的投资者，可以通过互联互通进入银行间市场；第五，该暂行办法明确列示资产证券化产品也在可投品种范围之内，提高银行投资交易所 ABS 的便利程度，减少交易成本。

随着两个债券市场互联互通措施的落实和进一步细化，市场流动性不足以及市场间寻租套利等问题将最大限度地降低，进一步扎实防范流动性风险对市场形成系统性冲击的篱笆。

（四）外资异常流出风险进一步降低

近年来，境外投资者持有中国债券总量以年均约 40% 的速度增长，极大优化了中国债券市场的投资者结构。“债券通”吸引了众多全球投资者进入中国银行间市场，可投资产品从债券、外汇再到衍生品，不断

升级和丰富。“互换通”业务的推出为海外投资者提供了更多便利，作为较直接的风险对冲工具，该业务可以减小利率大幅波动对债券组合价值的影响。德银数据显示，“债券通”国际机构投资者数量从 2017 年的 247 家迅速扩充至超过 3500 家，全球前 100 家机构投资者中，有 78 家已加入“债券通”。2022 年 5 月，人民银行、证监会、外汇局发布联合公告《关于进一步便利境外机构投资者投资中国债券市场有关事宜》（〔2022〕第 4 号），内容包括：对以法人身份入市的境外投资者而言，对于拟备案机构及已备案机构的新增产品，无须再逐只产品备案，境外机构投资范围进一步扩充到交易所市场以及开放式债券指数基金相关交易，已入市的境外机构无须另行备案或审批手续。此外，境外机构可以展开以风险管理为目的的相关债券衍生产品交易。2022 年 11 月人民银行、外汇局联合发布《境外机构投资者投资中国债券市场资金管理规定》，进一步从外汇管理方面提高了境外机构参与中国债券市场投资的便利性，提升境外投资者的信心。

与此同时，随着内外部环境的变化，2022 年 2 月开始出现了境外机构减持人民币债券的情况，带来了可能的资本外逃风险。但根据中债登和上清所托管量数据，2022 年 8 月境外机构减持 340 亿元债券，减持规模已逐渐收敛。虽然 8 月中美利差倒挂程度重新加大，但境外机构对境内债券的减持规模仍在缩小。与其他新兴经济体货币相比，人民币在美元走强过程中表现相对坚挺，主要是由于我国经常账户下的资金流量明显高于资本账户，而 2022 年我国贸易顺差仍较高，对汇率有一定支撑。我国货币政策有更大空间保持独立性，叠加国内增长压力仍存，货币政策仍会继续维持宽松，有助于推动债券收益率曲线进一步牛平；而投资便利化组合拳持续加力，中国市场吸引力仍在，资本非理性外逃风险将持续降低。

美国通胀水平高位回落，美联储加息节奏预期放缓，这是重大方向性利好。美国 2022 年 10 月末季调 CPI 同比上升 7.7%，比上月的 8.2%

超预期下降 0.5 个百分点；核心 CPI 同比上升 6.3%，比上月的 6.6% 下降 0.3 个百分点。美国通胀高位回落，为货币政策调整赢得了时间窗口，预计未来人民币贬值和资本流出压力将进一步缓解。同时，外资对中国债券仍然明显低配，目前人民币资产在全球储备中占比仅为 2.88%，这与中国经济规模在全球占比（18.5%）、人民币在国际货币基金特别提款权货币篮子的权重（10.92%）相比都远远不及，吸收外资有提升空间。

（五）2022 年房地产行业继续成为债市风险爆款

根据 Wind 数据，截至 2022 年 10 月末，当年房地产业违约日债券余额为 1987.25 亿元，占全部违约日债券余额 2526.06 亿元的 79%，而违约第二大行业和第三大行业均仅占比 2%。作为第二位的建筑与工程行业和第三位的其他多元金融服务行业，是与房地产业关联度最高的两个行业。违约金额和违约占比均显示，房地产业风险外溢对相关行业的影响较小，次生风险可控。详见表 12－1。

表 12－1　2022 年 10 月末债券违约余额行业分布

所属行业（Wind）	违约日债券余额（亿元）	占比（%）
房地产开发	1987.25	79
建筑与工程	57.43	2
其他多元金融服务	53.24	2
综合类行业	51.77	2
西药	50.04	2
贸易公司与工业品经销商	40.00	2
其他行业小计	286.33	11
合计	2526.06	100

（六）城投债隐性风险呈现显性化倾向

1. 受公司自身财务压力和外部流动性环境收紧共同影响，尾部城投公司公开违约可能性进一步加大

（1）城投公司非公开违约呈现加速态势，违约地区间差异大，层级以区县级为主

根据 YY 评级的初步统计，2021 年和 2022 年 1—10 月，全国城投违约事件披露达 182 件，其中 2021 年 88 件，2022 年 1—10 月已达 94 件，超过 2021 年全年。贵州省 2021 年至 2022 年 10 月累计达 84 件，占比高达 46.15%，列第一位，云南省和河南省分别列第二位、第三位，前三位合计 115 件，占比高达 63.19%，详见表 12－2。按照层级来看，区县级城投主体是主要的违约主体，占比高达 68.13%。

表 12－2　城投公司违约重点区域分布

省份	2021 年	2022 年 1—10 月	省级合计
贵州	42	42	84
云南	10	6	16
河南	8	7	15
小计	60	55	115

（2）地方政府基金收入断崖式下滑，财政支出刚性增加，城投公司外部流动性环境恶化

国君研究显示，政府性基金收入 2022 年前 9 个月进度低于近年同期最低水平。9 月政府性基金收入下降达 19.2%，主要因为土地出让收入大幅下滑，1—9 月仅完成全年预算的 46.53%，远低于历史水平。土地出让收入和成交价款增速跌幅扩大，显示土地市场形势没有实质性改善。详见图 12－5。

一般公共预算收入基本支撑继续下降。财政部数据显示，2022 年 1—10 月累计，全国一般公共预算收入 17.3 万亿元，按自然口径计算下降 4.5%。因卖地收入骤降，疫情影响下地方政府的税收、非税收入

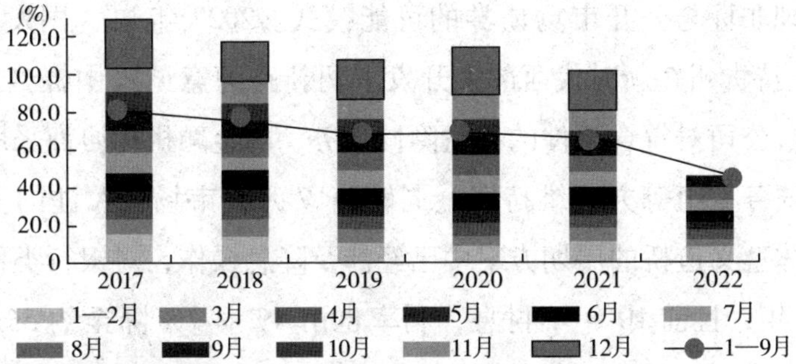

图 12－5 政府性基金收入进度同期比较

数据来源：Wind，国泰君安证券研究。

等不增反减；同时，卫生健康、民生保障等刚性支出大幅上行，上半年31个省级单位的财政盈余全部为负。

受上述两个方面的影响，城投公司流动性风险进一步加大，尾部城投公司公开违约概率加大。

2. 城投债打破刚兑时间窗口临近，政府化解政策以及外部环境改善有效避免区域性、系统性风险

根据非公开债务违约显著增长的趋势，为城投债买单时刻正在临近，对于一些网红地区的低层级平台而言，公开市场债券刚兑打破与债务重组的现实可能性已非常大，核心原因就是尾部平台融资多，自身几无经营现金流，外部无流动性支持可能。

债务破产重整作为能够较好平衡债权人、政府等各方利益的方式，目前已经成为政府对非标债务的主流处理模式，或将成为处理债券市场个体违约的可能和可行方式。2021 年 3 月，重庆市能源投资集团有限公司出现国内债务违约，2022 年 4 月，重庆市能源投资集团有限公司等 16 家国有企业申请破产重整，在部分化债和华润集团增资参与前提下顺利完成重整。

对于可能的区域性风险和系统性风险，中央和地方政府整体化解政策思路以降息和拉长债务还贷周期为主，以不发生区域性风险和系统性风险为底线，债务集中违约的贵州地区在债务处置方面正在逐步描画出

政策处理非标与公开市场债券的可能模式。2022 年初“国发 2 号文”《关于支持贵州在新时代西部大开发上闯新路的意见》中提到，“允许融资平台公司对符合条件的存量隐性债务，与金融机构协商采取适当的展期、债务重组等方式维持资金周转”；7 月，市场最关注的贵州化债试点主体遵义道桥的展期方案中已经涉及降息操作，对银行类债务统一展期 20 年，且前 10 年不付息，利率也由 4% ~7% 降至约 3%。9 月，财政部发布《支持贵州加快提升财政治理能力奋力闯出高质量发展新路的实施方案》，进一步对“国发 2 号文”进行细化，删除了“符合条件的存量隐性债务”，表明债务重组的范围可能进一步扩大，平台融资非隐债部分也可能被纳入试点范围。而当前经济和疫情防控形势改善的趋势有助于改善城投公司的外部流动性环境。

三、老经济模式主导的债市结构风险正在消弭，以技术风险为代表的中期风险隐现

（一）城投房地产主导的债市存量结构系统性风险将进一步降低

1. “房住不炒”、助力创新战略的房地产健康新业态呼之欲出，房地产债券结构优化、风险趋弱

（1）新增住房供应结构质变，安居助业导向持续强化，更加稳健的租赁型债券产品将主导房地产债券市场

根据住建部信息，“十四五”时期，全国 40 个重点城市初步计划新增保障性租赁住房 650 万套（间），预计可帮助解决近 2000 万人的住房困难。北京、上海、广州、深圳等重点城市都提高了新增保障性租赁住房的占比，普遍占 45% 以上。深圳提出：到 2035 年，深圳将新增 170 万住房供应量，60% 以上为保障性住房，即公租房、安居房、人才房各占 20%。其中公租房租赁价格约为市场价格的 30%，安居房价格约为市场价格的 50%，人才房的价格约为市场价格的 60%。保障性住

房在新增住房中占比大幅增加，价格远低于市场价格，将解除新市民和年轻人的后顾之忧，支持创新战略的更好实施和落地。

长期看，随着租赁房体系逐渐走向主导地位，房屋“住”的定位将更加牢固，叠加城镇化大幅放缓减少等因素，房价将去除投资投机的金融属性回归理性，新的估值逻辑确立将导致房地产估值实现革命性重估，中期来看房地产债券发行将在量级下降的同时结构优化，租赁型债券产品将主导市场；同时，随着科技地位大幅提升，股票市场将稳步提升，引导资源转向科技创新和实体经济等新的高回报预期领域。

（2）“房住不炒”理念已经深刻改变居民预期，金融属性褪去后房产估值将回归理性，对债券市场风险影响进一步降低

2022 年 10 月以来，房贷利率已累计下行 159 个基点，放款周期也从 73 天大幅缩短至 25 天。在贷款成本与难度都大幅下降的背景下，居民购房意愿却降至 6 年来最低，提前还款仍在持续。详见图 12－6。

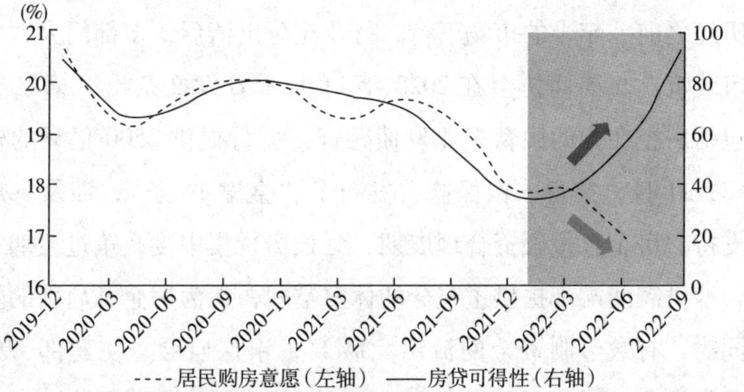

图 12－6　居民购房意愿变化情况

数据来源：Wind，贝壳研究院。

2022 年 9 月末，央行和银保监会通知下调或取消部分城市首套房贷利率下限，财政部通知减免换购住房个人所得税，央行更是时隔七年再次对公积金贷款利率进行下调。而作为房企销售业绩实现传统旺季的

“金九银十”，2022 年全部失守，百强房企在这两个月内的销售同比降幅超 25%。

上述情况的出现，源于“房住不炒”理念的牢固确立，以及行业去金融化持续推进，从根本上改变了居民及全社会对行业的预期，未来各城市房价及同一城市不同板块的房价都将持续分化，随着“住”的逻辑下新的估值模型的确立，房屋资产价值也将实现新均衡状态下的重估和重构。

2009 年以后，房价经过多轮周期上涨，社会消费品零售总额增速却不断下滑，呈现负相关性，高住房支出挤压居民其他消费。而随着购房预期改变、房屋资产价值重估，居民消费也将出现拐点，中央提出的内需主导的内循环将稳步实现，债券市场中房地产债券风险影响将进一步降低。

（3）优质房企得到差异化呵护，房地产债券将在“住”的定位开启平稳健康发展新模式

历经之前一年半的市场下行、行业充分出清后，多部门大力度推出稳楼市政策。交易商协会在 2022 年 11 月 1 日发文祭出“第二支箭”，支持包括房企在内的民营企业发债融资，央行提供 2500 亿元的资金支持规模；11 日，央行、银保监会发布了“金融 16 条”，涉及供需两侧贷款支持、房企存量融资合理展期、延长房贷集中度政策过渡期等积极调整，给供需两端都提供了充分的休整空间，在为房企开启新的融资通道的同时，有效节制资金的流出。14 日，银保监会、住建部、央行三部门联合发文，对房企预售资金监管进行松绑，支持优质房地产企业合理使用预售资金。政策的密集推出，形成了多维度的房企融资端对行业优质企业输血支持政策体系，同时还保证了流动性能留在企业，允许开发商进行一定程度的“节流”，多方位解决短期内房企面临的流动性压力。一系列政策转向“保项目兼顾保优质房企”新阶段，实质性扭转了优质房企融资困境，推动优质民企恢复经营“造血”能力，推动以

“住”为根本特征的新型房地产业态加速构建。

行业内企业将加速分化，优质企业将在房地产新型业态中加快成长，而其他房企将加速被淘汰，为新业态献上奠基礼。随着优质民企担保发行的增加，加速出清无法提供担保品的其他房企。“金融 16 条”中在提及受困房企风险处置时表示，鼓励资管公司参与处置风险项目，同时鼓励商业银行开展房地产项目并购贷款业务，金融机构的参与将加速推动新型房地产业态的诞生和发展。随着行业去金融化，中小房企、问题房企将面临出清的风险，行业主导逻辑将从快销、高负债、快周转、高利润、高房价向租售结合、长租占优和低利润低租金低负债低周转转变，随着行业集中度明显提高，房地产债券发行人将以优质高等级信用主体为主，风险大幅降低。

2. 债券市场转型加速，绿色转型与科技创新正成为债券市场转型的两大主题，结构持续优化，更加安全可控

（1）低碳产业作为中国实现全面领跑的最大赛道，正在加快成长并荡涤债券市场旧秩序

党的二十大报告提出，推动绿色发展，加快规划建设“新型能源体系”，消费与生产两端发力。积极稳妥推进碳达峰碳中和工作，意味着立足于我国以煤炭为主的能源结构，发展新能源的同时也会提高旧能源的清洁高效使用，先立后破。

中央国债登记结算公司于 2022 年 11 月正式发布企业标准《中债绿色债券环境效益信息披露指标体系》，提出绿色债券募集资金所投绿色项目应披露的环境效益定量和定性指标，为绿色债券环境效益可计量、可检验奠定基础，进一步便利了发行人披露和投资人应用。

按照国际可再生能源署发布的测算结果，要达成《巴黎协定》目标，2021—2050 年内全球需要完成的总投资规模至少为 131 万亿美元。对应的我国实现碳中和需要的总投资规模将达 255 万亿元，每一年基本上占到 GDP 的 3%。债券市场以低碳为主导的绿色化进程潜力无限，绿

色债券将迅速引领债券市场之风骚，而债券市场结构将更加安全稳定。

（2）加大对科技创新的金融资源配置力度，债券市场正跑出加速度

党的二十大报告将创新的地位提到新高度，其居我国现代化建设全局的“核心地位”，是“第一动力”；提出完善党中央对科技工作统一领导的体制，健全新型举国体制，强化国家战略科技力量，优化配置创新资源，提升国家创新体系整体效能。2022 年 11 月国资委和证监会联合发布《关于支持中央企业发行科技创新公司债券的通知》（以下简称《通知》）。

在健全科技创新金融服务支持机制方面，《通知》提出，加强债券市场对科技创新领域的精准支持，重点支持高新技术产业和战略性新兴产业及转型升级等领域中央企业发行科技创新公司债券。鼓励中央企业发行中长期科技创新公司债券，增强融资工具与科技创新活动的适配性。鼓励商业银行、社保基金、养老金、保险公司等中长期资金加大科技创新公司债券投资，引导降低融资成本。鼓励中央企业发行科技创新公司债券融资，加速发展关键核心技术，助推数字化转型和产业结构优化升级，打通科技成果向生产力转化的“最后一公里”。支持中央企业积极发挥产业链“核心”企业作用，借助科技创新公司债券等融资工具汇聚资金，通过权益出资、供应链金融等方式，支持上下游符合国家战略、有技术优势、有发展潜力的中小企业创新发展，共同推动关键核心技术攻关、培育战略性新兴产业，服务产业转型升级。

（3）协同配合高质量发展，城投转型已经刻不容缓

根据 Wind 非金融企业信用债（剔除资产证券化产品）的数据，截至 2022 年 10 月末，城投债占比高达 47.0%，严重挤占了科技创新型实体企业的金融资源，市场资源转向绿色和科技创新方向迫在眉睫。

城投公司应尽快从建设商向产业运营、引进培育产业、引导规划特色产业的产业发展商、运营商转变。提升现金流创设能力，靠自身经营

性现金流培育发展能力，走上可持续健康发展的道路。这离不开产业成熟度、投资转化效率的持续培养，产业的持续升温将加大该区域对人口的吸引力，人口因产业持续流入，产业因人口增加不断兴旺，形成良性循环。

城投公司要把自身的新定位放到以科技创新为核心的中国式现代化国家建设的全局中去谋划和考虑。转型方向应瞄准科技孵化、产业引导、新基建、城市更新、综合化城市运营、保障性住房、公共服务和民生保障等优先领域。

（二）中长期技术风险对债市的影响将逐步显现

1. 目前中国债券市场存量结构失衡，资源对绿色转型支持严重不足，结构性风险仍然存在

绿色债券发展速度很快，但占比仍微不足道。截至 2022 年 10 月末，我国非金融企业信用债存量余额 32.8 万亿元，绿色债券 1 万亿元，仅占非金融企业信用债的 3.07%。在气候债券倡议组织（CBI）的统计口径下，截至 2021 年年底，全球累计发行绿色债券 15988 亿美元，新兴市场仅贡献 20%。如债券市场对新动能资源分配长期严重不足，将反过来催化债券市场风险，需要跳跃式加持。

2. 技术风险的影响将浮出水面，成为债券市场主要风险类型

科学技术是第一生产力。科技创新的革命性突破经常是一个偶然事件，在不经意间发生，却决定了未来必然的趋势。比如蒸汽机的出现，在起初的嘲笑声消失前就迅速灭绝了贵族推崇的时髦而等级分明的马车业。当前锂离子电池地位显赫，同时稀缺的价格飞天的锂资源正在制约着新能源车的市场渗透率甚至行业前景，如果一项新技术出现，不需要稀缺的锂金属，且能量密度和安全性都有技术保障，可能锂离子电池构建的巨大的产业链大厦会在一瞬间轰然倒塌。产业链龙头可能瞬间破产，而包括债券市场在内的相关投资人可能血本无归。这就是技术革命

的力量，创造一个新世界的同时也会砸烂毁灭一个旧世界。

科技是中国式现代化实现的关键因素，没有革命性的突破将难以达成目标，以“双碳”目标主导的能源革命为例，我国虽然在新能源产业链上取得了整体的科技优势和市场占有率，但也应该看到，原创性的、体系化的关键技术突破还远远不够，正在制约着我国“双碳”目标的如期达成。而包括债券市场在内的金融资源迅速全力而精准的先导性支持，是原创性革命性科技突破得以迅速实现的最重要保证。金融领域包括债券市场要顺应科技变化大势，推动科技创新发展，积极通过体制、机制、产品等方面的组合创新，大力支持关键技术领域的研发和投资，为科技发展提供强有力的资本、资金支持。

从以上的分析可以看出，技术风险将成为未来经济发展过程中面临的主要风险，也是映射到债券市场上的主要投资风险。如果初始主干路线选错了，一旦被其他技术路径所取代，前期所有的巨额投资都可能打水漂，相关主体发行的债券将违约，全部成为技术选择失误的沉淀成本和代价。仍以能源革命为例，如果关键技术不能有效突破，则意味着最终“双碳”目标可能难以如期实现，债券违约将在多层面多角度爆发，传统行业、与新能源“双碳”目标相关的新兴行业的尾部企业和边缘化的细分领域的企业可能同时出现违约。

四、完善债券市场安全体系的相关建议

党的二十大报告指出，必须坚定不移贯彻总体国家安全观，把维护国家安全贯穿到党和国家工作各方面全过程，确保国家安全和社会稳定；提出要以经济安全为基础，完善重点领域安全保障体系和重要专项协调指挥体系，强化经济、金融等安全保障体系建设。

债券市场作为金融体系重要的基础设施，正面临新旧模式转换带来的风险立体化叠加，不同的风险以不同形式叠加影响债券市场的安全。面临支持绿色转型和科技发展的重要任务，只有尽快构建更系统全面的

安全体系，才能以可靠的债券市场安全保障，加快金融资源的优化配置和新发展格局的全面突破。为此，提出完善我国债券市场安全体系的相关建议如下：

（一）加快债券市场体制机制转型

金融是服务于实体经济的，是从属于实体经济的，实体经济不好必将引发债券市场的安全隐患和风险暴露。加力实体经济，加力绿色与科技，就是加力债券市场安全与发展。在新发展阶段，以全部债券市场资源全力推动绿色转型和科技突破发展，就是保经济发展和经济安全、保债券市场安全的最好手段。经济稳，则金融稳、债市稳。从某个角度讲，资源配置转向的速度越快、力度越大，债券市场就越安全。

（二）构建专业的科学技术研究能力和独立判断力

科技时代，科技处于核心地位，是第一生产力，相应地，技术风险也将带来超级杀伤力，对科学技术发展趋势的误判，将导致技术风险爆发的极端恶果。因此科技研究“护城河”的建立至关重要，关系到债券市场安全。科技研究能力的提升还关系到确保把稀缺的金融资源精准投入最重要的科技领域和最正确的科技发展方向，债券市场要加强科技发展前沿趋势研究，准确把握新动能行业发展方向，以最大化金融资源对科技转型的贡献。

（三）提高债券市场顶层设计和战略规划能力水平

在《金融稳定法》等上位法的系统规划指导下，建议加快完善债券市场法制体系、战略体系、政策体系、风险监测预警体系的顶层设计，构建完整可靠的债券市场安全网；强化与金融监管当局和金融体系各个领域各个部门的协同配合，提高体系化风险防控能力和水平。

健全债券市场化利率形成和传导机制，提高金融资产定价有效性，增加债券的吸引力；进一步完善有利于扩大债券市场融资、鼓励长期投资的会计、审计、财税等基础制度和关键政策；构建有利于提高债券市场融资比重的良好市场生态，加强立法、行政、司法的协同配合，健全行政执法、民事追偿和刑事惩戒相互衔接、互相支持的立体、有机体系，增强投资者信心。

（四）加快推动创新绿色和科技属性的债券主体和债券品种

增强债券市场对绿色转型和科技创新的适配度，加大更加适合科技与绿色转型需求的股权投资类和长久期类债券产品的开发创新力度，更好满足绿色转型和科技创新对长期投资和股权类投资需求；建立对绿色转型和科技创新更加友好的绿色快捷发行通道，优化分层和储架发行等制度创新；加大债券基础设施及软件硬件的优化改造；加强国家整体支持政策研究，借鉴国际经验，明晰打标标准规范，提升配套税收减免、利息补贴政策落地速度和实施力度。

推动绿色债券市场的标准化和透明化；完善绿色债券的认证 、评估和评级体系；开发绿色债券指数和相关 ETF 产品，丰富绿色资产的投资工具，提升绿色债券市场的流动性；鼓励绿色债券工具创新，通过建立对绿色项目和绿色债券市场的监管、鼓励市场投资者更多参与绿色债券市场等综合措施，推动市场随着政策制度完善而逐步走向成熟。

建立科技与绿色债券产品谱系，完善优化对相关产品体系化的政策支持体系，提高发行针对性、便利度和效率，确保在短时间内大幅提高支持高科技原创性突破和产业发展以及以低碳战略为核心的绿色债券产品的发行比重，探索依托融资担保机构增信等方式完善科创企业债券融资增信机制，降低科创企业债券成本及债券融资风险。建立符合“房住不炒”和服务于支持创新和实体经济发展的新型房地产行业债券产品结构和发行主体结构，加大对保障性租赁住房和自住改善型住房需求的支持力度，推动房地产业向促进实体经济、优化居民多样化居住需求的方向健康稳健发展。

（五）高度关注外部系统性风险的传染和联动

在百年未有之大变局下，我们会面临高风急浪甚至是惊涛骇浪，要敢于斗争、善于斗争，预先做好防范国际国内极端情形共振情况下系统性金融风险冲击的准备。

第十三章　后疫情时期人民币汇率走势

——2022 年人民币汇率走势回顾与 2023 年展望

2022 年，全球通胀高企，美联储紧缩货币政策加码，美元单边走强，人民币汇率总体呈现贬值走势，全年经历了微升、走贬、震荡、再走贬、回弹五个阶段。展望 2023 年，疫情及其管控措施影响大概率会消减，经济基本面将持续改善，影响人民币汇率走弱的因素趋于减弱，预计人民币将保持常态化双向波动态势。下一步，要持续促进国内经济稳步回升，同时要密切关注国际经济金融形势变化及其外溢效应影响，不断加强跨境资本流动管理，维护国际收支基本平衡。

一、2022 年人民币汇率走势回顾

（一）人民币汇率呈阶段性走贬态势

2022 年，人民币兑美元汇率呈阶段性波动走贬态势。截至 11 月 24 日，人民币即期汇率报 7. 1486，较年初贬值 12. 14% 左右。从全年来看，人民币汇率主要经历了微升、走贬、震荡、再走贬、回弹五个阶段（见图 13 – 1）。

第一阶段：2022 年初至 3 月初，人民币延续了上年末的升值态势。在出口持续顺差和外资加速流入的影响下，人民币兑美元即期汇率曾升至 6. 3107，创四年来新高。人民币对一篮子货币币值也持续升值，3 月上旬，CFETS 指数最高曾升至 106. 79，创历史新高。

第二阶段：3 月初至 5 月中旬，人民币汇率阶段性走贬。受美联储货币政策紧缩步调加快（加息力度加大、缩表周期启动）影响，美元指数不断走高，给人民币带来贬值压力。至 5 月中旬，人民币即期汇率贬值至 6.7967，离岸人民币汇率一度跌破 6.8。

第三阶段：5 月中旬至 8 月下旬，人民币兑美元汇率在 6.65 ~ 6.8 震荡波动。随着市场对美联储加息预期的短暂消化，以及中国出台下调外汇准备金率[①]、鼓励外资投资债市等多项政策，人民币汇率在波动中企稳，在合理区间窄幅震荡，至 8 月下旬人民币兑美元即期汇率仍维持在 6.7349。

图 13-1　2022 年人民币即期汇率走势行情

数据来源：Wind，中国银行研究院。

第四阶段：8 月下旬至 11 月初，人民币汇率再次波动走贬。为了对抗通胀，美联储再执行强加息政策，美元指数再次单边强势，大部分非美货币均出现较大幅度贬值，人民币也再次走贬。人民币兑美元即期汇率于 9 月跌破 7，并于 10 月底跌破 7.3。至 11 月初，人民币兑美元即期汇率最低贬值至 7.32，较 8 月中旬贬值 8.69%。

第五阶段：11 月初至年底，人民币汇率小幅回升。随着美国通胀数据有降温迹象，市场对美联储加息节奏的预期转向，人民币兑美元汇率开始小幅回弹。12 月 5 日，人民币兑美元即期汇率升回至 7 以上，报 6.9561。

---

① 2022 年 5 月和 9 月，中国人民银行分别下调外汇存款准备金率 1 个百分点和 2 个百分点，分别释放约 101 亿美元和 191 亿美元流动性，缓解了美元外汇供需压力，及时平衡了外汇供求关系与人民币汇率走势，释放了稳定汇率信号。

（二）2022 年人民币汇率波动主要影响因素

1. 美联储紧缩政策加码，美元指数不断走强

2022 年，美国通货膨胀水平持续上升，1—10 月 CPI 同比均值达到 8.3%，是近 40 年新高。为了对抗持续“高烧不退”的通货膨胀问题，美联储选择加息力度大、节奏更频繁的超预期紧缩货币政策，并启动了缩减央行资产负债表计划。2022 年（截至 12 月 12 日），美联储共加息六次，累计加息 375 个基点（3 月、5 月分别加息 25 个基点和 50 个基点，6 月、7 月、9 月、11 月连续四次大幅加息 75 个基点）。在美联储加息缩表等政策影响下，美元指数不断走强，对国际汇市造成了较大冲击。9 月底，美元指数飙升至 114 点，创近 20 年新高。

由于美元的霸权地位，美元指数对汇率市场有重要的预期引导作用，对非美货币汇率走势有重要影响。面对不断走升的强势美元，市场避险情绪持续升温，人民币汇率承压走贬，并于 9 月跌破 7 点位。与此同时，包括英镑、欧元、日元等主要货币在内的大部分非美货币也出现对美元持续贬值的态势。例如，9 月欧元兑美元汇率跌破平价，达到 2002 年以来最低水平；10 月日元汇率跌破 150，贬值幅度超过了 1997 年亚洲金融危机时期，达到近 30 年的最低。发展中国家货币汇率贬值幅度更大，2022 年 1—11 月，土耳其里拉兑美元中间价贬值近 40%，阿根廷比索兑美元汇率贬值超过了 60%。

值得强调的是，在美元单边走强的背景下，2022 年大部分非美货币兑美元汇率均出现了大幅贬值。尽管人民币兑美元汇率也整体呈贬值态势，但人民币贬值幅度较小，在主要非美货币中是相对稳定的。根据 BIS 名义有效汇率指数，2022 年 1—10 月，美元累计升值 11.7%，日元贬值 13.7%，英镑贬值 6%，欧元贬值 2.2%，人民币贬值约 1.2%。

2. 中美货币政策走向出现背离

疫情以来，中国与美国的经济周期和恢复不同步。为解决各自国内

经济面临的主要问题与矛盾，中、美货币政策走向出现了分化态势。2022年，与美国加快货币政策紧缩步伐不同，中国则采取了稳健偏宽松的货币政策；与美国等面临高通胀不同，我国物价水平总体温和可控，1—11月CPI累计涨幅为2%。因此，通胀不是我国经济所面临的主要矛盾。相反，受需求收缩、供给冲击和预期转弱三重压力的影响，经济下行压力较大，稳增长任务更重，所以货币政策基调是稳中有松，保障市场流动性合理充裕，助力稳定宏观经济大盘。

中美货币政策分化的直接影响：一是通过影响利率市场进而传导至汇率市场，影响人民币汇率。美联储加息、缩表政策导致美国国债收益率持续走高，我国宽松货币政策下国债收益率降低，这导致中美利差的持续收窄甚至“倒挂”，从而加大跨境资本外流的压力。二是根据汇率超调理论，宽松货币政策下的本币回报率将有所下降，并会在短期内引起本币贬值，此时持有外币的预期收益率会升高，这一预期也导致短期内的人民币汇率出现超调现象。

在中美货币政策分化背景下，2022年中美利差呈逐步收窄态势，并出现了倒挂现象。从4月开始，中美10年期国债利差出现倒挂缺口（见图13-2），虽于8月初出现过短暂回正，但很快再度倒挂，9月起，中美利差倒挂缺口持续扩大，至10月底，倒挂缺口曾高达-1.54%，较年初1.13%的正利差大幅走低，这也是推动同期人民币汇率较快贬值并一度跌破7.3的重要原因。

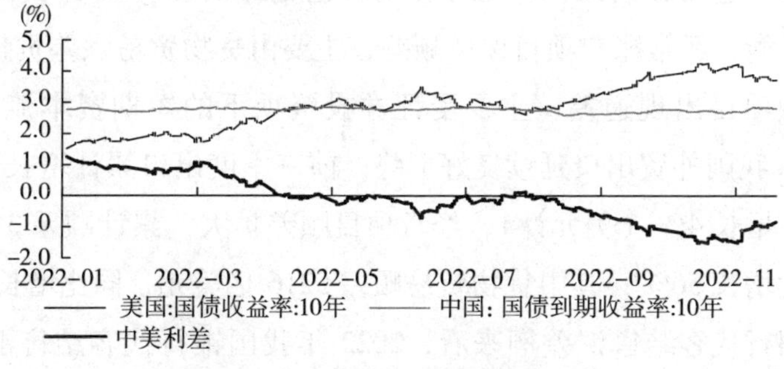

图13-2　2022年中美国债收益率

数据来源：Wind，中国银行研究院。

中美利差倒挂缺口的出现和扩大，会加大我国短期跨境资本外流的压力，也会影响外汇市场的走势预期，进一步加大人民币汇率贬值压力。截至 2022 年 9 月，境外机构和个人持有境内人民币股票和债券资产分别降至 3.03 万亿元和 3.48 万亿元，较年初分别下降了 15.6% 和 16.25%。从 2022 年 2 月起，债券通项下的境外机构对人民币债券即处于净减持状态（见图 13－3）。虽然 3—8 月净减持环比不断收窄，但 9 月境外机构对人民币债券净减持 707 亿元，较 8 月的 354 亿元的净减持环比增加。在股票市场，9—10 月北向资金累计净买入共降低了 685.31 亿元；但 11 月有所回升，增加了 551.78 亿元。

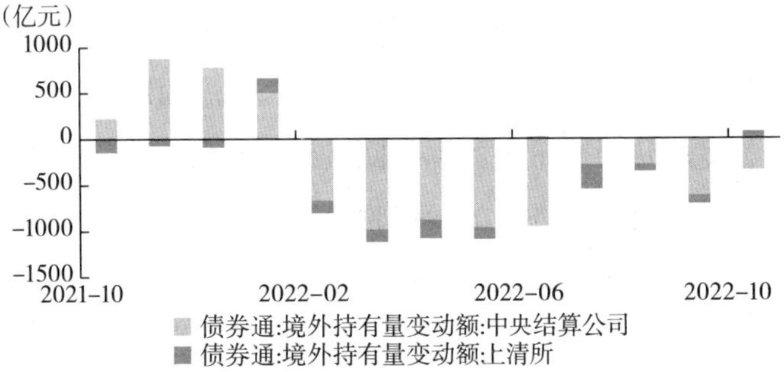

图 13－3　2022 年境外持有人民币债券变动情况

数据来源：Wind，中国银行研究院。

3. 国际收支经常账户顺差，证券投资项逆差

国际收支账户下的跨境资金流动会直接影响外汇市场上的人民币供给与需求，进而影响人民币汇率走势。总的来看，2022 年我国国际收支基本平衡，经常账户项目保持顺差，主要由货物贸易顺差贡献；但资本与金融项目出现逆差，主要受证券投资项下的短期资本流出影响。2022 年，我国外贸出口延续良好形势，前三季度出口累计增长 12.5%、进口累计增长 4%（美元计），经常项目顺差扩大，累计顺差 3104 亿美元，同比增长 56%；其中货物贸易顺差 5216 亿美元，同比增长 52%。

从银行代客结售汇差额来看，2022 年我国银行代客结售汇维持顺差净结汇。其中，经常项目银行代客顺差净结汇，但证券投资项下呈逆差净售汇。2022 年 1—10 月，经常项目累计净结汇 1275.86 亿美元，其中货物贸易累计净结汇 2243.37 亿美元（见图 13－4）。从资本与金融项目银行代客结售汇差额看，直接投资项目始终维持外汇净流入，1—10 月累计净结汇 262.3 亿美元；但证券投资项下出现逆差（见图 13－5），3 月、9 月、10 月，源自证券投资的银行代客结售汇分别为逆差 100.8 亿美元、32 亿美元、41.6 亿美元，代表短期资本的流出，导致资本与金融项目出现净售汇，削减了经常账户的顺差流入优势，对人民币汇率形成贬值压力。

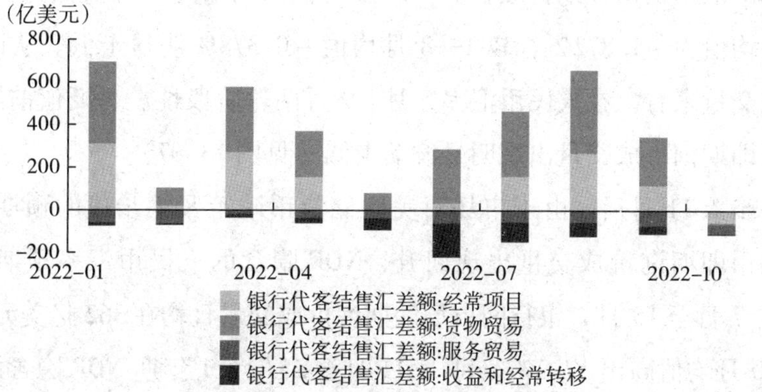

图 13－4　经常账户下结售汇差额

数据来源：Wind，中国银行研究院。

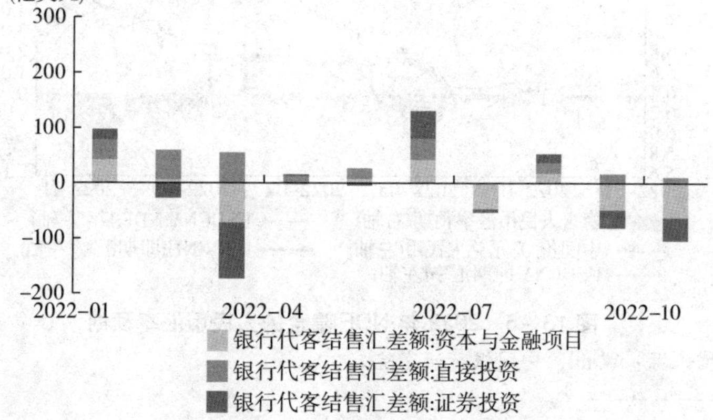

图 13－5　资本与金融账户下结售汇差额

数据来源：Wind，中国银行研究院。

4. 市场预期波动较大，对外汇交易产生显著影响

2022 年，俄乌冲突、全球通胀、能源与粮食危机和异常天气等，导致外部经济金融环境更加复杂严峻，国内疫情反复给我国经济基本面带来重大冲击，市场情绪出现非理性波动，对外汇市场主体交易行为也产生了不小影响。观察 1 年期 NDF 隐含的人民币汇率预期①（见图 13－6），在 5 月和 9 月两轮人民币汇率明显走贬行情下，1 年期 NDF 隐含的人民币汇率预期均出现较大负向波动，尤其是 9 月以后，市场对人民币汇率贬值预期持续扩大；9—10 月，1 年期 NDF 隐含的汇率预期波动均值为－1. 872%，较 1—8 月均值－0. 378% 明显走低。从即期询价成交量来看，在人民币汇率 5 月、9 月两轮阶段性震荡贬值前期，人民币即期询价成交量出现明显波动走低（见图 13－7）。

步入 11 月后，由于市场对美联储货币政策紧缩步伐的预期转向，人民币即期询价成交量出现回升，NDF 隐含的人民币汇率预期好转。11 月 7 日至 15 日，银行间市场即期询价成交量日均在 362 亿美元以上，比 10 月均值高出 17. 2%。11 月 11 日至 25 日，1 年期 NDF 隐含的人民币汇率贬值预期出现明显好转，均值收窄至－0. 682%，较 10 月均值－2. 31% 大幅回升。

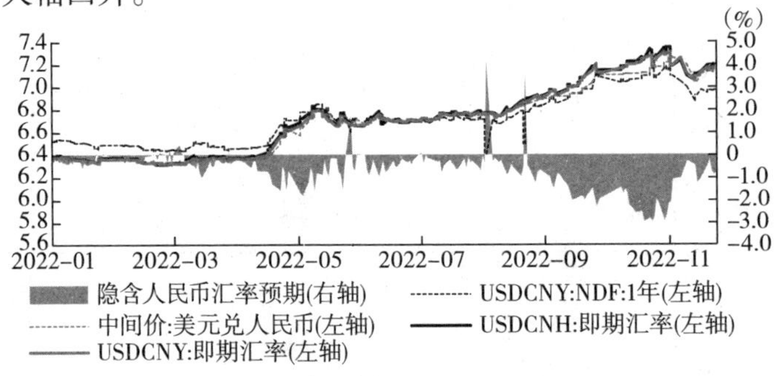

图 13－6 2022 年 NDF 隐含的人民币汇率预期

数据来源：Wind，中国银行研究院。

① 隐含汇率预期＝人民币汇率中间价/（1 年期 NDF－1 年期 NDF 买卖报价均值/100000）－1；负值代表人民币汇率贬值预期，正值代表人民币汇率升值预期。

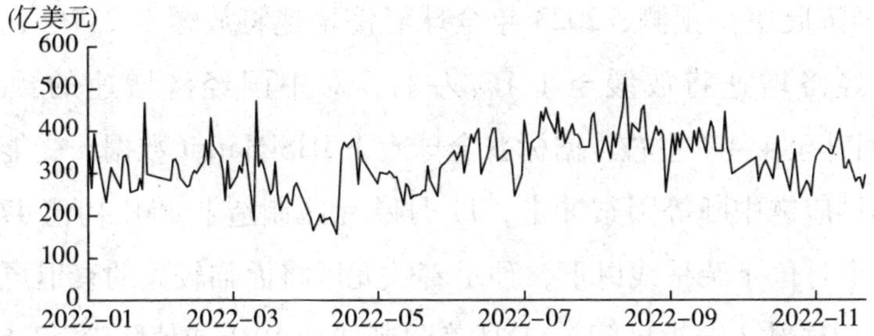

图 13－7　2022 年人民币即期询价成交量波动

数据来源：Wind，中国银行研究院。

二、2023 年人民币汇率走势展望

展望 2023 年，国内经济基本面将持续改善，影响人民币汇率走弱的因素将趋于减弱，预计人民币将保持常态化双向波动态势。

（一）支持人民币汇率稳定且升值的因素

1. 国内经济基本面持续恢复

一种货币走强的关键支撑在于其经济基本面。展望 2023 年，中国经济将步入内外需增长动能转换期，发展面临的内外部环境和条件或将有所改善。中国出台的一系列优化疫情防控措施，促进经济恢复、支持外资等利好政策，将有利于进一步支持经济基本面持续复苏。2022 年 12 月 6 日，中央政治局会议为 2023 年经济工作定调，强调推动经济运行整体好转，实现质的有效提升和量的合理增长，要求大力提振市场信心，突出做好稳增长、稳就业、稳物价工作。这些都有利于国内市场需求和信心修复，引导汇率市场恢复合理预期。

展望 2023 年，全球经济增长动能减弱，将大概率处于下行轨道，且包括欧美等发达经济体在内的全球通货膨胀水平仍在高位，全球经济步入“滞胀”的风险加大。2022 年 10 月，欧元区 CPI 同比涨幅仍高达 10.6%，英国 CPI 同比涨幅高达 11.1%。据 IMF 于 2022 年 10 月发布的

《世界经济展望》预测，2023 年全球经济增速将放缓至 2.7%，发达经济体的经济增速将放缓至 1.1% 左右；对中国经济增速的预测则由 3.2% 回升至 4.4% 左右。据标普全球旗下 IHS Markit 数据，受能源价格飙升和供应链中断等因素冲击，11 月欧元区制造业 PMI 初值 47.3，已连续 5 个月位于荣枯线以下，预示着欧元区将面临较大的衰退风险。美国 PMI 同样跌入萎缩区间，11 月美国制造业 PMI 初值降至 47.6，环比降低 5.56%，刷新 30 个月来低位；同月美国服务业 PMI 初值降至 46.1，环比降低 3.56%，显著低于市场预期。总体来说，宏观经济基本面大概率将呈“内升外降”格局，这将为人民币汇率保持稳定甚至升值提供有力支撑。

2. 人民币资产对海外投资者的吸引力逐步提升

对海外资金和投资者来说，未来在国际市场上增配人民币资产具有较高价值。人民币资产对全球资金的吸引力提升，主要原因在于人民币的国际影响力和国际化程度不断提高：一是人民币在 SDR 中的权重进一步提升。2022 年 5 月，国际货币基金组织（IMF）将人民币在特别提款权（SDR）货币篮子中的权重提升至 12.28%，在 SDR 货币构成中权重仅次于美元和欧元。二是人民币国际支付份额提升。2022 年人民币国际支付份额已升至 3.2%，超过日元位至全球第四。未来，中东国家部分石油交易很可能也用人民币结算，对人民币国际化将是一个很大的促进。三是人民币在全球外汇储备中占比提升。IMF 数据显示，2022 年上半年，人民币在全球外汇储备中的占比为 2.88%，列全球第五位，比 2016 年刚加入 SDR 货币篮子时提高了 1.8 个百分点。

2022 年，我国鼓励银行加强外汇风险能力建设，拓展外资对境内债券市场的投资范围，鼓励支持境内企业扩大跨境融资渠道等。11 月，中国人民银行与国家外汇管理局联合出台《境外机构投资者投资中国债券市场资金管理规定》，12 月出台《关于境外机构境内发行债券资金管理有关事宜的通知》，完善了境外机构境内发行债券（熊猫债）资金管理要求，便利了境外机构对中国债券市场投融资，进一步增强了人民币债券资产的境外资金吸引力，有利于支持我国短期跨境资金的有序回流。

3. 我国外汇储备规模合理充裕，宏观政策调控工具充足

当前我国外汇储备规模稳定充裕，2022 年已连续 17 年位居全球第一，强大的外汇储备为我国宏观调控政策留下许多空间，是保障未来人民币汇率走势稳定的强大后盾。截至 2022 年 10 月，中国官方外汇储备资产 30549 亿美元（见图 13－8），金融机构外汇各项存款余额 9537 亿美元，均保持在较高水平，这是有效应对人民币汇率过度波动的“压舱石”。预计 2023 年在我国经济稳步恢复背景下，国际收支仍将保持平稳均衡，跨境资金流动稳定有序，外汇储备规模保持合理充裕，保障人民币汇率在合理区间内常态化双向波动。

同时，我国外汇类宏观审慎调节政策工具非常充足，能起到灵活自如、精准且力度适中的调节作用。2022 年，面对美元单边强势行情，包括印度、泰国、韩国在内的大部分亚太国家不得不选择动用外汇储备以干预外汇市场，但中国仅通过政策调节便取得了相比其他国家更好的调控效果。2022 年 9 月，我国外汇存款准备金率下调至 6%，仍高于 2021 年 6 月外汇存款准备金率 5% 的水平。说明面对美元指数非常态单边走升行情，我国并未启动更多政策工具干预人民币汇率走势，坚持人民币汇率市场化自由浮动仍是政策主基调。实际上，我国外汇类宏观审慎调节政策工具非常丰富，例如中间价定价窗口指导、逆周期因子、调整外汇衍生品交易成本、掉期点调控、干预结售汇和加强资本管制等。

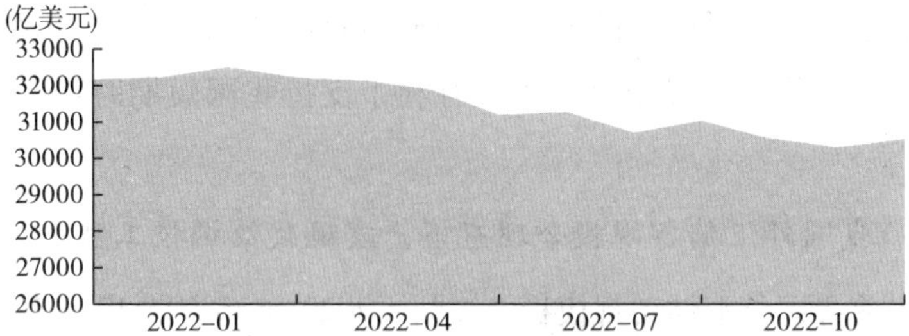

图 13－8　2022 年 1—10 月我国外汇储备规模变动

数据来源：Wind，中国银行研究院。

4. 美联储加息步伐将放缓，市场预期逐步转向

虽然美联储仍将加息以完成抗通胀任务，但美国通胀已出现降温，2022 年 10 月美国 CPI 同比涨幅降至 7.7%，市场预期 2023 年美联储加息、缩表步伐将放缓，或紧缩周期结束并转而采用适度宽松政策，以刺激疲软的美国经济。11 月 30 日，美联储主席鲍威尔表示，考虑到货币政策效果具有滞后性，美联储可能很快放缓加息步伐，但在美国通胀回落前，美国利率水平将会保持在具有限制性作用的区间内。随着美联储紧缩周期的逐步结束，中美利差倒挂问题也将逐步缓解，持有美元债券资产获利空间将逐渐减小，支持短期跨境资本向中国回流，这都有助于人民币汇率走稳走强。

2022 年 11 月中下旬，随着市场对美联储政策执行的预期转向，美元指数也已出现了较快回落，预示着美元强势周期的结束。截至 11 月 25 日，美元指数已回调至 106.07（与 8 月中旬左右水平相当），相较于 11 月 3 日的 112.98 快速回落了 6.12%。与此同时，主要非美货币汇率均出现对美元小幅回升态势（见图 13－9），人民币汇率也已出现较为显著的回升。

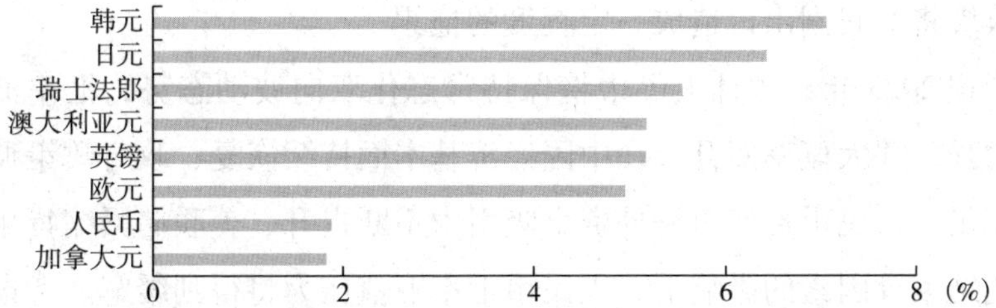

图 13-9　2022 年 11 月 1—25 日各国货币对美元回升幅度

数据来源：Wind，中国银行研究院。

（二）使人民币汇率承压的风险因素

1. 美联储货币政策转向还需一段时间

2023 年，美国等发达经济体的通胀水平还将在高位维持一段时间，美联储政策执行节奏和作用仍存在一定不确定性，其政策溢出效应的影响也会有所不同。潜在全球经济衰退和金融危机将产生外溢效应和冲击。同时，考虑到俄乌冲突等复杂外部形势仍在持续，大宗商品和能源价格波动周期并未落幕，因此仍需要高度关注外部通胀输入压力，以及其对人民币币值稳定和汇率预期的影响。

2. 后疫情时期国内经济恢复基础仍不牢固

从国内形势来看，疫情管控措施大幅调整后，疫情感染及其对经济的影响还存在不确定性，我国经济恢复的基础仍不牢固，市场主体资产负债表修复、信心和预期的改善仍需一段时间。经济恢复程度是决定人民币汇率能否保持稳定的重要因素。如果疫情持续蔓延、感染人数增加，则人员流动仍会较大范围受限，则供需难以提振，经济增长恢复缓慢；反之，则供需加快恢复，经济加快增长。

3. 外需疲弱或将拖累出口，影响经常项目顺差

2023 年，全球经济增长放缓，外需走弱。据美联储预测，2023 年美国 GDP 增速仅为 1.2%。欧盟委员会将欧元区的 GDP 增速预测下调至 0.3%，而中国对美、欧的出口额占到了中国总出口额的 30% 以上。

外需放缓将对我国出口造成一定程度的拖累。

展望 2023 年，预计人民币将保持常态化双向波动态势，汇率波动弹性增强，并大概率回升。在中国经济基本面持续恢复、政府政策调控工具充足、人民币资产对海外资金吸引力不断提升、美联储紧缩货币政策周期结束等因素的影响下，人民币汇率贬值压力将得到缓解。考虑到信心和预期的改善仍需一段时间、外需增速大概率放缓等因素影响，仍需关注人民币汇率承压的潜在风险。

三、人民币双向波动弹性增强的市场影响

（一）影响实体企业进出口贸易与汇兑收益

一个经济体货币升值具有诸多好处，不仅是一国经济状况良好与竞争力增强的表现，还有利于减轻外债还本付息的压力。但汇率升值也会导致外贸出口企业成本上升、竞争力下降，不利于出口导向型国家扩大对外出口。相反，对外贸企业来说，当人民币汇率贬值时，外币购买力升高，出口商品在国际市场上的价格更便宜、更有竞争力，有利于出口增长；同时抑制进口，导致贸易顺差扩大，从而促进一国经济增长。但汇率贬值不利于跨境资本流动的稳定，且导致外债持有成本增加。

当人民币汇率双向波动弹性增强时，实体企业汇兑风险上升，寻求金融工具进行外汇风险管理与风险对冲的需求上升。为了避免汇率波动损失，出口企业可视情况缩短收汇周期，同时积极寻找合适的套期保值金融工具，将汇率风险缓释到最小。此外，由于中小微外贸企业利润更微薄，锁汇成本更高，更容易受汇市波动的影响。2022 年，国家外汇局多次释放积极信号，指导中小微企业积极使用汇率避险工具。中国外汇交易中心已全额免除了中小微企业外汇衍生品交易相关的银行间外汇市场交易手续费，全年减免金额超过 1100 万元。

（二）影响宏观经济与金融市场稳定性

当前，我国汇率市场化改革已取得显著成效，人民币汇率双向波动弹性整体增强。汇率市场化弹性波动具有减震器的作用，是一经济体国际收支平衡与宏观经济的自动稳定器。当汇率弹性增强时，内外部冲击会反映为汇率波动，进而平滑冲击对经济运行的影响，维护市场整体稳定。人民币市场化自由浮动能及时反映外汇供需情况，也能有效避免汇市上的投机行为。同时汇率双向波动能及时释放市场压力，有效避免预期积累，及时分散市场风险，防止风险过度积聚，降低金融市场系统性风险。

但汇率异常波动会影响境内股债市场的稳定性。由于汇率具有资产价格属性，汇率升贬值会影响境内外投资者的市场预期和投资决策，进而影响股债市场价格。股市和汇市往往具有联动性，即汇市价格波动会通过资本流动渠道影响股市。“811”汇改以来，我国金融市场的股汇联动效应愈加明显。从境外投资者角度看，外资进入内地股市存在先换汇再买入股票两个过程。如果外资出现汇率持续贬值预期，即使股票投资有盈余，在换回美元的过程中也会经历套利缩水。因此持续的贬值预期具有自我强化特征，加快汇率下跌。

（三）促进外汇衍生品市场发展与完善成熟

人民币汇率市场化双向波动增强，将促进外汇衍生工具的交易需求增加，推动我国境内外汇衍生品市场的不断发展。2014 年，我国外汇衍生品的市场交易量仅为 4.7 万亿美元，至 2021 年已增长至 22.7 万亿美元。2022 年前三季度，我国外汇衍生品交易合计 17.5 万亿美元，同比增长 7.1%。同年，我国出台《关于进一步促进外汇市场服务实体经济有关措施的通知》，新增外汇期权工具助力中小微外贸企业规避外汇风险，从政策层面助力提升外汇衍生品市场交易服务实体经济能力，要求金融机构充分响应中小微企业的基层外汇服务需求，提供更加精细化、专业化的套期保值服务。2022 年前 8 个月，企业利用外汇衍生产品管理汇率风险的规模同比增长 28%，推动企业套期保值比率达到 25%，较 2021 年全年提升 3.1 个百分点。

汇率双向波动弹性增强，汇市避险管理的难度增加。如果外汇衍生避险工具不足与套保工具匮乏，企业收益更容易受到风险损失，而充分利用外汇衍生工具便能够根据情况动态管理外汇风险暴露敞口，对冲汇率波动的风险。因此，企业和市场应积极寻求外汇衍生工具合理避险。此外，由于外汇期货业务交易对汇市波动的自由度要求较高，我国境内尚未建立场内交易的外汇期货衍生品。未来可在不断要求提高外汇市场参与主体风险管理水平的前提下，考虑适度推进外汇期货等场内外汇衍生业务，以推动境内外汇套期保值体系更加完善。

四、推动人民币汇率稳定合理运行的相关建议

（一）增强经济内生增长动力，促进经济持续回稳

2023 年是贯彻落实党的二十大各项战略部署的第一年，也是政府换届之年，做好各项政策的衔接，确保政策连续性、稳定性至关重要。促进经济稳步回升将是首要任务，宏观经济稳定与国际收支平衡，才能使我国货币价值稳定。宏观经济政策要着力“稳增长促回升、防风险保安全”，改善市场主体信心和预期，持续恢复和增强经济内生增长动力。维持货币政策稳健略宽，保持货币信贷合理充裕；精准支持实体经济尤其是小微企业恢复活力。促进内需改善，大力提振消费，推动经济实质性回升。

（二）关注国际市场形势变化，加强跨境资本流动管理

关注美国通胀压力状况，判断美联储货币政策拐点何时到来，及美联储政策变化对新兴市场的外溢效应。同时加强跨境资金流动性管理，建立健全跨境资金流动风险评估体系和预警系统，探索跨境资本流动管

理的新模式、新手段，积极防范跨境资本流动风险。关注境内外金融市场的运行情况，关注股市汇市联动性波动，提高对市场风险的敏感性和警惕性，及时化解不确定风险，保障境内金融市场的基本稳定。密切关注外贸外资增减，保持国际收支基本平衡。

（三）加强宏观政策指导，保障汇率灵活调整

深化汇率市场化改革，维持人民币汇率在合理区间内波动，更好发挥汇率调节宏观经济和国际收支的自动稳定器作用，充分发挥市场化汇率机制在抵御外部冲击时的缓冲作用。进一步完善外汇市场“宏观审慎+微观监管”两位一体管理框架，持续加强宏观审慎政策调控及其指导作用，释放积极稳定信号，合理引导市场预期，避免市场非理性行为。同时，完善国内外汇市场监管法规体系，持续加强金融机构服务实体经济的外汇风险管理能力建设，加强企业汇率风险管理引导，规范外汇市场交易行为，维护外汇市场运行秩序。

（四）积极稳妥提升人民币国际化水平

伴随我国金融高水平双向开放的有序推进，人民币在全球外汇交易中的市场份额不断提高，市场主体对人民币认可度和使用意愿不断增强，人民币的国际支付结算、计价、投资和储备等功能已大大提升。但相比人民币在SDR货币篮子中12.28%的权重来说，人民币在国际市场上的使用仍有较大提升空间。要积极稳妥推进人民币国际化水平提升，不断夯实人民币跨境使用基础，不断完善人民币跨境使用制度基础。逐步完善人民币的跨境支付和结算体系，以市场驱动和企业自主选择为导向，拓展人民币在对外贸易投资支付中的使用场景。便利境外机构对中国市场的投融资活动，丰富境外主体的多样化资产配置，进一步增强人民币计价资产对海外资金的吸引力。不断完善离岸人民币流动性供给机制，促进人民币在国际市场的良性周转和循环。

（五）建设多层次外汇市场体系，推进外汇衍生市场创新发展

我国外汇市场交易工具相对较少。要持续推进多层次外汇市场体系建设，鼓励外汇衍生市场创新发展，进一步丰富现有外汇标准化合约，注重外汇掉期、期权等产品组合交易，激发外汇期权产品创新活力。金融机构要积极做好外汇服务，及时满足客户外币资产配置需要，更好帮助客户树立外汇风险中性理念，将外汇套保产品服务覆盖到更多中小微企业。丰富外汇市场交易主体，优化外汇产品交易结构，推进衍生产品工具创新，加快培育专业化人才队伍，致力打造更加市场化、多元化、国际化的外汇市场。

第十四章　中国种业安全问题与战略保障路径研究

粮安天下，种筑基石。粮食安全始终是事关国家宏观经济稳定运行与社会可持续发展的治国理政首要任务，而种业作为农业产业链的源头产业，其安全是推动农业稳定可持续发展的前提条件与实现国家粮食安全的战略性基础保障。新时期，国家对种业发展与安全高度重视，种业安全的战略重要性愈加凸显，在国家重要工作会议与纲领性文件中被多次强调并提出相关要求。2020 年 12 月，中央经济工作会议将解决种子问题列入经济工作八大重点任务之一，提出要开展种源“卡脖子”技术攻关。2021 年 7 月，中央全面深化改革委员会第二十次会议审议通过的《种业振兴行动方案》将种源安全提升到了关系国家安全的战略高度。我国历年中央一号文件多次提到支持种业发展，并对种业安全做出一系列重要部署。2019 年中央一号文件《关于坚持农业农村优先发展做好“三农”工作的若干意见》中提出要建立丰富优质的种质资源库，为种质企业科研提供支持。2020 年中央一号文件《关于抓好“三农”领域重点工作确保如期实现全面小康的意见》中提出要大力实施种业自主创新工程，实施国家农业种质资源保护利用工程。2021 年中央一号文件《关于全面推进乡村振兴加快农业农村现代化的意见》中提出打好种业翻身仗，农业现代化，种子是基础。2022 年中央一号文件《关于做好 2022 年全面推进乡村振兴重点工作的意见》中提出大力推进种源等农业关键核心技术攻关，并对全面实施种业振兴行动做出具体工作部署。近年来，我国粮食安全总体有保障，粮食生产连年丰收、库存充实、市场稳定，但粮食供需形势仍处于紧平衡状态，潜在的风险与隐患不容忽视，其中尤以作为粮食产业核心与源头的种业安全问题为重。

一、我国种业发展现状

（一）我国种业市场发展现状

我国种业市场发展迅速，种质资源总量与质量稳步提升，市场环境逐步完善，具有巨大的市场需求规模与较高质量的供给能力。《2021 年种业报告》显示，截至 2020 年末我国长期保存的农作物种质资源总量超过 52 万份，位居世界第二，其中国外种质资源占比 24%。粮食种业播种方面，我国粮食作物播种面积位居世界前列，国家统计局数据显示，2021 年全国粮食播种面积高达 1. 176 亿公顷，比 2020 年增加 86 万公顷，同比增长 0. 7%；谷物播种面积为 1. 002 亿公顷，占粮食总播种面积的 85. 2%，比 2020 年增加 221 万公顷，其中稻谷播种面积为 0. 299 万公顷，小麦播种面积为 0. 236 万公顷，玉米播种面积为 0. 433 万公顷。我国是全球第二大种业需求市场，仅次于美国，据有关数据统计，以出厂价格计算，2021 年我国种业市场规模达到 565 亿元，预期近五年市场规模年均复合增速约为 5. 8%，到 2025 年将增长至 732 亿元。整体来看，我国种业市场供需形势处于较安全状态，水稻、小麦等主要粮食作物种源基本实现国内自给，对外依存度处于较低水平。2021 年，我国种业贸易总额为 10. 1 亿美元，进口总额为 6. 8 亿美元，出口总额为 3. 3 亿美元，贸易逆差总额为 3. 5 亿美元，进口种子主要为高端蔬菜作物，粮食作物种子进口量较少。同时，近年来，我国种业市场法律法规、质量标准、经营秩序与监管水平逐步完善与规范，种子质量管理水平显著提升。农业农村部数据显示，我国主要农作物种子质量达标率由 1999 年的 45. 9% 提升至 2021 年的 98% 以上，种业市场的供给质量与供给能力均显著提升。

（二）我国种业科技发展现状

种业科技发展方面，我国种业科技创新能力不断提升，育种繁种基地持续壮大，有效促进了良种覆盖率与贡献率的快速提高。自 2014 年我国农业农村部相继启动 4 大粮食作物和 11 种特色作物国家良种重大科研联合攻关与基础理论创新工作组以来，伴随生物技术的发展与应用，我国种业科技创新能力不断提升，特色、高产的种子新品不断涌现，有力推动了农业科技的进一步发展，育种技术在发展中国家中处于领先地位，部分领域已居于国际领先水平。全国农业技术推广服务中心种业监测处数据显示，2019 年我国传统育种、现代育种与种业加工技术领域的种业专利数量为 11143 件；2022 年 6 月 RCEP 种业知识产权保护论坛数据显示，我国种业专利申请量超全球总量的 25%。同时，我国已建成以海南、甘肃和四川三大国家级育种基地为核心，52 个制种大县、100 个区域性良种繁育基地为支撑的种业生产格局，能够满足全国 70% 以上的农作物种源需求。随着种业科技与育种基地的快速发展，我国粮食作物良种的覆盖率及良种培育对我国粮食增产的贡献率均不断提升。农业农村部数据显示，目前，我国农作物良种覆盖率达到 96% 以上，良种对粮食增长的贡献率达到 45%，自主选育品种面积占比超过 95%，主粮单产能力持续提升，基本实现了中国主要粮食作物种源基本自给，为我国粮食连年丰收与主要农作物稳定供应提供了重要支撑。

（三）我国种业企业发展现状

从国内种业企业发展视角来看，尽管我国种业发展起步较晚，但 21 世纪以来规模庞大的市场需求激发了种业企业的迅速成长与种业市场的蓬勃发展。我国种子产业已初具规模，发展速度较快，产业链各环节之间的整合发展以及种业与其他产业之间的融合发展程度不断增强，市场整体呈现增长态势。《2021 年中国农作物种业发展报告》数据显示，我国种业 80% 的粮食作物种子来源于企业，目前我国拥有生产经营许可证的种业企业达到 7300 家以上。自 2011 年我国种子行业进入深化改革和深入调整阶段以来，我国种业企业以构建具有核心竞争力的“育、繁、推”一体化现代种业企业为目标，企业并购进程加快。2019 年农业农村部发布的《中国种子企业兼并重组实践与对策研究课题成果报告》的数据显示，2010 年至 2017 年我国种业企业并购事件金额由 18832 万元增至 164927 万元。2022 年观研天下发布的《中国种业行业发展趋势分析与投资前景预测报告（2022—2029 年）》显示，2020 年至 2022 年 8 月我国大型种业企业并购事件发生 5 起，涉及大北农、隆平高科、荃银高科、丰乐种业、敦煌种业等头部企业。种业企业的并购有效促进了产业链优势资源的整合、科技创新研发实力的提升、产业一体化协同效应的发挥与企业行业战略布局的优化，将为今后进一步形成强大头部效应、推动产业布局集中化、拓展海外市场份额和建立市场优势地位奠定基础。

二、国际种业市场竞争格局

从国际种业竞争格局来看，国外种业发展起步较早、市场环境成熟、育种技术领先，而我国种业近年虽然发展平稳，但在国际市场的占有份额非常有限，对外贸易仍处于劣势地位。自 2001 年我国加入世界贸易组织并颁布实施《中华人民共和国种子法》以来，我国种业在稳步发展的同时，也随着贸易对外开放程度不断加深，受国际种业市场集中趋势竞争压力的影响持续增大。一方面，国际种业市场已进入强强联合时代，行业集中化趋势愈加显著，跨国种业巨头企业市场份额不断增加，已初步形成寡头垄断格局。英国 Kynetec 公司统计的种业市场规模数据显示，2020 年拜耳公司在全球种业市场的份额占比为 20%，科迪华公司占比为 16.8%，先正达集团占比为 6.9%，巴斯夫公司占比为

4%，Vilmorin 公司占比为 3. 4%，前 5 家公司共占据全球市场份额的半壁江山，占比合计 51. 1%，其他企业共占比 48. 9%。另一方面，行业特征与进入壁垒也在很大程度上决定了种业市场集中化趋势，而转基因技术进一步加剧了种业市场的进入壁垒，国际巨头企业依托研发投入、资源整合、要素集聚等优势在新一轮竞争中仍占据竞争高位。转基因产品的研发与法律成本高昂且转化周期长，Phillips Mc Dougall 咨询公司调查，引入一个新的转基因性状的平均研发投入与法律费用约为 1. 36 亿美元，且平均研发周期长达 13 年左右。巨额的原始资金投入叠加转基因技术带来的套牌难度增大等问题导致中小型种业企业难以进入、不可持续甚至加速退出，这或将引发国际种业市场集中度的进一步提升与垄断格局持续深化。

三、我国种业安全突出问题

（一）我国种质资源保护力度严重不足

近年来，我国对种质资源的收集、保护与研发意识逐渐增强，种质资源总量与质量稳步提升。2021 年度农作物种质资源保护与开发利用专项工作会议上的数据显示，我国已完成对 31 个省（区、市）和新疆生产建设兵团的农作物种质资源全面普查、系统调查与收集行动，共收集种质资源 9. 2 万份，年分发量 11 万份次，保存资源利用率达到 51%。尽管我国资源发掘利用已取得显著进展，但我国粮食种质资源保护力度仍然明显不足，主要粮食作物品种丧失严重。2015 年我国启动的第三次全国农作物种质资源普查与收集行动初步调查结果显示，我国主粮地方品种数目由 1956 年的 11590 个减少到 2014 年的 3271 个，丧失比例高达 71. 8%。究其原因，一是工业化、城镇化、生态污染及气候变化对农业及农作物生长带来的不利影响，导致地方特色和珍稀濒危种质资源消失风险加剧，这也是种业资源保护的主要短板。二是引进的国外种质资源比重低，选育技术落后，育成品种的遗传多样性不够广泛，同质化问题严重，且育成后申请保护品种占比极低，仅为 7%，美国这一比例为 62%。三是种质资源保护与利用体系不健全，种质资源精准鉴定、规模化基因检测及种质保存保育技术平台的软硬件设施不完善，导致对优质种源的鉴定与利用不足，已完成精准鉴定的种质尚不足 10%。四是对种质资源保护缺乏政策性激励，经费有限、收集范围狭窄、人才队伍不稳定、工作低效、保护主体动力不足等现象普遍存在。

（二）种业核心技术自主创新能力较弱

种业是农业的“芯片”，种业技术创新是推动农业科技进步与农业生产力提高的核心驱动力。全球育种技术的发展进程可划分为四个阶段：农民育种的 1.0 阶段、实验育种的 2.0 阶段、“分子 + 生物”育种的 3.0 阶段和“生物 + 智能”育种的 4.0 阶段。当前，种业发达国家已进入 4.0 阶段，而我国正处于由 2.0 向 3.0 阶段发展的过渡时期，种业研发投入、育种基础性研究、种业科技自主创新和核心技术研发突破能力与种业发达国家相比还存在较大差距。我国具有自主研发与创新能力的种业企业不足 1.5%，绝大部分企业的研发经费占销售额比例不到 3%，完全未达到国际公认的 5% 的基准线①。种业企业科研投入严重不足，具体来看，2021 年我国前 50 强种业企业的科研投入只占销售收入的 6.25%，总额为 13.8 亿元，而国际种业巨头拜耳集团的科研投入，仅 2020 年就达到 20 亿美元。

2021 年我国粮食生产量再创历史新高，为 13657 亿斤，作为全球最大的粮食生产与需求国家，我国粮食生产规模与国内企业的育种研发能力严重不匹配。种业核心技术自主创新能力较弱主要体现在以下几方面：第一，我国农作物育种的研究主要集中在对新品种选育的应用研究领域，而对种质改良、育种理论及基因编辑技术等核心基础性研究领域

① 徐一兰，傅爱斌，陈光尧．中国种业发展的困境与对策[J]．中国种业，2020(11)：13－17.

的科研投入相对不足，原始创新能力较弱。第二，我国在转基因技术、合成生物技术等前沿生物育种技术研究领域的研发水平较低，仍以杂交选育、分子技术辅助选育等传统的育种技术为主，生物育种产业发展水平整体相对落后。第三，生物育种技术的持续突破与其成果转化速度密切相关，而我国的成果产业化进程较为滞后，例如高通量基因型分析、基因组选择育种技术等较成熟的生物育种技术成果在实践中的应用与转化程度仍然较低。第四，我国育种研究在部分领域处于跟随模仿国外育种技术+微创新阶段，企业之间各自为政、科研投入不足、研究深度不够、数据支撑不充分、各环节相互脱节等导致育种效率与转化率较低、产品同质化严重、种质多样性程度低，难以与国外专业化分工、规模化研究与集约化运行的育种体系相抗衡。

（三）种业行业结构集中程度较低

我国种业行业分布较为分散，企业数量众多但多为规模较小、实力较弱的小型企业，行业集中化程度较低，在国际种业市场上缺乏竞争力。农业农村部发布的《2021 年中国农作物种业发展报告》显示，截至 2020 年我国种子企业共计 7372 家，资产总规模达到 2700 亿元以上，销售收入达到 740 亿元以上。企业构成方面，尽管我国已拥有 7700 家以上种业企业，但规模化、一体化的企业较少，行业研报数据显示，“育繁推”一体化的种业企业仅有 97 家，经济作物企业数量 40 家，规模大于 1 亿元的企业仅占比 5.35%，具有自主研发能力的企业占比不到 1.5%，而拥有 10 个以上新品种权的企业占比仅为 2.3%。市场份额方面，我国前五大种业公司隆平高科、大北农、登海种业、农发种业与荃银高科的市场占有率仅为 11%，全年合计销售额仅为 323 亿元，对比同期已成为世界种业第三巨头的、由我国中国石化集团于 2017 年收购的瑞士先正达公司全年 1511 亿元的销售额，可见差距之大。全球种子企业已经历三次大型并购浪潮，在跨国资本推动下形成了当前市场高度集中化的产业格局，鉴于发达国家种业发展的经验，我国种业行业分散、种业企业体量偏小的特征将阻碍优势资源的合理集中配置、种业科技创新研发的投入以及成果转化规模效应的发挥，从而制约中国种业企业的做大做强与可持续发展，因此，中国种业企业仍需要进一步重组整合以提升行业集中度与国际竞争力。

四、我国种业安全战略保障路径

（一）加强种质资源开发与保护

种质资源是粮食生产选育优良品种、挖掘重要基因与性状、促进农作物科技原始创新与推动现代农业高质量发展的物质源头，也是保障国家农作物多样性与粮食安全的核心战略资源，在人类社会活动与生态气候变化对种质资源持续造成不利影响的背景下，必须进一步强化种质资源的开发与保护。第一，加大对粮食作物及其他农作物种质的收集与保护力度，保持各品类作物种质资源的多样性，挖掘与开发种质资源中蕴含的优良基因性状，补齐种质资源开发与保护的短板，为促进我国生物育种技术的原始创新提供基础性支撑。第二，加大政策性支持力度，完善种质资源保护与利用体系，构建高通量、规模化的种质资源表型及基因型检测精准鉴定平台，并健全基于基因型与表型关系的种质资源数据库，为后续的种质资源信息共享与种质研究工作做好前期准备。第三，继续推进种质资源的全面普查、系统调查与种质收集行动，重点关注、及时收集并加强保护地方性特有及珍稀濒危种质资源。同时，做好种质资源保护区的建设与管理工作，根据种质资源的细分类别进行分级保护。第四，强化种质资源开发与保护的社会公益性定位，利用多种宣传方式展开多途径倡导普及工作，引导国民的种质保护意识，并规范约束公众行为。同时，通过政府政策性支持，建立健全多元化资金投入机制与人才激励机制，加强种质资源专业人才与研究团队建设，促进种质资源开发保护等公益性工作的持续性推进。

（二）强化育种技术自主创新能力

种业安全战略的核心在于全力以赴“打好种业翻身仗”，而打赢这场翻身仗的关键在于种源“卡脖子”的核心技术攻关。《中华人民共和国国民经济和社会发展第十四个五年规划和2035年远景目标纲要》明确将生物育种产业纳入重点战略性新兴产业，将生物育种作为国家战略科技力量。第一，生物育种产业的发展需重视生物育种过程中识别选配、分子操作、栽培筛选等环节的底层技术研究与基础研发工作的长期积累，以推进现代生物育种基础理论研究与原始创新能力的提升，为核心领域深耕与关键技术突破筑牢底层研究根基。第二，我国粮食单产能力低以及抗虫难度大的相对劣势是进一步提升我国粮食生产力与自给率的掣肘之一，而转基因技术是最为有效的解决途径。生物育种产业化应用要在现行法律制度与政府监管下有序推进，育种企业要在基础研究与底层技术积累的根基上，增加研发投入强化自主创新能力。第三，以市场推广和规模应用为目标，完善传统的农业模式，完善政策性配套支持，强化种业知识产权保护，建立良好的产业化生态，全面提升转育种技术成果的产业化能力与效率。第四，相比跨国种业公司占销售收入10%以上的科研投入力度，我国大部分种业企业均需加大科研投入力度，但鉴于种业企业普遍规模小、实力弱的现状，需要以政府引导为前提，通过必要的资金、技术及人才支持，构建以市场为导向、种业企业为主体、科研院校为支撑的产学研用紧密结合的商业化“育繁推一体化”育种体系①。

（三）提升种业企业国际竞争力

拜耳公司、科迪华公司等国际种业巨头企业的竞争优势主要体现在具有完备的专利保护制度、充足持续的研发投入、高效的成果转化平

① 胡霞，周旭海．中国现代种业发展的路径分析——基于政产学研用协同创新的视角[J]．云南社会科学，2021(3)：76－83，188．

台、一体化的产业链协同能力、规模化的产业经济效应以及低成本高溢价带来的高额利润空间等方面。与种业优势国家相比，中国种业的行业集中度与规模化优势差距显著，对标与借鉴国际种业巨头企业的发展经验，对提升我国种业企业国际竞争能力提出以下建议：第一，我国种业企业投资门槛低是导致我国种业企业数量多的主要因素，种业育种行业技术与资金壁垒高是我国种业企业规模小与实力弱的重要原因，而我国种业正处于转型发展阶段是引起种业企业市场份额分散的关键要素。针对我国种业企业"多小弱散"的行业特征，政府应支持通过广泛的兼并重组方式有效整合零散企业，打造一批集专业、精细、特色、新颖于一身的"专精特新"种业企业，同时推进现有的集种子选育、生产繁殖、推广营销为一体的"育、繁、推"一体化种业企业差异化发展，并鼓励我国种业企业"走出去"，以有效提升我国种业国际竞争力。第二，依托我国市场体量庞大的优势，发挥政府引导作用，支持头部企业通过并购重组、政府合作、资源整合等方式聚集行业研发力量、优质要素、渠道资源，培育我国种业行业的产业链一体化龙头企业，提升行业集中度，促进形成规模经济效应优势，推动龙头企业向多元化与国际化发展。第三，种业行业产业链包括品种选育、生产繁殖与推广销售等环节，提升种业企业竞争力必须加快打造与完善现代种业全产业链。通过引导资本与人才要素集聚，推动产学研用紧密结合，强化企业创新主体地位，持续加强关键核心技术攻关，打造布局合理、优势互补、联合攻关、协同发展的种业产业集群，全面提升种质研发、成果转化及规模应用的产业链全链条现代化水平。

参考文献

[1]王洪秋,朱光明．我国粮食安全的潜在风险及对策研究——基于对种业发展现状分析[J]．中国行政管理,2021(4):99－102.

[2]刘育金,李春雷．总体国家安全观下我国种子安全问题[J]．西

北农林科技大学学报(社会科学版),2022,22(2):16－26.

[3]李国英. 国家粮食安全视角下中国种业安全隐忧及商业化发展路径研究[J]. 改革与战略,2022,38(2):116－125.

[4]余志刚,崔钊达. 中国种子战略的内涵、特征、难点及其进路[J]. 新疆师范大学学报(哲学社会科学版),2022,43(2):77－87.

[5]黎茵. 种业创新与国家粮食安全——我国种业资源优势及"卡脖子"技术攻关[J]. 北京交通大学学报(社会科学版),2021,20(3):108－114.

[6]史越英. 中国种业的市场规模与竞争力分析[J]. 分子植物育种,2022,20(19):6598－6601.

[7]王雨怡. 我国种业的现状、主要问题及应对策略[J]. 安徽农业科学,2022,50(18):229－231.

[8]农业农村部种业管理司,中国种子协会. 中国种子企业兼并重组实践成效与对策研究课题成果报告[J]. 中国种业,2019(4):20－23.

[9]王乾,钱浩. 农林牧渔行业转基因专题二:全球转基因商业化历程,关注国内政策变化[EB/OL]. (2020－09－09). https://xueqiu.com/6888785866/138513327.

[10]农业农村部种业管理司,全国农业技术推广服务中心,农业农村部科技发展中心. 2020年中国农作物种业发展报告[M]. 北京:中国农业科学技术出版社,2021.

[11]黄季焜. 国家粮食安全与种业创新[J]. 社会科学家,2021(8):26－30.

[12]蒋和平,蒋黎,王有年,詹琳. 国家粮食安全视角下我国种业发展的思路与政策建议[J]. 新疆师范大学学报(哲学社会科学版),2022,43(4):77－88,2.

[13]王术坤,韩磊. 中国种业发展形势与国际比较[J]. 农业现代化研究,2022,43(5):814－822.

[14]顶层部署!“十四五”作物种质资源工作怎么干?[EB/OL].(2021-05-13).https://new.qq.com/omn/20210513/20210513A091WI00.html.

[15]徐一兰,傅爱斌,陈光尧. 中国种业发展的困境与对策[J]. 中国种业,2020(11):13-17.

[16]胡霞,周旭海. 中国现代种业发展的路径分析——基于政产学研用协同创新的视角[J]. 云南社会科学,2021(3):76-83,188.

第十五章 俄乌冲突对世界能源市场的影响

一、俄乌冲突对全球能源安全问题的影响

俄乌冲突爆发以来，全球范围内，各个国家都更加重视能源安全问题。能源安全在不同的国家有不同的含义。在欧洲，能源安全指的是能有多元化的能源供给和政治上稳定的供应国。在中国和印度，能源安全还带有提高本土能源自给能力的含义。俄乌冲突爆发以后，世界各国更加关注能源安全问题，这对世界能源体系转型有着多重意义。

首先，对能源安全的重视，意味着短期内碳排放强度大的化石能源的消费有可能继续增加。这背后主要有三个驱动因素：

（1）清洁的可再生能源装机量、上网发电量和储能等配套设施很难在短期内迅速补齐短板。

（2）在亚太地区，包括中国和印度在内的一些能源消费大国，为了确保近期内本国的能源安全不受侵犯，不得不增加自己本土生产的化石能源供应，尤其是煤炭的本土供应。

（3）俄乌冲突爆发之后，天然气价格（尤其是液化天然气价格）暴涨，这使得天然气使用成本迅速上升，提升了其他化石能源的经济性，增强了其吸引力。

具体来说，俄乌冲突爆发之前，欧洲天然气消费的1/3来自俄罗斯。冲突爆发之后，俄罗斯出口到欧洲的天然气比冲突爆发前减少了大约80%。全球液化天然气价格暴涨。为了储备足够的天然气过冬，大

量原本应该运往亚洲发展中国家的液化天然气便以更高的价格改道销往欧洲市场。到 2022 年 11 月底，亚洲市场上的液化天然气价格已经高达冲突爆发之前的八倍左右。如此高的天然气价格，对下游用户而言意味着成本的迅速上升。为了控制成本，一些企业不得不选择转而使用经济上更便宜的其他化石能源。与此同时，由于价格太高，大量亚洲发展中国家的液化天然气进口下降，由更便宜更高碳的煤炭消费或者石油消费来替代。这在短期来看，的确可以称得上是一种“倒春寒”。

如果从长期来看，这种观点未必合理。在长期，各国对能源安全的重视，有助于加速全球的低碳转型目标实现。这个判断，主要是基于两个方面的考虑：一方面，为了从根本上确保能源安全，每个国家都需要采取各种治本的措施，以提升能源的自给程度，减少能源的进口依赖。低碳的清洁能源，包括氢能、水电、核电、光伏、水电、生物质能等，都具有非常强的本土属性。氢能和电力的运输成本太高，因此，这些清洁能源大多是本国生产、本国消费。清洁能源的发展才能从根本上保障未来的能源供应充足性和廉价可得性。另一方面，一个地区想要提高石油、天然气和煤炭的产量并减少进口量，从长期来说，受制于一些资源禀赋方面的外生性因素，包括已探明储量、资源质量、开发成本等。因此，从长期来说，对于大部分国家而言，重视能源安全实质上意味着要大力发展非化石能源的生产和消费，从而逐步摆脱对于化石能源的进口依赖。

举一个具体的例子。俄乌冲突的爆发对欧盟的能源进口和能源价格都形成了巨大的冲击。俄乌冲突爆发后的大半年里，欧盟和几个主要欧洲国家纷纷出台了一系列鼓励新能源发展的新政策，这些政策的目标都是摆脱对俄罗斯能源进口的依赖。

（1）为了能够在将来最终摆脱对俄罗斯化石能源的依赖，欧盟正在计划推出能源系统数字化计划，要在 2030 年前在基础设施方面投资 5650 亿欧元，以实现其绿色计划。RePowerEu 提出在 2027 年之前，在欧盟地区所有商业和公共建筑的屋顶上安装太阳能电池板；在2029年之前，在欧盟地区所有新住宅建筑上安装太阳能电池板；在未来5年内安装1000万台热泵；在2030年底以前，让3000万辆零排放汽车上路。

（2）2022年9月13日，欧盟议会通过“可再生能源发展法案”。根据该法案，到2030年，可再生能源在欧盟能源结构中的占比将升至45%，这不仅高于2022年6月设立的40%的目标，也高于此前的32%的目标。

（3）2022年5月18日，欧盟委员会公布RepowerEU战略。其目标是至2025年，太阳能光伏装机实现320GWac/400GWdc，至2030年实现近600GWac/740GWdc。为了更快地实现碳中和目标，该战略包括了一系列促进新能源发展的措施：安装更多光伏屋顶，发展储能，加速电气化进程，大力发展可再生能源制氢，加速可再生能源许可，通过国内5mt和进口10mt可再生能源制氢来替代对于俄罗斯天然气的需求。

能源生产和消费如果更加本土化，的确能化解能源风险。但是，随着本土化程度加大，能源生产和消费更加集中于某些具体的区域。潜在的地域风险可能会给当地的能源安全造成冲击。例如，佛罗里达州的大飓风破坏了当地的电网系统；一个以水电为主要电力来源的区域突然遭遇了百年不遇的大旱；一个高度依赖生物质能的地区遭遇了一场巨大的自然灾害，毁掉了大部分庄稼。为了应对这些地域性的风险，我们需要更多地关注储能、空余备用产能、互联互通。

由于能源安全是一个有巨大外部正效应的公共产品，我们不能期待任何私人或单个企业能够提供充分的产品供给。各国的政府部门都需要花更多的时间和资源为本国公众提供该产品。

二、我国能源安全面临的形势

近年的数据显示，中国的一次能源消费的确在向清洁化和低碳化方向稳步推进，但是在向碳中和目标迈进的过程中，我们仍然面临一些挑战。

（一）我国的能源消费总量和人均能源消费量仍然在持续增长中

我国是能源消费大国。一次能源消费总量自 2009 年起一直位居世界第一。截至 2021 年年底，全国一次能源消费总量 158 艾焦，占世界一次能源消费总量的 26.5%。2011—2021 年这十年，年均增速为 3.4%。这个能源消费的增长速度比 2000—2010 年这十年的增长速度明显放缓，但是仍然远远高于全球在同期的能源消费增速（年均 1.3%）以及全球所有非 OECD 国家同期能源消费增速（年均 2.4%）。如图 15－1所示，不像欧洲或者美国等成熟的经济体，中国的经济仍然保持相对高的增长，导致能源消费总量在短期内仍然大概率会继续保持增长的态势。

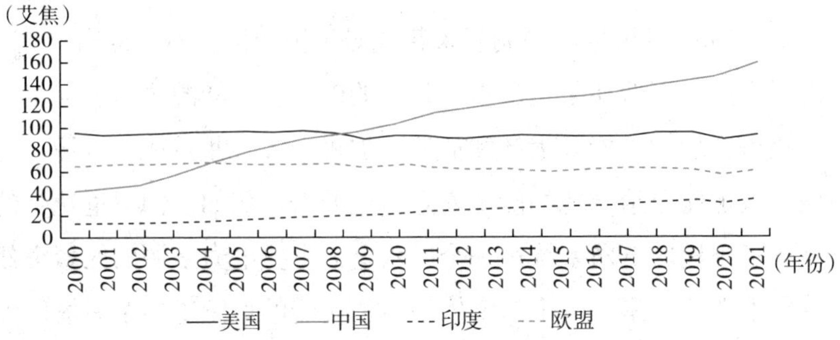

图 15－1　主要经济体能源消费

数据来源：《BP 世界能源统计年鉴》（2022）。

如图 15－2 所示，2021 年，我国的人均一次能源消费高达 109 吉焦，比世界人均一次能源消费量高 44%，接近非 OECD 国家人均一次能源消费量的两倍。2011—2021 年这十年里，中国的人均一次能源消费的年均增长率接近 3%，远远超过同期世界人均一次能源消费量的年均增速（0.2%）和全球所有非 OECD 国家同期人均能源消费量增速（年均 1.2%）。

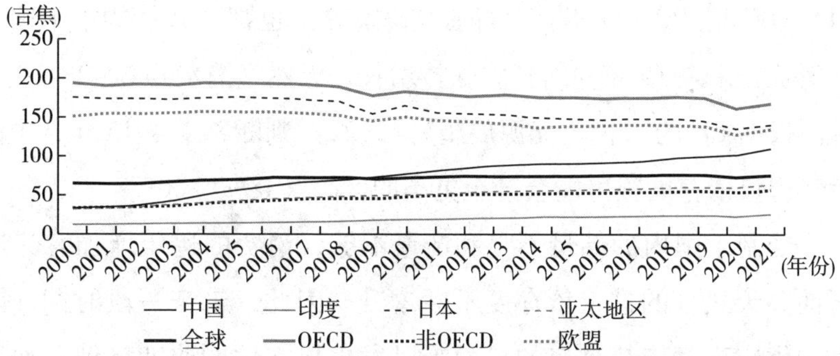

图 15－2　主要经济体人均能源消费

数据来源：《BP 世界能源统计年鉴》(2022)。

（二）我国的油气资源短板仍然突出

近年来，随着国内经济增长，中国对石油和天然气的消费保持快速增长。2021 年，我国石油消费上升至 1550 万桶/天，占全球石油消费总量的 16%。中国石油消费的十年年均增速高达 4.8%，远远超过美国（0.5%）、欧盟（－0.1%）和非 OECD 国家（2%）。各大油气机构几乎都认为中国的石油消费还要继续增长，还没有达到峰值。

截至 2021 年年底，中国的石油已探明储量（proved reserve）大约 260 亿桶，占全球已探明储量（17324 亿桶）的 1.5%。但是，目前中国的石油消费量已经升至全球石油消费总量的 16.4%。也就是说，在全球原油资源耗竭的极端假设下，中国仍然需要依靠石油进口才能满足内需。随着国内石油需求的不断攀升，近年来中国石油进口依存度稳步上升，目前已经高达 74%。未来十年，中国石油进口依存度大概率会继续抬升至 80% 以上。

2021 年，我国天然气消费量高达 380 bcm，和整个欧盟的年消费量接近，占全球天然气年消费总量的 9.4%。中国天然气消费的十年年均增速高达 11%，远远超过美国（2.3%）、欧盟（0.2%）和非 OECD 国家（2.9%）。根据国家能源局的预测，未来十年，我国的天然气消费仍然会保持上升势头。此外，全球各主要能源机构和智库（包括 IEA、

EIA、IEEJ、BP、Shell、中石油经研院等）也都一致认为，中国的天然气消费在未来15年左右仍将保持增长，天然气消费到2040年左右才达峰。根据BP的《世界能源展望》（2022）判断，未来15年，中国的天然气进口依存度很可能会升至更高的区间（48% ~60%）。

受制于国内的储量不足和产量不够，消费的逐年增加意味着中国石油和天然气的进口依存度不断攀升。因此，未来一段时期，国内油气的供应高度依赖进口的局面难以发生根本性的改变。俄乌冲突给我们提供了一个生动的案例，它使得我们清楚地看到，如果一个国家或地区的能源供应不能自主，或者严重依赖某些单个供应主体的话，在危急时刻，这个国家的整个经济体系和社会生活都将被迫面对严峻的挑战。

（三）煤炭在中国能源消费结构中仍然占据举足轻重的地位

中国的煤炭消费体量大。截至2021年底，中国煤炭消费量升至大约86艾焦，占全球煤炭消费总量的54%。我国的煤炭消费量是OECD煤炭消费量的近3倍，是欧盟煤炭消费量的13倍。有利的消息是，随着我国经济体系低碳转型的推进，我国煤炭消费的年均增长速度在逐渐放缓。在2011—2021年这十年里，中国煤炭消费年均仅增长0.8%，远远低于其他发展中国家的煤炭消费增速，例如印度（年均4.6%）和印度尼西亚（年均5.3%）（见图15－3）。

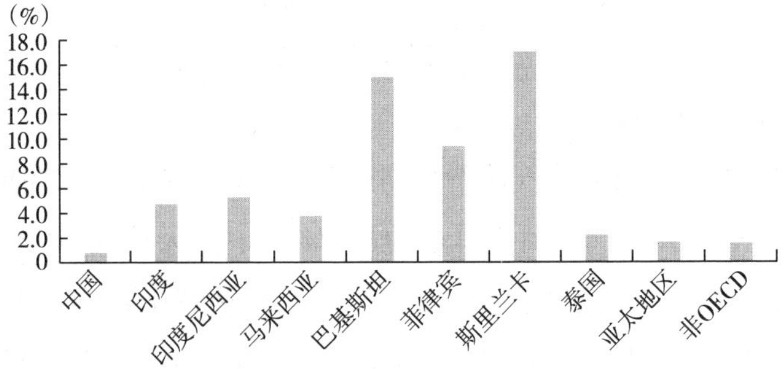

图15－3　主要经济体煤炭消费年均增速（2011—2021年）

数据来源：《BP世界能源统计年鉴》（2022）。

煤炭在我国能源结构中的占比在过去5年稳步下行，但是，截至2021年底，我国能源消费中仍然有55%来自煤炭（见图15－4），不仅远超欧盟（11.2%）和美国（11.4%），也远高于全球平均值（27%）（见表15－1）。能源结构中如此高的煤炭占比，不是全无益处，至少在发生极端事件的情况下，本土的高储量和高产量都是对国内能源安全的一种保障。如果我们认为发生这种极端事件的可能性比较低，那么，高煤炭占比则意味着能源系统转型的巨大挑战。

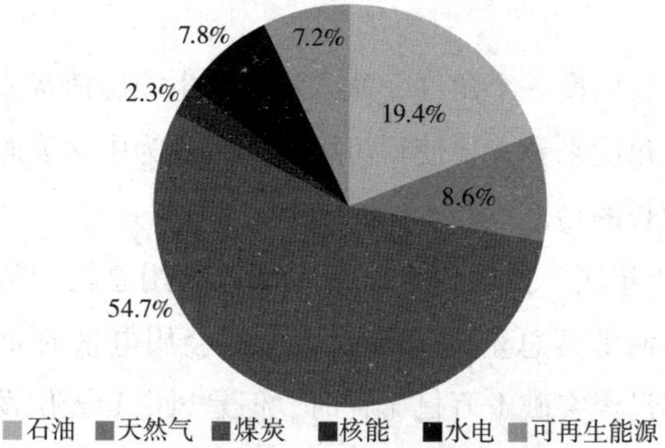

图15－4　2021年中国能源消费结构

数据来源：《BP世界能源统计年鉴》(2022)。

表15－1　2021年世界主要经济体能源消费结构　（%）

项目	石油	天然气	煤炭	核能	水电	可再生能源
世界	31.0	24.4	26.9	4.3	6.8	6.7
OECD	36.4	28.1	12.9	7.5	5.9	9.2
非OECD	27.5	22.1	35.7	2.2	7.3	5.1
欧盟	35.5	23.8	11.2	11.0	5.4	13.2
美国	38.0	32.0	11.4	8.0	2.6	8.0

数据来源：《BP世界能源统计年鉴》(2022)。

（四）可再生能源成为能源体系的主导力量仍需时日

中国可再生能源发展取得了举世瞩目的成就。根据国家能源局的统计，截至2021年年底，我国可再生能源发电累计装机突破10亿千瓦，占全国发电装机总容量的45%。其中水电、风电、光伏发电累计装机容量均超过 3 亿千瓦，分别连续 17 年、12 年和 7 年稳居全球首位；生物质发电装机 3798 万千瓦，连续 4 年居全球首位。总之，从总量的角度来看，我国的可再生能源发展毫无疑问是全球的翘楚。

同时，中国已形成较为完备的可再生能源技术产业体系，包括水电领域具备全球最大的百万千瓦水轮机组自主设计制造能力，低风速风电技术位居世界前列，光伏发电技术快速迭代，多次刷新电池转换效率世界纪录等。日益完备的技术体系为未来可再生能源的快速发展奠定了坚实的基础。

但是，如果我们换一个角度，从人均可再生能源消费或者能源结构或者发电结构的角度来看，要使得可再生能源成为中国能源体系的主力军，前方还有漫长的路。

截至 2021 年年底，我国含水可再生能源利用总量约 7.5 亿吨标准煤，仅占一次能源消费总量的 14%，占全社会用电量的 29.8%，新能源年发电量虽然已经突破 1 万亿千瓦时，但是风电和光伏发电量占全社会一次能源消费的比例仅有 7.2%，不仅低于美国（10%）和欧盟（18%），也低于全世界的均值（12%）。我国风电和光伏发电量占全社会电力消费的比例仅有 11%，低于发达国家（15%）和欧盟国家（21%）。

当整个国家的能源消费总量还在继续增长，能源消费仍旧以化石能源为主，可再生能源还远不足以支撑能源体系正常运转的时候，就是我们不得不密切关注能源供应安全的时候。

三、案例分析：G7 对俄罗斯出口海运石油设置价格上限对中国能源安全的影响

近期 G7 集团接近一致同意，从 2022 年 12 月 5 日起对从俄罗斯进口的原油的价格设置上限（60 美元/桶），从 2023 年 2 月 5 日起，对从俄罗斯进口的成品油价格设置上限。这些石油价格的上限将是固定价

格，而不是浮动价格（即基于国际油价的折扣价格）。这个行动的初始目的是通过限制石油价格来削减俄罗斯的石油出口收入，从而削弱它为在乌克兰的军事行动融资的能力。通过限制价格而不是禁止销售的方式，G7 国家还单方面地希望借此避免引发全球石油供应的剧烈收缩，并帮助缓解全球的通货膨胀压力。

这种价格上限的设定，很可能会导致俄罗斯石油供应减少。俄罗斯方面已经官宣它将对决定设置价格上限的国家断供石油，并禁止向这些国家提供石油出口时需要的海上运输服务和其他服务。那么，目前为止，哪些国家会支持 G7 提出的价格上限行动呢？当然包括 G7 成员国，也很可能会包括绝大部分其他的欧盟国家。此外，我们可以假设大部分 OECD 国家很可能会支持这个行动方案。举例来说，我们已经看到，澳大利亚政府很早就表态会对俄罗斯石油设置价格上限。目前尚不清楚 G7 对那些不支持此行动方案的国家和地区会不会有其他的惩罚性举措。

在俄乌冲突之前，G7 的海运石油进口总量中大约 0.9mb/d 来自俄罗斯，占 G7 海运石油进口总量的 9%；G7 和欧盟每年的海运石油进口总量中大约 2.4 mb/d 来自俄罗斯，占 G7 和欧盟每年的海运石油总量的 15%。俄罗斯每年通过海运输送到海外市场的石油总量里面，G7 和欧盟市场占据了 52%。假设价格上限行动开始生效，它可能最终会导致俄罗斯的原油出口在 2023 年下降 1.2mb/d 左右。

即使中国、印度和其他东亚国家有能力购买和消纳这些原本运往欧洲的原油，俄罗斯也未必有足够的能力把这些原油运往亚洲地区。因为改道销往东亚，意味着俄罗斯原油的海上运输距离显著拉长，平均往返程的运输时间（含装货和卸货）将从当前的 28 天上升至 60 天左右，俄罗斯需要在短期迅速增加其油轮运输能力至少 60%。

G7 国家的油价上限政策可能会从供给方面影响全球石油供应，进而形成对于 2023 年世界石油价格上行的支撑力。在全球石油库存极低的情况下，世界石油供给每减少 100 万桶/天，则油价水平将上涨 15 ~

20 美元/桶。

但是，我们在做这个判断的时候，还应该提醒自己，世界石油的需求侧同样面临一些巨大的不确定性。首先，全球经济增长在 2023 年会放缓，美国和欧盟面临经济衰退的风险。全球经济增长的放缓会抑制世界对于石油消费的需求。其次，中国的疫情防控政策对于世界石油价格的预测来说很重要。中国疫情政策的调整及中国老年人加强针接种率等都会影响中国石油消费的增速，进而影响世界石油消费总量变化的接近一半。

假如 G7 对俄罗斯石油出口限价令进一步推高了 2023 年的国际油价水平，这对于俄罗斯将是一种利好。在这种情境下，虽然俄罗斯出口的石油总量减少了一些，但是石油单价的上升意味着俄罗斯的石油出口总收入很可能不会下降。在这种情境下，G7 的计划将完全落空。

G7 国家执行油价上限政策，对中国经济可能会产生哪些潜在影响？其影响有积极的一面，也有不利的一面。针对俄罗斯石油出口的限价令生效以后，中国市场的重要性对于俄罗斯来说将进一步提高，这有利于提升我国在俄罗斯石油贸易领域的话语权，增加俄罗斯对中国市场的依赖程度，从而部分缓解中国的高石油进口依存度带来的焦虑。但是，如果油价限制令大幅度推高国际市场油价，那么意味着我国的原油进口成本进一步上升。石油在中国的能源结构中处于重要的地位，是不可或缺的交通燃料和化工原料。进口成本上升将推高下游产品价格，进而提高交通运输成本、化工品农药塑料等工业品的价格，最终会传导到消费品价格。如果 2023 年国际油价进一步走高，这将对全球经济增长造成下行压力，进而恶化中国所处的外部经济环境，弱化中国出口增长的动力。

第十六章　2023 年我国电力供需形势展望

电力安全可靠供应对保障我国国民经济平稳运行具有重要意义。本章分析了 2022 年我国经济和电力供需形势，对影响 2023 年电力供需的主要因素进行了研判。综合考虑经济、重点行业、节能减排、气候气温、一次能源供应等因素，预计 2023 年全年全社会用电量比上年增长 5.5%左右，全国新增发电装机容量 3.2 亿千瓦，截至 2023 年底，预计全国装机容量将达到 29.6 亿千瓦左右。预计 2023 年全国电力供需呈平衡偏紧态势，局地用电高峰时段可能出现电力供应紧张。

一、2022 年我国经济和电力供需现状

（一）经济运行

2022 年前三季度，面对复杂严峻的国际环境和国内疫情散发多发等多重超预期因素冲击，我国高效统筹疫情防控和经济社会发展，加力落实稳经济一揽子政策和接续政策措施，加快释放政策效能，国民经济延续恢复发展态势。

经济运行持续恢复。前三季度，我国国内生产总值 870269 亿元，按不变价格计算，同比增长 3.0%，增速比上半年加快 0.5 个百分点，较 2020—2021 年年均同期增速下降 2.2 个百分点。分季度看，第一、第二、第三季度增速分别为 4.8%、0.4%、3.9%，较 2020—2021 年年均同期增速分别下降 0.2 个、5.1 个、0.9 个百分点，第二季度受局地

疫情冲击增速回落，第三季度随着稳经济政策显效发力增速回升。分产业看，前三季度第一、第二、第三产业增加值分别为 54779 亿元、350189 亿元、465300 亿元，同比分别增长 4.2%、3.9%、2.3%，较 2020—2021 年年均同期增速分别下降 0.8 个、1.7 个、2.5 个百分点。

工业生产持续增长，高技术制造业增长态势良好。2022 年 1—10 月，全国规模以上工业增加值同比增长 4.0%，比上半年加快 0.6 个百分点，增速较 2020—2021 年年均同期增速下降 2.3 个百分点。分三大门类看，采矿业增加值同比增长 7.9%，制造业增加值同比增长 3.4%，电力、热力、燃气及水的生产和供应业增加值同比增长 5.5%。细分行业看，化工、建材、黑色金属、有色金属四大高耗能行业增加值增速分别为 5.6%、-1.8%、0.2%、4.6%，较上半年分别上升 1.6 个、0.6 个、2.4 个、0.5 个百分点。高技术制造业增加值同比增长 8.7%，增速高于工业总体水平 4.7 个百分点，总体保持较快增长态势。

固定资产投资稳定增长，高技术产业投资增长较快。1—10 月，全国固定资产投资（不含农户）471459 亿元，同比增长 5.8%，比上半年回落 0.3 个百分点，增速较 2020—2021 年年均同期增速上升 2.0 个百分点。分领域看，基础设施投资同比增长 8.7%，增速较上半年上升 1.6 个百分点；制造业投资增长 9.7%，增速较上半年回落 0.7 个百分点；房地产开发投资下降 8.8%，增速较上半年回落 3.4 个百分点；高技术产业投资增长 20.5%，增速较上半年上升 0.3 个百分点。

市场销售逐步回暖，基本生活类商品销售和网上零售增长较快。1—10 月，社会消费品零售总额 360575 亿元，同比增长 0.6%，增速较上半年上升 1.3 个百分点，较 2020—2021 年年均同期增速下降 3.4 个百分点。按消费类型分，商品零售 325227 亿元，同比增长 1.2%，增速较上半年上升 1.1 个百分点；餐饮收入 35348 亿元，同比下降 5.0%，降幅较上半年收窄 2.7 个百分点。按商品类别分，基本生活消费稳定增长，限额以上单位粮油食品类、饮料类商品零售额分别增长 9.0%、

6.6%。全国网上零售额累计109542亿元，增长4.9%，其中实物商品网上零售额94506亿元，增长7.2%。

货物进出口规模持续扩大。1—10月，以人民币计（下同），进出口、出口、进口金额分别为34.61万亿元、19.71万亿元和14.9万亿元，同比分别增长9.5%、13%、5.2%，较上半年分别变化0.1个、0.2个、-0.4个百分点，较2020—2021年年均同期增速分别变化-1.5个、1.3个、-4.9个百分点。分地区来看，1—10月，我国对美国、欧盟、日本和东盟出口同比分别增长8.4%、15.9%、8.1%、22.7%，增速较上半年分别变化-6.4个、-2.1个、4.6个、7个百分点，较2020—2021年年均同期增速分别变化-3.9个、1.6个、3.7个、9.6个百分点，东盟仍为我国第一大贸易伙伴。

（二）电力消费

全社会用电量总体平稳增长。前三季度，全国全社会用电量64931亿千瓦时，同比增长4.0%，较2020—2021年年均同期增速下降3.0个百分点。分月看，1—2月、3月全社会用电量同比分别增长5.8%、3.5%，4月、5月受局地疫情影响用电量连续两个月负增长，增速分别为-1.3%、-1.3%，随着稳经济一揽子政策逐步落地显效，叠加高温天气影响，6月、7月、8月全社会用电量同比分别增长4.7%、6.3%、10.7%，增速逐步回升，9月全社会用电量增速回落至0.9%。

居民生活用电成为拉动用电增长的主要动力。前三季度，三次产业和居民生活用电量分别为858亿千瓦时、42364亿千瓦时、11379亿千瓦时、10331亿千瓦时，增速分别为8.4%、1.6%、4.9%、13.5%，对全社会用电量增长的贡献率分别为2.7%、26.8%、21.2%、49.4%，极端高温天气拉动下居民生活用电量两位数增长，是拉动全社会用电量增长的第一动力。

工业用电量增速维持低位。前三季度，全国工业用电量41619亿千瓦时，同比增长1.7%，低于2020—2021年年均同期增速4.5个百分点。其中，采矿业用电量同比增长 2.2%，高于 2020—2021 年年均同期增速 2.7 个百分点；制造业用电量同比增长 0.6%，低于 2020—2021 年年均同期增速 6.2 个百分点。

高技术及装备制造业用电量增长态势好于工业平均水平。2022 年前三季度，高技术及装备制造业用电量 6793 亿千瓦时，同比增长 2.3%，高于工业平均增速 0.6 个百分点，较 2020—2021 年年均同期增速下降 7.8 个百分点。其中，电气机械和器材制造业、医药制造业、计算机/通信和其他电子设备制造业、仪器仪表制造业、汽车制造业用电量实现正增长，增速分别为 18.0%、8.2%、5.4%、3.9%、3.6%。

四大高耗能行业合计用电量负增长。2022 年前三季度，四大高耗能行业用电量合计 17163 亿千瓦时，同比下降 0.2%，较 2020—2021 年年均同期增速下降 6.6 个百分点。其中，化工、建材、黑色金属、有色金属行业用电量分别为 4065 亿千瓦时、2960 亿千瓦时、4583 亿千瓦时、5556 亿千瓦时，化工、有色金属行业用电量实现正增长，增速分别为 5.1%、3.0%，建材、黑色金属行业用电量同比分别下降 4.2%、5.3%。

华中电网区域用电增速最高，南方电网区域用电增速最低。2022 年前三季度，各区域用电量增速从高到低依次为华中、西南、华东、华北（含蒙西）、西北、东北、南方电网区域，增速分别为 8.2%、7.9%、4.7%、3.5%、2.7%、1.4%、1.2%，较 2020—2021 年年均同期增速分别变化 2.3 个、-2.0 个、-3.2 个、-1.1 个、-5.2 个、-3.0 个、-8.1 个百分点。分省来看，前三季度，18 个省份全社会用电量增速超过全国平均水平。排名前五的依次为：西藏（22.1%）、云南（12.1%）、安徽（11.2%）、湖北（9.5%）、河南（9.3%）。

（三）电力供应

新增装机容量同比增加。2022 年前三季度，全国新增发电装机容量 11463 万千瓦，同比增加 2223 万千瓦。其中，水电新增 1590 万千瓦，同比增加 154 万千瓦；火电新增 2358 万千瓦，同比减少 888 万千瓦；核电新增 228 万千瓦，同比减少 112 万千瓦；风电新增 1924 万千瓦，同比增加 281 万千瓦；太阳能发电新增 5260 万千瓦，同比增加 2705 万千瓦。

装机容量增速高于全社会用电量增速。截至 2022 年 9 月底，全国 6000 千瓦及以上发电设备容量为 23.0 亿千瓦，同比增长 6.5%，高于全社会用电量增速 2.7 个百分点。其中，水电 3.6 亿千瓦，同比增长 6.8%；火电 13.1 亿千瓦，同比增长 2.2%；核电 5553 万千瓦，同比增长 4.3%；风电 3.5 亿千瓦，同比增长 16.9%；太阳能发电 2.2 亿千瓦，同比增长 18.2%。

发电量增速维持低位。2022 年前三季度，全国发电量 62867 亿千瓦时，同比增长 2.2%，增速同比下降 8.5 个百分点。其中，火电 43694 亿千瓦时，同比增长 0.5%，占全部发电量的 69.5%；水电 9507 亿千瓦时，同比增长 5.0%，占 15.1%；核电 3046 亿千瓦时，同比增长 0.5%，占 4.8%；风电 5449 亿千瓦时，同比增长 15.6%，占 8.7%。从结构变化看，水电、风电、其他发电量比重同比分别上升 0.3 个、0.9 个、0.8 个百分点，火电、核电发电量比重同比分别下降 1.8 个、0.1 个百分点。

发电设备利用小时数同比减少。2022 年前三季度，全国 6000 千瓦及以上发电设备平均利用小时数为 2799 小时，同比减少 87 小时。其中，水电 2729 小时，同比减少 64 小时；火电 3295 小时，同比减少 49 小时；核电 5576 小时，同比减少 267 小时；风电 1616 小时，同比减少 34 小时；太阳能发电 1063 小时，同比增加 57 小时。

（四）电力供需形势

2022 年迎峰度夏期间，受高温干旱天气影响，全国电力供需平衡面临空前严峻挑战。迎峰度夏期间，山东、上海、江苏、浙江、安徽、湖北、湖南、河南、江西、陕西、四川、重庆等省份先后执行负荷管理措施，其中川渝地区电力空前紧缺，首次在汛期出现“电力电量双缺”。为缓解电力供需紧张态势，各地先后采取保障燃煤供应、加大跨省跨区电力互济、开展有序用电等综合措施。8 月底，各地区电力供应基本恢复正常。

二、2023 年影响我国电力供需的主要因素

（一）国际经济形势

全球经济增长持续放缓，经济衰退风险加剧。2022 年以来，疫情在全球持续蔓延，加之 2 月下旬俄乌冲突爆发，全球通胀压力居高不下，美联储自 3 月以来持续激进加息，全球经济增长下行压力加大。美国第一季度、第二季度经济连续环比负增长，陷入“技术性衰退”；欧元区经济受俄乌冲突拖累，增长持续放缓；日本经济第一季度受疫情冲击明显，近期有所回暖；多数新兴市场经济体普遍下行压力加大，但东南亚等国家增长相对良好。主要经济体经济持续滞胀和俄乌冲突演变将主导全球经济下行风险，特别是俄乌冲突，短期内对全球供应链和物价水平的冲击难以平息。美欧等发达经济体明确将持续收紧货币政策以稳定价格水平，从而给其及全球经济带来收缩效应。多数新兴经济体外部发展环境恶化、内部政策空间不足，经济增长乏力，部分国家将陷入经济危机。预计全球经济增长在 2022 年内将持续放缓，在 2023 年将进一步下行，可能在上半年陷入衰退。

（二）国内经济形势

2022 年以来，受局地疫情、俄乌冲突等多重超预期因素冲击，我国经济下行压力加大。6 月以来，在疫情缓和、稳增长政策持续落地等因素影响下，主要经济指标持续恢复。综合相关机构和专家预测，预计第四季度 GDP 同比增长 4.0%，全年 GDP 增速在 3.3% 左右。

（1）投资

固定资产投资将保持平稳增长。2022 年前三季度，固定资产投资同比增长 5.9%，较前两年年均同期增速上升 2.1 个百分点。从月度变化看，4 月增速（1.8%）年内最低，6—9 月增速分别为 5.6%、3.8%、6.6%、6.7%。2022 年和 2023 年两年，投资增速预计将保持平稳。在先进制造业、绿色低碳转型相关制造业投资拉动下制造业投资平稳增长；“十四五”规划重大工程项目、交通基础设施、城市基础设施、新型基础设施建设加快，基建投资较快增长；2022 年房地产投资低迷拖累经济增长，2023 年稳地产政策将延续支撑作用，房地产从对经济的拖累转向对经济产生一定拉动作用。综合来看，预计 2022 年、2023 年全年固定资产投资比上年分别增长 5.9%、5.2% 左右。

（2）消费

消费支撑作用增强。前三季度，社会消费品零售总额同比增长 0.7%，较前两年年均同期增速下降 3.2 个百分点。其中商品零售、餐饮收入增速分别为 1.3%、-4.6%。随着冬季高风险期、重大会议结束，以及老年疫苗接种率提高、新特效药和针对性疫苗评估完成，预计疫情防控将更加精准，对消费及服务业活动影响进一步减小，消费增速将显著回升。2023 年，中小企业和困难行业进一步恢复，带动就业形势改善和居民可支配收入提升。共同富裕目标下，收入分配结构不断优化，中等收入群体规模扩大。促消费政策延续，汽车、家电、餐饮等消费平稳增长，新型消费加快发展。综合来看，预计 2022 年、2023 年全年消费比上年分别增长 1.7%、5.4% 左右。

（3）外贸

全球经济衰退迹象明显，出口增速将呈趋势性下降。2022 年前三季度，进出口总值 31.1 万亿元，同比增长 9.9%。其中，出口同比增长 13.8%，较前两年年均同期增速上升 2.8 个百分点。受发达国家退出宽松政策、能源价格高企等影响，全球经济增速将回落，海外需求继续收缩，预计 2022 年第四季度我国出口增速将呈趋势性下降，2022 年全年增速降至 10% 左右。2023 年全球 GDP 增速进一步放缓，外需动能减弱，我国出口难以保持较快增长，预计 2023 年我国出口增长 3.5%，增速同比明显下降。

根据 2022—2023 年国际环境变化趋势和新冠疫情发展趋势，设计高、中、低三种方案（情景）来分析 2023 年经济运行情况，如表 16－1 所示。2023 年是贯彻党的二十大精神开局之年，也是“十四五”规划承上启下的关键之年。中央政治局会议要求 2023 年加强各类政策协调配合，优化疫情防控措施，形成共促高质量发展的合力。随着稳经济、稳增长政策落地见效，预计我国经济运行持续恢复。消费方面，随着国内疫情防控政策调整，对消费及服务业影响进一步减小，消费对经济支撑作用增强；投资方面，政策持续支撑下投资保持平稳，先进制造业、新型基础设施投资快速增长，房地产投资有望恢复性增长；进出口方面，全球经济下行风险加大，外需动能减弱对我国出口预计产生一定影响。综合考虑各方面因素，预计 2023 年我国 GDP 增速在 5.0% 左右的概率较大。

表 16－1　2022—2023 年我国经济增速预测结果 （%）

预测结果	2022 年	2023 年		
		高方案	中方案	低方案
GDP	3.3	6.0	5.0	4.0
第一产业	4.1	5.0	4.0	3.0
第二产业	4.0	5.9	5.3	4.7
第三产业	2.6	6.1	4.9	3.7

（三）重点行业

（1）黑色金属行业

2023 年，面对复杂多变的国内外环境，我国经济稳定恢复，推动国内钢材市场需求止跌回稳；同时，能耗“双控”政策、燃煤价格放开也给黑色金属行业带来重大考验。展望2023年，需求方面，在“保交楼、稳民生”政策加速落地背景下，房地产行业用钢需求有望企稳，制造业用钢需求将保持一定增长；供给方面，受原材料成本高企、限产及减产压力持续等因素影响，粗钢生产有望与2022年持平或小幅下降。综合考虑上述因素，预计黑色金属行业用电量将呈持平或小幅回落态势。

（2）有色金属行业

2022年，有色金属行业总体保持平稳向好的态势。展望2023年，电解铝产能逼近天花板，电解铝供给弹性长期弱化，供给总体仍然趋紧；在“双碳”目标背景下，光伏、风电、储能、新能源汽车等新兴领域快速发展，支撑行业需求保持增长；能源价格、产能控制、电价上涨等因素将对铝价形成强力支撑，产品价格总体呈高位震荡的态势。综合各方面因素，预计有色金属行业用电量将保持小幅增长态势。

（3）建材行业

2022年，受房地产投资大幅下滑和疫情等因素影响，建材产品需求总体疲软，水泥企业通过加大错峰生产力度缓解库存压力。展望2023年，随着经济稳增长政策持续发力和房地产调控政策渐进放松，预计基建投资将保持较快增长，房地产投资和销售边际改善，建材行业需求有望逐步恢复；随着建材行业碳达峰实施方案的推进，水泥、平板玻璃行业产能置换政策落实将更加严格，过剩产能控制力度将进一步加大，预计行业供给总体趋紧。综合各方面因素，预计建材行业用电量将小幅下降。

（4）化工行业

2022年，化工行业供需两端虽受多地疫情散发和经济下行压力加大的冲击，但全年行业生产实现稳定增长。展望2023年，随着局部散发疫情受控、国家稳经济大盘一揽子政策的出台显效，化工产品国内市场需求趋稳并有所回升；美欧主要经济体加息以及全球疫情和乌克兰危机持续，全球经济增长将持续放缓，通胀仍将保持相对高位，对我国化工行业的外部需求形成结构性冲击。综合判断，预计化工行业用电将延续相对稳定的增长态势。

（四）节能减排

预计各地节能减排政策对电力需求促进与抑制作用并存。在“双碳”战略稳步推进背景下，各地加快推进能源、工业、交通运输、城乡建设等领域绿色低碳转型，节能减排对电力需求增长的影响日趋复杂。一方面，钢铁、水泥等传统高耗能行业产能释放受到一定限制，从而抑制电力需求增长。另一方面，节能减排政策有助于推动终端能源消费结构逐步形成以电为中心的格局，工业、交通等重点领域电能替代深入推进，低能耗、高附加值产业将获得更大发展空间，这些都对电力需求增长形成一定支撑。

（五）气温

据国家气候中心预测，2022 年冬 2023 年春我国大部地区气温接近常年同期或偏高，可能发生阶段性强降温过程。东北北部、华南大部、西南东南部、西北中东部气温较常年同期偏低，全国其余地区气温接近常年同期或偏高，其中华东、华中等地偏高 1℃ ~2℃；2022 年 12 月至 2023 年 1 月中旬，影响我国的冷空气强度总体较弱，2023 年 1 月下旬至 2 月，冷空气强度逐渐加强，全国大部分地区气温较常年同期偏低。

据国家气候中心初步研判，2023 年夏季气温接近常年同期或偏高，冬季气温接近常年平均水平。其中，夏季高温综合强度再创历史新高的可能性较低，冬季出现阶段性强降温过程概率较大。随着经济发展和人民生活水平提高，我国空调、电蓄热锅炉、热泵和电热毯等设备保有量保持较快增长，气温因素将对降温和采暖负荷增长起到一定支撑作用。

（六）电煤供需

2022 年以来，在保供稳价政策引导下，全国电厂库存水平同比大幅增长。迎峰度夏前，全国统调电厂存煤达到 1.6 亿吨以上，同比增加

5000 多万吨，可用天数 32 天。迎峰度夏期间（6—8 月），电煤供需两旺，库存充足，处于历史最高水平。2022 年 9 月以来，电煤供应持续向好，全国统调电厂存煤保持在 1.7 亿吨以上，比上年同期增加了约 1 倍。

2023 年煤炭供需基本平衡，煤价逐渐进入合理区间。供应方面，2023 年大概率煤炭产量同比上升、进口同比减少，产能投放力度和供应能力增量较大。需求方面，煤炭需求主要受“保交楼”政策、疫情、国际形势的影响，预计全年整体需求与 2022 年基本持平。综合来看，供给侧增速较快，需求侧增速较慢，煤炭供需朝宽松方向发展，叠加油气价格高位运行挤压进口量，预计 2023 年煤炭供需基本平衡，煤价逐渐进入合理区间。

三、2023 年我国电力供需预测

（一）电力需求预测

综合考虑经济、重点行业、节能减排、气候气温、一次能源供应等各方面因素，预测 2022 年第四季度全国全社会用电量同比增长 2.7% 左右。预计 2022 年全国全社会用电量约为 8.64 万亿千瓦时，比上年增长 3.8% 左右。

2023 年，根据经济增长的三个方案，综合考虑各方面影响因素，设置三个用电增长方案，预计全国全社会用电量比上年增长 4.5% ~ 6.2% 。2022 年、2023 年用电量增速预测结果如表 16 - 2 所示。

表 16 - 2 2022—2023 年全社会用电量增速预测 （%）

项目	2022 年	2023 年预测		
		低方案	中方案	高方案
全社会	3.8	4.5	5.5	6.2
第一产业	7.2	7.2	8.2	8.9

续表

项目	2022 年	2023 年预测		
		低方案	中方案	高方案
第二产业	2. 0	4. 2	5. 2	5. 7
第三产业	4. 0	7. 3	8. 3	9. 3
居民生活	11. 7	2. 5	3. 5	4. 7

综合考虑边界条件出现的可能性，推荐方案为中方案。在该方案下，预计全社会用电量比上年增长 5. 5%。

分产业来看，乡村振兴战略背景下第一产业受农业现代化、电气化拉动作用显著，用电量延续近年来较快增长态势，预计比上年增长 8. 2% 左右；稳增长政策持续显效发力，支撑工业生产保持平稳增长，叠加上年低基数影响，第二产业用电量预计比上年增长 5. 2% 左右，增速较上年显著反弹；疫情管控更加科学精准，对服务业活动影响进一步减小，消费回暖态势显著，拉动第三产业用电量保持快速增长，增速约为 8. 3%；经济发展带动居民收入稳定增长，家庭电气化水平持续提升，支撑居民生活用电稳步增长，但受上年高基数影响增速有所回落，约为 3. 5%。三次产业及居民生活用电的贡献率分别为 1. 9%、62. 5%、25. 9% 和 9. 7%，其中第二、第三产业对用电增长的贡献率较上年进一步回升。

分区域看，华北（含蒙西）电网区域在“双碳”目标推动下产业结构持续转型升级，叠加上年低基数影响，用电增速有所回升，预计华北电网区域全社会用电量比上年增长 5. 1%。华东电网区域外向型经济占比较高，全球经济增速放缓、外需动能减弱等对经济增长产生一定制约，但受上年低基数影响，用电增速仍有一定回升，预计华东电网区域全社会用电量比上年增长 5. 5%。华中电网区域充分发挥自身区位、资源优势，通过承接区域间产业转移，经济保持较快增长，成为用电增长的托底因素，预计华中电网区域全社会用电量比上年增长 6. 0%。东北电网区域在新时代东北振兴背景下经济持续转型，带动用电增速稳中有升，预计东北电网区域用电量增速为4.3%。西北电网区域继续发挥资源禀赋和地理区位优势，承接中东部地区产业转移，经济增长潜力有望继续释放，预计西北电网区域用电量增速为6.3%。西南电网区域经济延续较快增长态势，在成渝城市群崛起带动下用电保持较快增长，预计全社会用电量比上年增长6.9%。南方电网区域区位、产业链、技术等优势突出，经济增长基础较好，是用电增长的托底支撑，受上年低基数影响用电增速将有所回升，预计南方电网区域全社会用电量比上年增长4.6%。

（二）电力供应预测

预计2023年全国新投产发电装机容量3.2亿千瓦，比上年增长17.3%，创历史新高。

分类型来看，水电新投产900万千瓦，比上年减少62.1%；火电新投产6811万千瓦，为2008年以来新高，比上年增长12.5%；核电新投产80万千瓦，比上年减少76.9%；风电新投产7589万千瓦，比上年增长24.3%，创历史新高；太阳能新投产16134万千瓦，比上年增长33.2%，创历史新高；新型储能新投产949万千瓦，比上年增长39.7%。

分区域来看，西北、华北、南方电网区域新增装机规模较大，占全国新增装机总容量的比重分别为26.3%、23.4%、20.8%；华中、东北、华东电网区域次之，分别为9.7%、8.9%、8.4%；西南电网区域新增装机规模较小，比重为2.5%。

按照以上新增装机规模，预计2023年年底全国装机容量将为29.6亿千瓦左右，比上年增长12.2%。其中，水电4.2亿千瓦，比上年增长2.2%，占全国总装机的14.3%；火电14.1亿千瓦，比上年增长4.8%，占47.7%；核电5752万千瓦，比上年增长1.4%，占1.9%；风电4.7亿千瓦，比上年增长19.5%，占15.7%；太阳能发电5.9亿千瓦，比上年增长37.9%，占19.8%。

（三）电力供需形势预测

2023 年迎峰度夏和迎峰度冬期间，预计全国电力供需平衡偏紧，局地高峰时段电力供应紧张。分区域看，华北、华东、西南电网区域电力供应紧张；华中电网区域迎峰度夏电力供应紧张，迎峰度冬电力供需平衡偏紧；南方电网区域电力供需平衡偏紧；东北电网区域迎峰度夏电力供需基本平衡，迎峰度冬电力供需平衡偏紧；西北电网区域迎峰度夏电力供需平衡有余，迎峰度冬电力供需平衡偏紧。

四、结论与建议

2022 年度夏期间，受极端高温干旱天气影响，我国用电负荷激增叠加电力供应能力有限，导致部分地区电力供需平衡面临空前严峻挑战，多地出现长时间、大范围有序用电情况，凸显了电力可靠稳定供应对保障我国国民经济平稳运行的重要意义。2023 年，受国内外经济形势、气象、一次能源等多方面因素影响，我国电力供需面临的形势仍然复杂，保障电力安全可靠供应将面临更多挑战。必须统筹协调各方面资源，加强风险因素监测预警，做好极端情况下的应对预案，全力以赴保障能源电力安全可靠供应。针对未来一段时期全国电力供需形势，提出以下几点建议：

一是构建能源安全预警体系。建立健全能源安全信息沟通制度，加强煤炭、石油、天然气等能源供、耗、存监测，加强水情跟踪监测，提升水情预报准确性。加强能源安全应急保障制度建设，对安全警戒线下的供应主体企业进行必要的监督考核，保障能源安全供应和国民经济稳定运行。

二是提高新能源消纳能力。加强风电、太阳能等新能源发展规划，进一步明确新能源新增建设规模、装机布局和开发时序，深化水新联动柔性调度机制应用，推动风电、光伏电站按需求配置储能装置，引导社会资本有序参与建设储能电站，不断拓展清洁能源消纳空间。

三是进一步完善电力市场体系。着眼“双碳”目标和新型电力系统的构建，探索推动中长期交易模式从“购电需求主导”向“消纳需求主导”调整，进一步优化省间与省内、中长期与现货、计划与市场的衔接机制，在综合考虑电煤价格波动、清洁能源发电波动、电力供需变化等因素的基础上，引导建立充分反映火电燃料供应变化、水电丰枯变换、新能源接入后的电网峰谷特性的省间交易“基准价格＋浮动价格”的电价体系。

参考文献

[1] 国家统计局．中国统计年鉴(2000—2021)[M]．北京:中国统计出版社,2001—2022.

[2] 国家统计局．中国能源统计年鉴(2005—2020)[M]．北京:中国统计出版社,2006—2021.

[3] 中国电力企业联合会．中国电力统计年鉴(2021)[M]．北京:中国统计出版社,2021.

[4] 蔡昉.“大流行”经济学:应对疫情冲击与恢复经济增长[M].北京:中国社会科学出版社,2020.

[5] 赵剑英.后疫情时代的全球经济与世界秩序[M].北京:中国社会科学出版社,2020.

[6] 张占斌. 国内大循环[M].长沙:湖南人民出版社,2020 .

[7] 廖莉娟.新基建:数字经济改变中国[M].北京:东方出版社,2020.

第十七章　2023年美国经济会衰退吗

在美联储2022年12月通过年内第七次加息，使美国基准利率来到4.25%～4.5%的目标区间后，在推特和Meta这样的头部企业纷纷大量裁员后，美国12月季调后非农就业数据显示，劳动市场依然火热，就业人口新增22.3万人，高于预期的20万人，基准利率似乎没有对企业的用工需求造成实质性打击，月度失业率更是在近半年以来始终在3.5%～3.7%低空飞行。另外，通胀环比虽然在2022年11月只增长了0.1%，但12月移动平均通胀和核心通胀依然分别高达7.1%和6.0%。上述两个主要月度数据已经为市场预测2023年年初美联储肯定保持"鹰派"立场提供了充分的依据，但是，市场更为关心的却是，在2023年可能的继续加息后，美国经济能撑多久，将在何时迎来衰退。图17－1为美国消费者物价指数2022年11月同比分类数据。

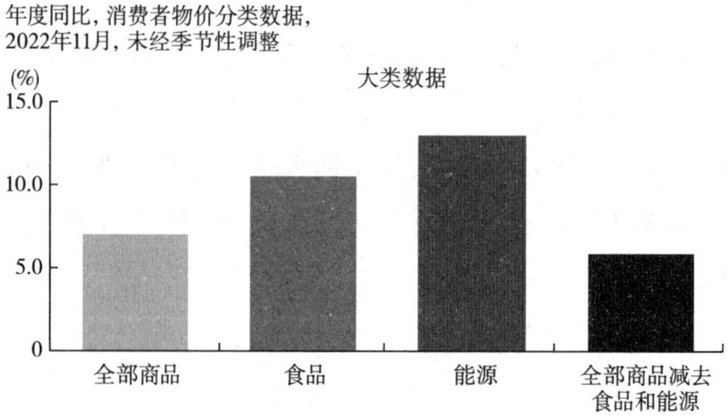

图17－1　美国消费者物价指数2022年11月同比分类数据

数据来源：美国劳工统计局。

关于上述美国目前的劳动市场和通胀情况，笔者已经在 2020 年 8 月的《疫情前的美国劳动市场状况孕育着未来的强劲反弹可能》以及 2022 年 11 月的《为什么美联储对美国的通货膨胀失去了控制?》分别作出过精准的预测和研判。现在，要进一步预测 2023 年美国经济后续是否以及何时衰退，我们依然需要延续上述研究，到美国经济内部去深入挖掘底层逻辑，并且结合最新的资本进出美国的动向和从衰退定义本身出发进行综合考虑。

一、劳动市场中孕育着美国经济的抗通胀机能

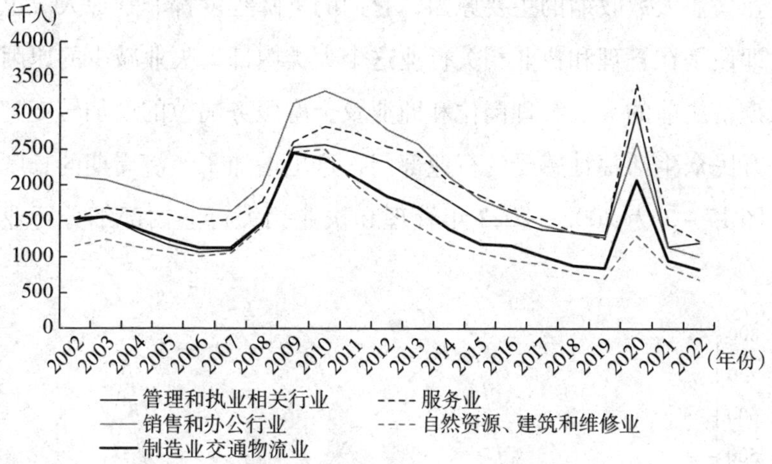

图 17－2　2002—2022 年分行业失业人数（五大类）

数据来源：美国劳工统计局。

图 17－2 表明，2008 年金融危机以来，美国的确存在“无就业增长的经济恢复”（jobless recovery）现象，也就是说美国劳动市场在经济整体上从 2009 年开始经历了很长时间才恢复到危机之前的繁荣水平，这是美国经济最近 25～30 年来的新现象。2020 年疫情之前，如果把所有的职业分成五大类，在可以恢复到 2007 年失业绝对人数的大类行业中，自然资源、建筑和维修业于 2015 年最先恢复；其次是 2016 年的销

售和办公行业，然后是同年的制造业交通物流业；再然后是 2017 年的服务业；管理和执业相关行业则一直保持着高于 2007 年的绝对失业人数。疫情的冲击使得所有行业失业人数都曾经大幅度高企，然后，在 2021—2022 年的美国劳动市场反弹中出现了如下的新情况：管理和执业相关行业虽然直到现在还一直保持着高于 2007 年的绝对失业人数，但和疫情前的 2019 年年末比起来，出现了非常明显的下降；另外一个也出现明显下降的是销售和办公行业。如果我们再进一步细分，会发现管理和执业相关行业中，教育培训图书馆行业，建筑与工程行业以及艺术、设计、娱乐和文体媒体这三个细分行业的失业下降是管理和执业相关行业失业人数收缩的主要原因，它们的下降程度都非常惊人。也就是说，即使是在管理和执业相关行业这个大类内部，失业减少的原因也已经从疫情之前的一般管理岗位和商业及金融服务岗位的增加转变到了更加提升民众生活福祉感受的行业部门，这也增加了经济周期的长度和韧性。图 17－3 为 2002—2022 年管理和执业相关行业内部细分行业失业人数。

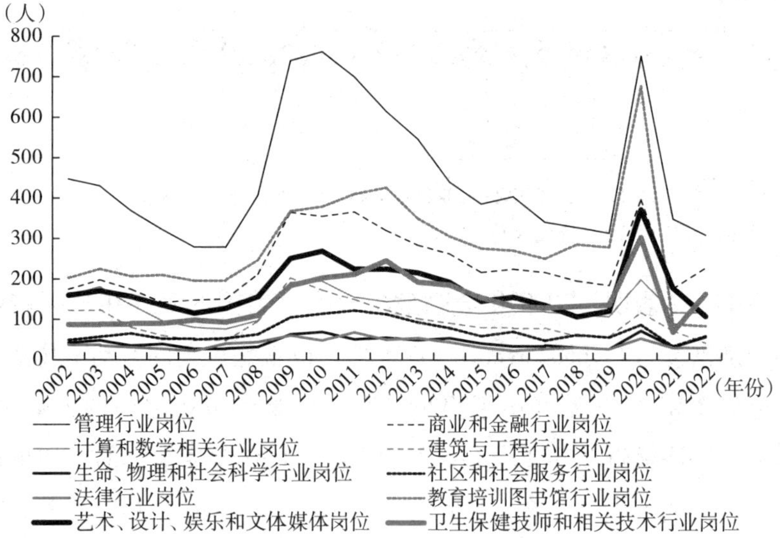

图 17－3　2002—2022 年管理和执业相关行业内部细分行业失业人数

数据来源：美国劳工统计局。

管理和执业相关行业属于“以非例行的认知”（non - routine cognitive）为基础的行业，其平均工资要远高于其他行业平均水平；销售和办公行业属于“例行公事式”（routine）的行业，其平均工资比其他行业平均水平略低。这两个分类的加总就是生产性服务业，它们和一般生活服务（services occupation）构成三次产业分类中的服务业。

在给定制造业和建筑业内部并没有太多的可喜劳动生产率波动的情况下（见图 17 - 4，普遍在以 2012 年为 100 基准的 100 ~ 110 变动），我们需要关注美国的服务业劳动生产率的变化趋势。管理和执业相关行业之所以报酬较高，是因为其工作内容普遍要求通过执业考试，而且复杂程度高于其他行业，所以这个类型工作的存在本身就是为提高生产部门的生产效率而出现的社会分工细化的结果。销售和办公行业则不同，它所提供的就业岗位因全球化的兴起使相应岗位转移到美国本土以外以及 ICT 技术对人力的替代一直在减少，属于生产性服务业中的“落后产能”部分。图 17 - 4 为美国制造业和建筑业内部各子行业 1987—2021 年的劳动生产率指数（以各子行业的 2012 年为 100）。

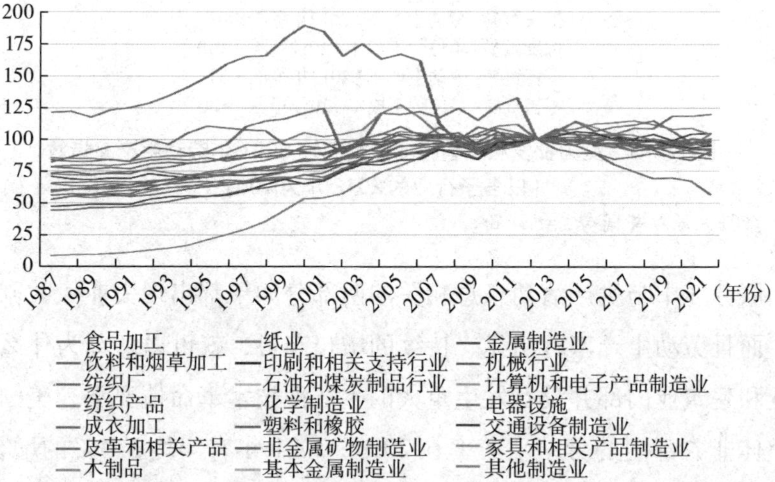

图 17 - 4　美国制造业和建筑业内部各子行业的 1987—2021 年劳动生产率指数（以各子行业的 2012 年为 100）

数据来源：美国劳工统计局。

因此，这里我们选择"销售和办公行业"中的细分代表——批发和零售行业，意在观察这种明显具有淘汰趋势的细分行业对目前美国的经济增长究竟意味着什么。图 17－5 是批发和零售行业分别以 2012 年为 100 指数基准的 1987—2021 年劳动生产率指数，可见，2012 年后批发和零售行业的劳动生产率都得到了大幅度提升，这种态势在 2017 年以后更加明显，而提升的主要原因正是用工成本得到了控制，尤其是零售业，即使是在批发用工成本高企的最近两年，都还保持了低于 2012 年的绝对用工成本，这背后的机制很可能就是网络平台的兴起以及"机器替代人"的过程。

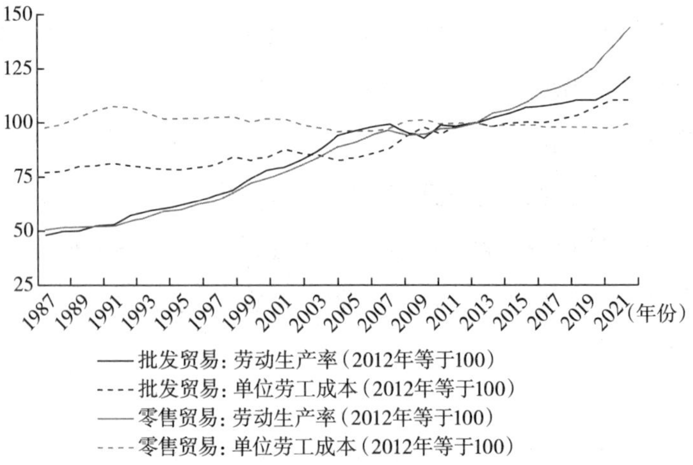

图 17－5　美国批发和零售行业的 1987—2021 年劳动生产率指数（以各子行业的 2012 年为 100）

数据来源：美国劳工统计局。

服务业中与生产活动息息相关的两部分如果都出现失业人数剧烈下降，而且劳动生产率有明显、持续的增长态势，就可以解释为什么在制造业和建筑业内部并没有发生重大的生产性技术革命情况下，美国经济的整体非农部门的劳动生产率在 2019—2021 年有年均 3.4% 的增长率，并且其中的全要素劳动生产率在 2019 年以来年增 1.4%，比 20 世纪 90 年代的年均 0.9% 以及金融危机前的年均 1.3% 还要令人瞩目。图 17－6

为美国非农部门分阶段劳动生产率增长情况。

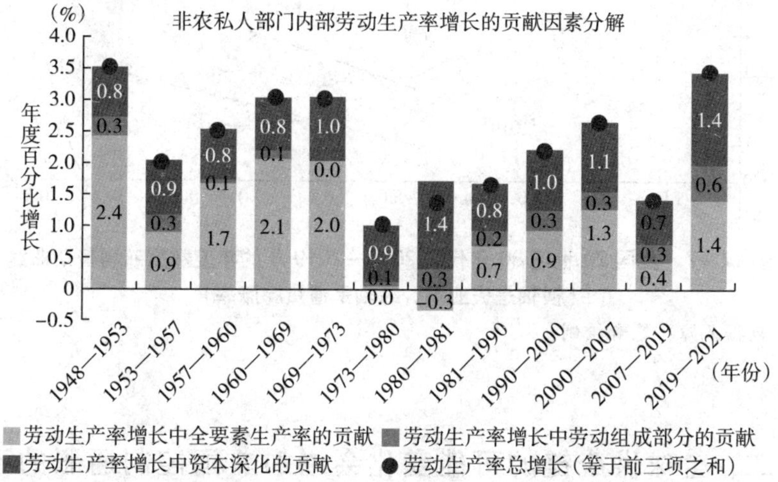

图 17－6　美国非农部门分阶段的劳动生产率增长情况

数据来源：美国劳工统计局。

因此，如果说在金融危机后劳动市场 2017 年前的恢复还要仰仗自然资源、建筑和维修、制造业、交通物流业和一般生活服务业，那么在 2017 年之后，尤其是疫情发生后的两年，美国劳动市场内部已经出现了可喜的变化，目前就业的主要提供行业已经变成了生产性服务业，并且服务业和制造业的日益融合，使得服务业的劳动生产率提升带动整体经济全要素劳动生产率出现健康的增长态势。这使得笔者 2017 年 10 月曾经提出的“当下美国经济是新经济翻版”得到产业技术层面的支撑和证实，2018—2019 年美国的菲利普斯曲线形状尤其好看，尽管后来经历了疫情和国际能源价格的冲击，但这种疫情前就已经存在的类似新经济时期的菲利普斯曲线基础还是为美国在 2023 年进一步加息和抵御通胀提供了尽可能的腾挪空间。劳动生产率的这种良性变化，会延缓工资和物价的螺旋式上升，菲利普斯曲线就不会因为人们通胀预期的改变和劳动合同的一签再签而发生垂直化形变。图 17－7 为美国 20 世纪 80 年代和 2008—2019 年的年度数据菲利普斯曲线。

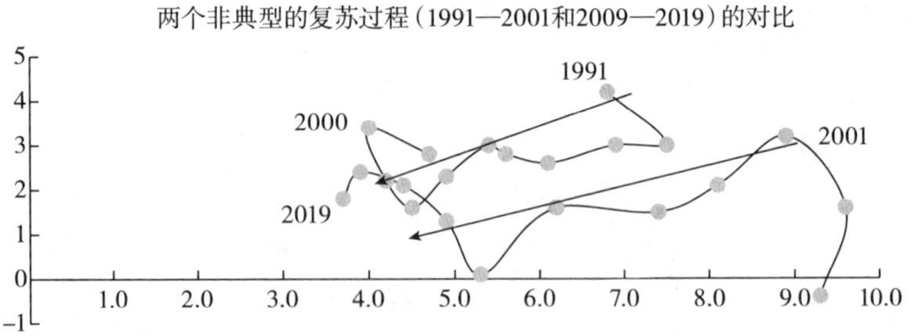

图 17－7　美国 20 世纪 80 年代和 2008—2019 年的年度数据非利普斯曲线（横轴是失业率，纵轴是通货膨胀率）

数据来源：笔者绘制。

二、全球供应链的可能变化会增加美国控制通胀的不确定性

除了通胀吞噬经济增长动力之外，另一个被市场普遍用来预估美国经济即将走向衰退的指标是近期的美国进口，因为 2022 年 9 月以来，美国进口出现锐减，减少主要来自一般消费品，而一般消费品直接对应着居民的可支配收入和消费意愿，所以其减少成为衰退的表征。而且，由于出口小幅增加（主要是石油等能源产品在增加）和进口锐减带来的美国贸易赤字意外减少，竟然使得贸易部门因此虽然在绝对意义上依然是负的赤字状态，但在计算中竟然成为季度美国经济增长贡献分析中的正向来源项，分别在 2022 年第二季度和第三季度贡献了 1.16% 和 2.86% 的增长，使 2022 年第二季度经济增长自 2020 年第二季度以来首次为正，也极大地对冲了住房市场价格下降而导致的住宅投资下降的投资负增长效应。图 17－8 为美国经常项目账户赤字情况。

这次美国进口的下降值得市场高度关注，它可能是疫情之后美国国内生产商恢复生产的进口替代结果，也很可能是 2017 年特朗普上台以来资本围绕美国进进出出重新布局全球价值链的结果。表 17－1 显示美国在 2017—2021 年对欧洲和日本两个经济体进行的直接投资的数额分

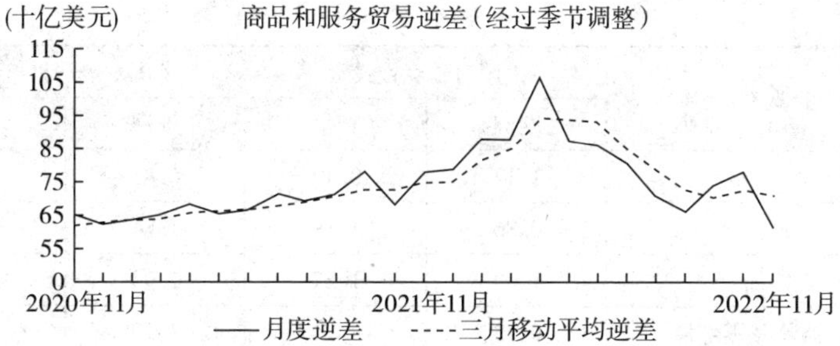

图 17－8　美国经常项目账户赤字情况

数据来源：BEA。

行业在2021年对2017年的倍数关系，由表可见，美国对欧洲进行了化学、信息和金融等产业的重点直接投资，而对日本进行了电气设备和运输设备等行业的重点投资。欧洲对美国的直接投资重点放在电气设备、批发和计算机产业等，日本则对美国的直接投资进行了全方位的加仓。可以大概看出，基本上美国对外投资都是按照东道国相对自己的比较优势、吸收对外投资都是按照自己相对于投资国的垄断优势进行的布局。这说明，美国全球采购的供应链可能正在发生变化，三大经济主体之间的连接，尤其是制造业之间的连接将更加紧密。上一次美国借由资本的进进出出达到淘汰落后产业产能的目的还是在20世纪80年代，那时的背景和现在很相似，那就是2022年4月以来的美元升值，不同的是，20世纪80年代的美元升值时间足够长。假如对应于一般消费品这样的简单生产制造也因某些原因已经或者正在部分地转移到欧洲，那么很可能欧洲目前能源价格影响下的通胀对美国来说就是一种输入式的通胀，对于美联储进一步控制通胀的努力将存在负面的影响。

表 17－1　美国在2017—2021年对欧洲和日本两个经济体进行的直接投资的数额分行业在2021年对2017年的倍数关系

行业	美国对外直接投资		外国对美国直接投资	
	欧洲	日本	欧洲	日本
食品	1.11	1.55	1.21	3.70
化工	2.88	1.82	1.23	1.30

续表

行业	美国对外直接投资		外国对美国直接投资	
	欧洲	日本	欧洲	日本
基本技术	1.17	0.49	0.82	1.25
机械	0.86	1.18	1.84	—
计算机及电子产品	1.09	1.27	2.94	1.29
电器设备、器具及零部件	0.93	4.74	1.50	1.27
交通设备	0.91	3.90	1.09	—
其他制造业	0.75	0.94	1.05	1.12
批发贸易服务	1.04	1.11	2.07	1.33
信息产业	1.67	1.10	1.66	0.37
储蓄机构（金融）	1.47	0.11	0.70	1.15
除了储蓄之外的金融以及保险	1.34	1.00	1.27	1.44
带专业执照的行业及科技服务	1.10	1.52	1.45	1.17
非银行的金融控股公司	0.97	-0.11	1.12	1.03
其他行业	1.17	1.18	0.92	1.34

数据来源：BEA，笔者绘制。

三、衰不衰退还要看是谁在下定义

定义美国经济是否衰退的权威部门是 NBER（美国国家经济研究局），该机构给出的衰退定义就是教科书中普遍所采用的连续两个季度为负增长。21 世纪以来，NBER 先后有两次打破了自己认同的这个经典定义，作出了不同寻常的节点判断。第一次是在 2001 年 3 月，美国的经济增长并没有出现两个季度的负值，但是借由一些月度指标（主要是就业、工业生产和销售等）的表现，NBER 宣布，美国经济已经进入衰退。同样的事情在 2022 年第二季度又出现一次，当 2022 年第二季度在第一季度已经负增长 1.6% 的基础上继续负增长 0.6% 时，NBER 考虑到就业市场的状况，并没有宣布美国经济步入衰退，这当然有考虑数据进一步修正的空间的原因，但是至少到现在第四季度已经过去了，数据依然没有改变。所以，是否进入衰退也取决于定义者的业务和业务之外的考量，比如 2022 年第一和第二两个季度没有被定义成衰退，在美国新闻界看来就是在暗中助力拜登夺取此次中期选举的胜利。那么，同样地，如果 2023 年出现两个季度的负值，NBER 也要既考虑就业市场、通胀，也要考虑对消费者信心和政治周期的影响。